Carl-Auer-Systeme

Phil und Sophie auf der Couch

Klaus G. Deissler und Sheila McNamee (Hrsg.)

Die soziale Poesie therapeutischer Gespräche

2000

Über alle Rechte der deutschen Ausgabe verfügt Carl-Auer-Systeme
www.carl-auer.de
Verlag und Verlagsbuchhandlung GmbH; Heidelberg.
Fotomechanische Wiedergabe nur mit Genehmigung des Verlages
Satz u. Grafik: Drißner-Design u. DTP, Meßstetten
Umschlaggestaltung: WSP Design, Heidelberg
Printed in Germany
Druck und Bindung: Kösel, Kempten (www.KoeselBuch.de)

Erste Auflage, 2000

Die Deutsche Bibliothek - CIP-Einheitsaufnahme

Ein Titeldatensatz für diese Publikation ist bei
Der Deutschen Bibliothek erhältlich.

Inhalt

Klaus G. Deissler und Sheila McNamee
Phil, Sophie und soziale Poesie – verkehrte Welt? Ein Vorwort ... 9

I. Miteinandersprechen, Zusammenarbeiten und Verstehen – Zusammenarbeit in Beratung, Therapie und Alltagsgesprächen ... 13

Überblick: Verständnishintergrund und Zusammenfassungen der einzelnen Aufsätze ... 14

Klaus G. Deissler
Die soziale Poesie therapeutischer Gespräche
Sich selbst erfinden durch beziehungsengagiertes Reflektieren ... 18

Gerry Lane und Gianfranco Cecchin
Julians Erlösung
Eine therapeutische oder eine poetische Geschichte? ... 37

Alfred Drees
Poetische Gesprächsführung in Therapien und Supervisionen ... 51

Klaus G. Deissler und Roswitha Schug
Mehr desselben? – nur anders!
Reflexive Konsultation – ein Vorschlag zur Transformation herkömmlicher Formen der „Supervision" ... 64

II. Handeln, Sprechen und Erkennen? – Reflexive therapeutische und philosophische Positionen ... 77

Überblick: Verständnishintergrund und Zusammenfassungen der einzelnen Aufsätze ... 78

Harlene Anderson
Kollaborative Sprachsysteme und Beziehungen
Ein postmoderner Ansatz für Therapie und Beratungspraxis ... 83

Kenneth J. Gergen
Die poetische Dimension: therapeutische Möglichkeiten ... 97

Tom Andersen
Ein Satz in fünf Zeilen
Über das Erzeugen von Bedeutung in der Perspektive von Beziehung, Vorurteil und Verhexung ... 109

John Shotter
Wittgenstein und die Wurzeln der sozialen Poesie in spontanen Körperreaktionen: Der dritte Bereich ... 120

Walter Zitterbarth
Michail Bachtins Beitrag zur sozialen Poesie ... 130

III. Erkennen, Sprechen und Handeln – Forschung und Ethik ... 139

Überblick: Verständnishintergrund und Zusammenfassungen der einzelnen Aufsätze ... 140

Sheila McNamee
Die soziale Poesie beziehungsengagierter Forschung
Forschung als Gespräch ... 146

Klaus G. Deissler und Walter Zitterbarth
Psychotherapieforschung als sozialer Diskurs
Einladung zur qualitativen Erforschung therapeutischer Zusammenarbeit ... 157

Ulrike Froschauer
Qualitative Evaluation von Beratungsprozessen aus sozialkonstruktionistischer Perspektive ... 174

Susan B. Levin
Kollaboratives Interviewen von Frauen, die geprügelt wurden
„Wenn sie mir zugehört hätten, wäre ich gegangen; ich glaube, ich wäre nicht geblieben" ... 191

Thomas Keller
Gesprächsethische Erörterungen zur psychosozialen Praxis
Was hat unser Sprachgebrauch mit Oz, Hegel und Habermas zu tun? ... 205

Gerd Richter
Medizinethik und therapeutische Gespräche ... 224

Übersetzungen und Quellen ... 237

Über die Autorinnen und Autoren ... 239

Vorwort

Phil, Sophie und soziale Poesie – verkehrte Welt? Ein Vorwort

An Sophie mögen wir ja gerade noch denken, wenn es um Assoziationen zur Philosophie geht – aber an Phil? Und wie kommen Phil und Sophie auf die Couch, und was tun sie dort? Immerhin sehen viele Zeitgenossen die Couch als ein Symbol für ein bestimmtes psychotherapeutisches Verfahren oder für Psychotherapie im Allgemeinen an. Wenn man hier den Weg der Erklärungen abkürzt und Verdichtungen und Metaphern wählt, stellt sich die Frage: Was haben die Praxis der Psychotherapie und die Philosophie miteinander zu tun, und wie können beide voneinander profitieren? Diese Frage kann man als übergreifend für das vorliegende Buch ansehen, das heißt, die meisten der hier gesammelten Aufsätze sprechen über das Verhältnis philosophischer Prämissen und ihrer Umsetzung in eine konkrete psychotherapeutische Praxis.

Bei der Diskussion dieses Verhältnisses wird der Sinn zwischenmenschlicher Kommunikation durch den Begriff der *sozialen Poesie*[1]

1 Dieser Begriff geht im therapeutischen Zusammenhang zurück auf einen Aufsatz von Deissler (1991), der vorschlug, therapeutische Gespräche als „Dichtung durch und im Gespräch (Dialog)" aufzufassen und später (1994) auch von „dialogischer Poesie" sprach. Der Begriff „soziale Poesie" wird ausdrücklich auch von John Shotter vertreten, der z. B. in diesem Zusammenhang mit Arlene Katz (1996) in diagnostischen Interviews das „Hören der Stimme der Patienten" diskutierte. (Vgl. auch John Shotters Aufsatz in diesem Buch.)

Auf dem Marburger Symposium im September 1996 haben wir noch von „sozialer Poetik" gesprochen.

erweitert. Das traditionelle Verständnis von Dichtung (Poesie) und Poetik wird fast ausschließlich mit menschlichen Leistungen assoziiert, die das Individuum ins Zentrum des Interesses stellen. Wer denkt nicht an den einsamen Dichter, der seine Gedichte, Novellen und Theaterstücke usw. isoliert vom Rest der Welt erleidet, erfindet und schreibt.

Wir möchten jedoch mit der sozialen Poesie eine Konzeption vorschlagen, welche die Poesie als Gespräch in den Vordergrund stellt. Nur im Gespräch können wir unsere Welt verstehen, interpretieren und für die Zukunft öffnen. Uns stellt sich die Frage:

Was wären Dichter ohne ihre Leser, Gesprächspartner, Kritiker etc., Architekten ohne ihre Klienten und Firmen, die bauen, was sie geplant haben, und was wären Therapeuten ohne ihre Klienten und Kollegen?

Alle erwähnten Beziehungspartner sprechen miteinander, vielleicht getrennt über Raum und Zeit, jedoch ohne den Prozess des Gesprächs lassen sich diese menschlichen Leistungen nicht vorstellen und realisieren.

Die in diesem Buch zusammengetragenen Beiträge sollen zeigen, wie Gespräche nicht nur etwas zu Prozessen des Verstehens im Nachhinein beisteuern, sondern wie zentral sie auch für das kreative Erzeugen unserer sozialen Wirklichkeiten und damit für die Zukunft sind.

Wir möchten die Themen, die im Buch von den Autoren diskutiert werden, hier nicht weiter untersuchen. Aber wir möchten uns zu der Überzeugung bekennen, dass sich soziale Poesie in dem Moment realisiert, indem sich zwei oder mehr Menschen begegnen, sich aufeinander beziehen und beginnen, sich gegenseitig zu erforschen, zu verstehen und zu erfinden dadurch, dass sie miteinander sprechen bzw. miteinander kommunizieren. Wenn sich Menschen aufeinander beziehen, transformieren sie ihre Sprache zu einer teilweise gemeinsamen neuen, und jeder der Teilnehmer geht aus dem Gespräch anders hervor, als er in das Gespräch hineingegangen ist. Das stimmt mit dem berühmten Satz von Heraklit überein: „Man kann nicht zweimal in den gleichen Fluss[2] steigen", und auch mit den Ideen Gadamers über transformierende Dialoge, aus denen die Gesprächspartner anders hervorgehen, als sie hineingegangen sind.

Die Prozesse, in denen sich diese Transformationen ereignen, bezeichnen das, was wir soziale Poesie nennen – nämlich solche Prozesse, die sich im sozialen Bereich vollziehen und die eine ästhetische und kreative Haltung möglich machen, die unter Zuhilfenahme von Quellen aus der Gegenwart ein neues Verstehen der Vergangenheit erlauben und neue Möglichkeiten für die Zukunft eröffnen.

Aus Gründen der Nähe zu Alltagsgesprächen haben wir den Ausdruck „soziale Poesie" anstatt „soziale Poetik"[3] verwendet. Wir denken, dass das deutsche Wort „Poesie" den täglichen Gesprächen viel näher ist als das Wort „Poetik". Das Letztere hat unserer Meinung nach eine eher akademische und abstrakte Konnotation – diese Tatsache wird auch bei der Verwendung des Ausdrucks „soziale Poesie" von den Autoren reflektiert, einige von ihnen verwenden noch nicht einmal diesen Ausdruck, da er ihnen zu theoretisch, künstlich und abgehoben erscheint.

Im ersten Teil des Buches reflektieren die Autoren im Kontext der sozialen Poesie über ihre praktische therapeutische und konsultierende Arbeit.

Die Autoren des zweiten Teils reflektieren über die Beziehung zwischen Therapie und philosophischen Positionen. Unterschiedlich in ihrer Nähe zur Praxis, diskutieren sie einige der zentralen Ideen einer sozialen Poesie, die sich v. a. in therapeutischen Gesprächen realisiert.

Im dritten Teil des Buches wird der Prozess sozialen Konstruierens und sozialer Poesie im Hinblick auf Forschung und Ethik als Gespräch reflektiert. Die Autoren beleuchten unterschiedliche Aspekte und sind damit Stimmen eines „gemischten" Chores.

Jeder Teil des Buches beginnt mit einem Überblick, in dem ein möglicher Verständnishintergrund entwickelt wird. An diesen schließen sich kurze Zusammenfassungen der einzelnen Artikel an.

2 Der Fluss wird hier verstanden als „Gesprächsfluss".

3 Auf dem Marburger Symposium im September 1996 haben wir noch von „sozialer Poetik" gesprochen.

Abschließend möchten wir allen Autoren für ihre kreative und unschätzbare Arbeit danken, die sie investiert haben, um einen Beitrag zu diesem Buch zu leisten; die endlose Liste von allen Mitarbeitern, die geholfen haben, dieses Buch möglich zu machen, können wir hier nicht aufführen, um ihnen unseren Dank auszusprechen. Wir danken auch unseren Gesprächs- und Lebenspartnern sowie Befürwortern und Kritikern im täglichen Leben, in Workshops, Seminaren und Trainingskursen: Sie helfen, unsere Ideen zu verdeutlichen und sie weiterzuentwickeln. Und zu guter Letzt danken wir unserem Verlag für seine ermutigende Haltung, als dieses Buch noch ein Projekt war und die Autoren ihre Beiträge noch nicht geschrieben hatten.

Klaus G. Deissler und Sheila McNamee, Winter 1999

Literatur

Deissler, K. G. (1997a): KoMentieren – Einladung zu einer Systemischen Poietologie. In: K. G. Deissler (Hrsg.): Sich selbst erfinden? Von systemischen Interventionen zu selbstreflexiven Gesprächen. Münster (Waxmann).

Deissler, K. G. (1997b): Erfinde Dich Selbst – ein therapeutisches Orakel? In: K. G. Deissler: Sich selbst erfinden? Von systemischen Interventionen zu selbstreflexiven Gesprächen. Münster (Waxmann).

Katz, A. a. J. Shotter (1996): Hearing the patient's voice: Toward a social poetics in diagnostic interviews. *Social Science and Medicine* 46: 919–913.

I. Miteinandersprechen, Zusammenarbeiten und Verstehen – Zusammenarbeit in Beratung, Therapie und Alltagsgesprächen

Verständnishintergrund

Der erste Teil des Buches widmet sich praktischen Fragen der Durchführung von Therapie und Beratung. Dabei vertreten die Autoren selbstredend unterschiedliche Perspektiven. Ich hoffe, diese Unterschiede sind weder zu klein noch zu groß und damit für den Leser bekömmlich und *angemessen ungewöhnlich* (um mit Tom Andersen zu sprechen). Bevor ich mehr zu den Aufsätzen des ersten Teils des Buches sage, möchte ich ein paar Vorüberlegungen anstellen.

Maturana, einer der großen Mentoren der systemischen Therapie, hat den Satz geprägt: „Alles, was gesagt wird, wird von einem Beobachter gesagt." Dieser Satz kennzeichnet eine Richtung des systemischen Denkens, die man heute „radikal konstruktivistisch" oder auch nur „konstruktivistisch" nennt. Sie besagt, dass der Beobachter selbst der Konstrukteur seiner Welt bzw. seines Weltbildes ist, das sich ständig im Prozess der Erhaltung und des Umbaus befindet. Wenn ich (als Beobachter) also eine bestimmte Aussage mache, sage ich damit etwas über mein Weltbild und wie ich daran herumbastle, und – das ist vielleicht noch wichtiger – ich sage (unabsichtlich) mehr über mich selbst als über das, was ich beschreiben möchte.

Die Sache wird spannend, wenn man sich vorstellt, dass mehrere Beobachter miteinander kommunizieren. Wenn ich z. B. sage: „Die Welt ist schön!", kann ich mir dann sicher sein, dass meine Gesprächspartner auch das verstehen, was ich sagen will (was ich *meine* oder ihnen sozusagen *bedeuten* will)? Solange ich mit dem Finger auf das zeigen kann, was ich meine, mögen wir uns noch einigermaßen leicht verständigen können; aber wie sieht es aus, wenn wir über Dinge sprechen, die nicht anwesend sind, oder wenn wir uns über Ideen von Gerechtigkeit oder Ähnliches austauschen?

Wenn man dem „hermeneutischen Prinzip" folgt, bestimmt der Zuhörer (Leser) über das, was die Aussage, die ich mache, für ihn bedeutet. Das heißt: Wenn ich als Beobachter eine Aussage mache, kann ich gar nicht sicher sein, dass der Zuhörer auch das versteht, was ich sagen will (*meine*).

Will man das alles besser verstehen, kann man sich aufmachen, den steinigen Weg erkenntnistheoretischer Studien zu gehen. Ich will mich hier diesen Fragen nicht weiter widmen, möchte mir aber erlauben, den Satz von Maturana auf den Kopf zu stellen und Folgendes zu formulieren: „Alles, was beobachtet wird, wird von Gesprächsteilnehmern beobachtet." Dieser Satz ist eindeutig „sozialkonstruktionistisch",[1] das heißt, er stellt das, was *zwischen* den Gesprächs- oder Kommunikationspartnern abläuft, in den Vordergrund und setzt das, was das Individuum denkt, spricht, beobachtet usw., dazu in Beziehung. Mit diesem Satz betreten wir also die *soziale Arena des Gesprächs* oder, allgemeiner gesagt, die der Kommunikation und der Beziehungen. Im Grunde könnte man sagen, dass dem eben formulierten Satz das ganze Buch gewidmet ist; dabei steht etwas im Zentrum, das hier *soziale Poesie* genannt wird.

Was heißt das, und wie machen wir einen konkreten Unterschied? Stellen Sie sich vor, Sie sind verliebt und besuchen mit ihrem Partner oder ihrer Partnerin eine Ihnen unbekannte Stadt. Vermutlich kann diese Stadt aussehen, wie sie mag, Sie werden diese Stadt aus Ihren „Liebesgesprächen" heraus wahrnehmen (fühlen, riechen, schmecken, sehen und hören) – und verstehen. Dies ist etwas anderes, als zu sagen: „Ich nehme die Welt durch eine rosarote Brille wahr" (die Brille eines individuellen, biologischen Zustands des Verliebtseins).

Die soziale Poesie therapeutischer Gespräche

Aber wo bleibt nun der Bezug zu diesem Buch und den darin gesammelten Aufsätzen? – Wenn man die obige Metapher für die soziale Poesie therapeutischer Gespräche erlaubt, liegt er genau in dem, was angesprochen wurde. Man kann soziale Poesie als etwas auffassen, das dem Verliebtsein ähnelt: Wenn es gelingt, therapeutische Gespräche mit sozialer Poesie zu bereichern, sind Worte und Taten eins, und das Gespräch ist die beste Prognose dessen, was anschließend passieren wird. Ein Klient sagt: „Jetzt weiß ich, wie ich mich verändern kann", wie ein Verliebter zu seiner Geliebten sagt:

1 Eine andere innere Stimme fragt: Ist dieser Satz eindeutig zu viel des Guten und vielleicht schon eine Zumutung für den Leser? Aber diese Stimme wird momentan von der anderen (s. o.) verdrängt …

„Ich liebe dich" – beide sind in er Lage, das zu tun, was sie sagen. Von genau diesem Verständnis sozialer Poesie handelt der erste Aufsatz dieses Buches, und ich hoffe, der Leser ist neugierig auf das geworden, was darin zu finden ist, wobei ich natürlich nicht das bestimmen kann, was Sie verstehen.

Julians Erlösung

Im Zentrum des zweiten Aufsatzes steht die Fallgeschichte eines schwarzen amerikanischen Jungen, seiner Familie und wichtiger Bezugspersonen. Dieser amerikanische Junge hat sein kleines Schwesterchen umgebracht und ist deshalb in eine psychiatrische Klinik eingeliefert worden. Gerry Lane ist der Autor dieser bewegenden Geschichte, bei der man sich mit dem Autor fragt, ob es sich eher um eine poetische oder eine therapeutische Geschichte handelt. Doch der Aufsatz macht deutlich, dass diese Gegenüberstellung keine wirkliche Alternative ist und Poesie und Therapie zusammengehören. Gianfranco Cecchin, dem Altmeister der Systemischen Therapie, bleibt es vorbehalten, diese Geschichte zu kommentieren und sein Verständnis von Voreingenommenheiten verschiedener Teilsysteme, die in diesen Fall verwickelt sind, aufzuzeigen und zu klären, wie sie miteinander interagieren.

Poetische Gesprächsführung in Therapien und Supervisionen

Eine gänzlich andere „poetische Zugangsweise" zeigt Alfred Drees auf. Innerhalb eines eher tiefenpsychologisch orientierten Rahmenverständnisses verdeutlicht er, wie insbesondere ein möglichst freies Phantasieren gerade bei schwierigsten psychischen Problemen, die z. B. bei Krebserkrankten, Dialysepatienten oder Opfern von Gewalt auftreten, hilfreich sein kann. Wie er darstellt, ermöglicht es neue sinnliche Erlebnisse, die weiter gehende Gesprächsoptionen eröffnen, die einem rein sprachlichen Zugang verschlossen blieben. Drees' Verdienst ist es, das *freie Assoziieren* durch das *freie Phantasieren* ergänzt zu haben. Drees zwängt diesem freien Phantasieren kein theoretisch gebundenes Vorverständnis auf und verzichtet daher auf die Entwicklung von Deutungsinhalten, die sich daraus ableiten ließen. Allerdings nutzt er die Effekte des freien Phantasierens indirekt, um mit seinen Patienten leichter über sensiblere Themen sprechen zu können.

Mehr desselben? – Nur anders!

Schließlich haben meine Kollegin Roswitha Schug und ich in unserem Aufsatz „Mehr desselben? – Nur anders!“ ein Verfahren beschrieben, das wir seit über zehn Jahren erfolgreich in unterschiedlichen Kontexten angewandt haben und das wir *reflexive Konsultation* nennen. Wenn man will, kann man dieses Verfahren als „Supervision mit reflektierendem Team bezeichnen“. Dies ist jedoch noch nicht genug der Komplexität. Bei der reflexiven Konsultation werden auch die so genannten Endverbraucher (Klienten der Therapeuten, die um Supervision nachfragen) beispielsweise mit ihren Familienmigliedern in das Gespräch mit einbezogen. Eine der wichtigsten Fragen, die sich bei solch hoch komplexen Gesprächsformen stellt, ist folgende: Wie können wir Gespräche organisieren, bei denen alle Beteiligten eine Stimme haben, gehört werden und jeder das, was er hört, reflektieren kann? Aus unseren Erfahrungen sind wir zu folgender Überzeugung gelangt: Wenn es gemeinsam mit den zu Beratenden gelingt, diese Rahmenbedingungen in konstruktiver Weise zu gestalten, wird das, was wir hier als *poetische Prozesse* beschrieben haben, in optimaler Weise angeregt.

kd

Die soziale Poesie therapeutischer Gespräche Sich selbst erfinden durch beziehungsengagiertes[1] Reflektieren

Klaus G. Deissler

Ich bin Schriftsteller, das ist nicht nur ein Beruf,
sondern die Entscheidung, die Welt als Sprache zu sehen.

Günter Eich

Einleitung

In den folgenden Ausführungen werden Sprache und Gespräche als konstruierende Prozesse im sozialen Geschehen beschrieben. Damit wird die Auffassung vertreten, dass soziale Prozesse sich insbesondere durch Miteinandersprechen realisieren. Beim Miteinandersprechen lässt sich zwischen *wechselseitigem Verstehen* und *gemeinsamem Konstruieren (Erfinden)* unterscheiden.

Therapeutische Gespräche sind eine besondere Art solcher sozialen Prozesse. In diesen Prozessen organisiert sich das Verstehen und Konstruieren um die Probleme der Klienten, die eine Geschichte erzählen. Diese Geschichte kann man wie folgt charakterisieren: „Ich, mein Problem – und die anderen", oder „Wir, unser Problem – und die anderen".[2] Die therapeutische Aufgabe besteht darin, die Problembeschreibungen der Klienten durch Miteinandersprechen zu verstehen und neue Beschreibungen mit neuen Möglichkeiten im Gespräch zu eröffnen. So tragen therapeutische Gespräche zur *Selbsterfindung* von Klienten bei (Deissler 1997).

Meine Ausführungen sollen einen Beitrag zum Verständnis dieser Gesprächsprozesse darstellen.

Miteinander sprechen: Gespräche im Gespräch

Es ist weder besonders einfallsreich, noch hat es einen besonderen Neuigkeitswert, die „Welt" als ein Netz simultaner und sequenzieller Gespräche, die miteinander im Gespräch sind, zu verstehen (vgl. z. B. Gadamer 1986, Rorty 1989, Shotter 1993, Gergen 1994). In

1 Ich verdanke den Begriff „beziehungsengagiert" Sheila McNamee (2000, S. 146 ff. in diesem Buch).

2 In diesem Kontext ist mit „die anderen" immer das Netz von Beziehungen mit anderen Personen gemeint.

diesen teilweise miteinander verknüpften Gesprächen wird versucht, Wirklichkeiten zu verstehen, neu zu erzeugen, zu transformieren und zu verwalten. Diese Auffassung wird heutzutage insbesondere durch sozialkonstruktionistisch orientierte Zeitgenossen vertreten. Sie besagt, dass wir unsere Welt nicht durch biologische, physiologische und psychologische Optiken (Linsen, Brillen, Farben) sehen, sondern dass wir unsere Welt der Beziehungen verstehen und gestalten, indem wir *miteinander sprechen* (Deissler 1996). Dies drückt sich in zwei berühmt gewordenen Sätzen aus: „Sein, das verstanden werden kann, ist Sprache" (Gadamer 1986, S. 478), und: „Communicamus, ergo sum" (Gergen 1994, S. VIII).

Nun kann man verschiedene Arten von Gesprächen unterscheiden, z. B.: Alltagsgespräche, die in der Kneipe, beim Einkaufen oder beim zufälligen Treffen eines Bekannten stattfinden. Es gibt zielgerichtete Gespräche wie Verkaufsverhandlungen, Tarifverhandlungen oder Verhandlungen vor Gericht. Die Vielfalt der Gesprächsformen ist vielleicht so unendlich wie die Möglichkeiten der menschlichen Kommunikation.

Eine besondere Art sind therapeutische Gespräche. Günter Eich paraphrasierend und den vorangegangenen Überlegungen folgend kann man sagen: Wenn man sich entscheidet, seinen Beruf als Psychotherapeut auszuüben, ist dies auch eine Entscheidung, die Welt[3] als Gespräche und sich selbst als Bestandteil dieser Gespräche zu beschreiben. Wenn man Klienten begrüßt und sie bittet, den Anlass ihres Kommens darzulegen, so ist dies nicht einfach eine therapeutische Floskel, sondern vor allem eine Aufforderung, eine Geschichte zu erzählen, aus der deutlich wird, wie der Erzähler oder die Erzählerin sein bzw. ihr Problem beschreibt, wie dieses Problem zu anderen Personen in Beziehung steht und welche Entwicklungsmöglichkeiten die Klienten sehen etc. Das heißt, dass am Anfang einer therapeutischen Beziehung immer die Aufforderung steht, sich *im* und *durch* Sprechen zu erklären, indem sich im Gespräch Klient und Therapeut wechselseitig aufeinander beziehen. Man kann sagen, dass die Geschichte des Klienten zunächst als Ich-Erzählung aufgefasst werden kann: „Ich, mein Problem und meine Beziehungen zu den anderen ..." Wenn mehrere Klienten das gleiche Problem beschreiben, gibt es mehrere solcher Geschichten, Unter-

3 ... oder die in Gesprächen hergestellten „Welten".

schiede werden gemacht, und Gesprächspartner – wie z. B. Therapeuten – tragen durch ihre Fragen dazu bei, dass sich die Geschichten auffächern, differenzieren und sich neue Möglichkeiten von Verständnissen im Laufe eines oder mehrerer Gespräche entwickeln.

Insbesondere wenn mehrere Klienten und Kollegen anwesend sind – aber auch im so genannten Einzelgespräch –, kann man ein (therapeutisches) Gespräch auffassen als eine Sequenz von Dialogen, die einander folgen, sich wechselseitig kommentieren und reflektieren, in denen Bedeutungsvielfalt erzeugt wird und in denen dadurch verschiedene Verständnisse der Geschichten entwickelt werden. Diese *Dialoge innerhalb eines Gesprächs* und die *Gespräche im Dialog miteinander* eröffnen somit eine reichhaltige Vielfalt von Möglichkeiten, sich selbst und seine Beziehungen zu anderen in Vergangenheit, Gegenwart und Zukunft zu verstehen und Handlungsoptionen für Gegenwart und Zukunft zu eröffnen und damit sich selbst und seine Beziehungen zu anderen zu erfinden. Mit anderen Worten: In Gesprächen und durch sie werden unsere Beziehungswelten hergestellt.

Poetische Momente in Gesprächen

Jeder kennt folgendes Phänomen: Wir sprechen mit jemanden, den wir sehr schätzen und mit dem uns ein Vertrauensverhältnis verbindet. Nach dem Gespräch fühlen wir uns besser, und wir sagen zu dem Gesprächspartner oder vielleicht auch nur zu uns selbst: „Das war ein gutes Gespräch." Eine Frage kann dann lauten: Was ist gut an Alltagsgesprächen, oder wann gelingen sie? Ich habe lange über diese Frage nachgedacht, mit Freunden und Kollegen darüber gesprochen und bin schließlich zu der Überzeugung gelangt, dass Alltagsgespräche glücken, wenn sie etwas enthalten, das die beteiligten Personen als etwas empfinden, das sie weiterbringt. Solche Gespräche erlauben es, sich wechselseitig besser zu verstehen, indem wir das nachvollziehen, was uns erzählt wird, und schließlich ein schöpferisches (kreatives) Verständnis entwickeln, das neue Möglichkeiten für die Zukunft eröffnet. Die Gespräche ermöglichen es, sich selbst in Beziehung zu anderen in Vergangenheit und Gegenwart zu verstehen und sich selbst in Beziehung zu anderen für die Zukunft zu konstruieren oder zu erfinden. Kurz gefasst, eröffnen solche Gespräche also zweierlei: nachvollziehendes (Selbst-)Verstehen und schöpferisches (Selbst-)Verstehen (verstehende Selbsterfindung). Die Momente, in denen dies geschieht, möchte ich als *poetische Momente eines Gesprächs*[4] bezeichnen. Ich möchte dies anhand eines Beispiels erläutern.

Herr Kern[5], der in einer Großstadt in der entfernteren Umgebung von Marburg lebte, kam zu mir zu therapeutischen Gesprächen. Er berichtete, dass seine Ehefrau mit ihm unzufrieden sei und ihn zur Therapie geschickt habe. Der Frage, ob er selbst für sich eine Therapie für notwendig halte, wich er aus und erzählte, er sei eher unentschieden – zumal er schon einige Therapien hinter sich habe. Er berichtete des Weiteren, seine Frau sei dominant, sie verdiene mehr Geld als er, und von Zeit zu Zeit fliehe er aus der Enge seiner Beziehung; er sei dann tagelang unterwegs und melde sich erst dann wieder bei Verwandten, wenn ihm das Geld ausgehe. Seine Frau erfahre während seiner Zeit der Abwesenheit nichts von ihm. Außerdem falle es ihm umso schwerer, sich bei ihr zu melden, je länger er von zu Hause weg sei. Deshalb sei es umso verständlicher, wenn seine Frau – sobald er zurückkehre – wütend auf ihn und unzufrieden mit ihm sei.

Herr Kern erzählte weiter über sein berufliches Leben, seine unsichere Haltung gegenüber sich selbst als Person und einige negative Eigenschaften, die er, seine Frau oder andere Personen bei ihm ausgemacht hätten. Auf meine Frage, ob er nicht auch positive Seiten habe, berichtete er von einigen positiven Eigenschaften, die er selbst bei sich sehe, andere aber möglicherweise weniger. gefragt, ob wir uns mit den genannten Themen auf dem richtigen Kurs befänden oder ob das Gespräch abwegig sei, antwortete er, wir befänden uns im Vorfeld der „Problematik". Dies änderte sich, als wir auf seine „Probleme" in positiver Weise zu sprechen kamen. Ich gab zu bedenken, dass wir uns dem „Problem" vermutlich nur nähern und es gemeinsam auflösen könnten, wenn wir z. B. sein „Aussteigen" auch als etwas Positives ansehen könnten. So kamen wir auch auf die Frage zu sprechen, ob manche Männer, die solche „Auszeiten" nehmen, nicht auch erotische Abenteuer suchen könnten. Herr Kern

4 „Poetisch" im ursprünglichen Sinn des Wortes: machend, erschaffend ...
5 Der Name des Klienten wurde geändert. Er hat die schriftliche Darstellung gelesen und sie zur Veröffentlichung autorisiert.

gestand dies zu und sagte, dass dies bei ihm auch der Fall sein könne; er fügte hinzu, dass dies für ihn ein sehr sensibles Thema sei und wir uns nun im Zentrum der Problematik befänden ...

An diesem einfachen Beispiel wird deutlich, wie ein nachvollziehendes und das sich anschließende schöpferische Verstehen in neue Gesprächsbereiche führt. Das *poetische Moment* besteht darin, dass ein neues, gemeinsames Verständnis ermöglicht wird und damit neue Möglichkeiten des Gesprächs und folglich des Handelns für die Gesprächspartner eröffnet werden. Das Gespräch transformiert also sich selbst und die beteiligten Partner.

Ich gehe davon aus, dass diese poetischen Momente in jedem Alltagsgespräch enthalten sind. Jedes Gespräch – sei es mit Nachbarn, Freunden oder z. B. mit Taxifahrern – enthält solche poetischen Momente. Psychotherapie wiederum unterscheidet sich von Alltagsgesprächen u. a. dadurch, dass innerhalb dieser Gesprächsform die Auftretenshäufigkeit der poetischen Momente erhöht oder verdichtet werden soll. Dies hängt unter anderem damit zusammen, dass Klienten und Therapeuten sich für die Auflösung der Probleme innerhalb ihrer gemeinsamen Gespräche engagieren. Man kann dies also eine *beziehungsengagierte Tätigkeit* nennen.

Soziale Poesie – eine therapeutische Perspektive

Um nun näher zu erläutern, wie solche Prozesse ablaufen, möchte ich auf ein paar Gedanken zurückgreifen, die ich anderenorts formuliert habe[6]:

„Relationship precedes", auf Deutsch: „Die Beziehung geht vor" – mit diesem Zitat von Bateson möchte ich den folgenden Abschnitt einleiten. 1979 auf einem Workshop in Köln formuliert, hat er doch nichts von seiner Aktualität verloren. Im Gegenteil: Für mich symbolisiert er das Herzstück der Sprachauffassung, die ich vertrete und die ich als *sozial-poetisch* bezeichnen möchte (vgl. Shotter 1993, 1995, 1997; Deissler, 1997; Deissler u. Zitterbarth 2000, S. 157 ff. in diesem Buch). Was bedeutet das im Einzelnen?

Um diese Frage zu beantworten, möchte ich den Begriff „Beziehung" näher beleuchten. Es gibt zwei Möglichkeiten, sich aufeinander zu beziehen: Wir können diskutieren, verhandeln, Dialoge füh-

6 Deissler (1998, S. 130 ff.).

ren etc., kurz: Wir können *miteinander sprechen*. Auf der anderen Seite können wir zusammenarbeiten, kooperieren, kollaborieren usw., also mit anderen Worten: Wir können *gemeinsam handeln*. Dem Eindruck widersprechend, der aufgrund dieser Gegenüberstellung entstanden sein mag, ist besonders zu betonen, dass Sprechen und Handeln nicht als voneinander getrennte, sondern als sich ergänzende Teile der Beziehungsgestaltung zu betrachten sind. Mit sprachlichen Mitteln unterscheiden wir zwischen Sprechen und Handeln. Dieser Unterschied lässt sich (sprachlich) auch wieder aufheben. In diesem Fall verknüpfen wir die Aktivitäten, die wir vorher getrennt haben: *Miteinander Sprechen* und *gemeinsam Handeln* werden als *Kommunizieren* oder *Sich-aufeinander-Beziehen* bezeichnet.

Im „sozialen Konstruktionismus" (Gergen 1994) werden diese Ideen aufgegriffen, weiterentwickelt und auch auf das Gebiet der Psychotherapie ausgedehnt (McNamee a. Gergen 1992; Anderson 1997; Deissler 1997). Hier wird das Miteinandersprechen als Bedeutung erzeugender Bestandteil der sozialen Wirklichkeitskonstruktion verstanden.

Einige sozialkonstruktionistische Annahmen erweisen sich als sehr nützlich für therapeutische Gespräche. Mit dem Begriff soziale Poesie soll nun ein Versuch gemacht werden, insbesondere die vier folgenden Aussagen konkret auf die Psychotherapie anzuwenden:

1. In der Kommunikation, namentlich im Gespräch, werden soziale Konstruktionen hergestellt, insbesondere jede Form des Wissens und der Bedeutungserzeugung (Interpretation). Man kann Gespräche sozusagen als die Schmiede alles Wissens und jeder Art von sozialer Konstruktion bezeichnen.
2. Wenn man den Prozess der Kommunikation beschreiben will, so ist man sprachlich vielleicht darauf angewiesen, auf bestimmte Voraussetzungen der Kommunikation zurückzugreifen, und man könnte sagen, dass man diese Voraussetzungen braucht, um an der Kommunikation teilnehmen zu können. Diese *Voraussetzungen* könnten z. B. die „bio-psycho-kognitiven Apparate" der kommunizierenden Menschen sein.
   Es bleibt die Tatsache, dass Bezeichnungen wie „kognitiver Apparat" u. Ä. selbst das Resultat sprachlicher und damit

sozialer Konstruktionsprozesse sind. Das heißt, auch Voraussetzungen sind sozial konstruiert.

3. So wie wir durch Miteinandersprechen, wechselseitiges Zuhören, gemeinsames Handeln unsere soziale Wirklichkeit konstruieren, so nehmen wir sie auch *durch* diese und *in* diesen – sozial miteinander verbundenen – Aktivitäten wahr. Diese Aktivitäten verbinden und trennen uns jedoch gleichzeitig: Wir erzeugen Gemeinsamkeiten, aber auch Differenzen hinsichtlich unserer im Gespräch entwickelten Ideen, Geschichten und Verständnisse und Bedeutungen.
4. Die soziale Existenz von Begriffen ist in direkter Abhängigkeit von ihrer Verwendung in Gesprächen zu sehen. Mit anderen Worten: Ein Begriff erhält erst dann seine – möglicherweise passagere – Bedeutung und seinen zeitweisen Gültigkeitsbereich, wenn er in Gesprächen genutzt, reflektiert und interpretiert wird. Dies ist ein fortlaufender, raum-zeitlich gebundener Prozess, der in bestimmte „Lebensformen" (vgl. Wittgenstein 1984) eingebettet ist.

„Es sollen also drei Aussagen der sozialen Poesie therapeutischer Gespräche gelten:

(1) Ein therapeutisches Gespräch beschreibt einen dialogischen (sprachlichen) Konstruktionsprozeß.

(2) Dieser sprachliche Konstruktionsprozess vollzieht sich insbesondere mit Hilfe von im Gespräch erzeugten Unterscheidungen.
  (a) Diese Unterscheidungen können sich widersprechen, sich miteinander verbinden bzw. ergänzen, und sie können teilweise bis gänzlich miteinander identisch sein.
  (b) Die Grenzen zwischen den sprachlich hergestellten Unterscheidungen können poetisch aufgelöst werden.
  (c) Das Ziel einer therapeutischen Sitzung ist es, im Sinne der Aufhebung der Grenze zwischen Prozess und Ziel des Gesprächs im Gespräch zu bleiben.

(3) Der (sprachliche) Konstruktionsprozess eines therapeutischen Gesprächs setzt ein wechselseitiges Verstehen voraus, das sich in eine nachvollziehende und eine schöpferische Komponente unterteilen lässt und in ein spezifisch erzeu-

gendes Moment einmündet, das neuartig und überraschend sein kann (nicht-voraussagbar)" (Deissler 1998, S. 135).

Diese Auffassung möchte ich durch ein Fallbeispiel erläutern (Deissler 1998, S. 136 ff.):

„Es handelt sich um eine alleinstehende Frau mit drei Kindern, die in einem Städtchen am Fuße des Westerwaldes lebte. Ihr Ehemann war vor ca. zehn Jahren an Krebs gestorben. Sie war kurz vor dem Tod ihres Mannes mit diesem zur Beratung gekommen und hatte noch ein paar Sitzungen, nachdem ihr Mann gestorben war. Ca. acht Jahre später kam sie mit ihrem – damals sechzehnjährigen – Sohn, der soziale Probleme in seiner Schulklasse hatte. Die Beratung wegen dieses Problems dauerte drei Sitzungen. Nach wiederum ca. zwei Jahren kam sie aus Anlass des Todes ihrer Mutter – hier beginne ich die kurze Geschichte dieser letzten Beratung:

Frau Taubert[7] erzählte, dass sie seit einiger Zeit große Wut auf Männer verspüre. Sie nutze jede Gelegenheit, ‚machohaftes' Verhalten von Männern aufzuspüren und dieses dann weiblich-aggressiv zu entlarven und möglichst unter Beisein von Publikum anzuprangern. Dieses Verhalten machte ihr offensichtlich Spaß und Sorgen gleichzeitig. Sie genoß es, männliches Potenzgehabe zu decouvrieren und sarkastisch zu kommentieren, war aber gleichzeitig besorgt über den Hintergrund dieses Verhaltens. Dies wurde deutlich, als sie über ihre Phantasie der bevorstehenden Beerdigung ihrer Mutter sprach: Sie sagte, bei dieser Gelegenheit sei es ihr am liebsten, dass sie der versammelten Trauergemeinde mitteilen würde, dass sie von ihrem Vater und ihrem Bruder, der heute Polizeibeamter sei, sexuell mißbraucht worden sei und ihre Mutter sowohl das Verhalten ihres Vaters als auch ihres Bruders gedeckt habe. Sie malte sich die Szene mit der Trauergemeinde unter Tränen und mit Wut aus und stellte sich schließlich vor, den versammelten Personen den erhobenen Mittelfinger zu zeigen.

Im therapeutischen Gespräch und den zwischenzeitlichen Reflexionsphasen wurde vorsichtig beleuchtet, ob und wie das aggressive Verhalten der Klientin gegenüber Männern in Beziehung zu

7 Der Name der Klientin wurde geändert. Sie hat die schriftliche Darstellung gelesen und sie zur Veröffentlichung autorisiert.

dem lange verschwiegenen Mißbrauchsverhalten des Vaters und des Bruders stehen könnte. Dabei schien die derzeitige Wut weit wichtiger zu sein als mögliche Trauer und Verzweiflung.

Eine weitere kleine Episode aus einer der Sitzungen, die um dieses Thema kreisten, war folgende: Frau Taubert erzählte, dass sie oft Besuch von einer Nachbarin bekomme, zu der sie ein eher zwiespältiges Verhältnis habe. So tausche man z. B. Geschenke aus. Die Nachbarin erlaube sich aber auch, sie ständig durch das Fenster ihres gegenüberliegenden Hauses zu beobachten und sie zu kritisieren, dass sie ohne Mann lebe. Als diese Nachbarin sie neulich mit einer anderen Nachbarin besucht habe und diese gemeinsam sie auf das fehlende männliche Element in ihrem Haus hingewiesen haben, seien bei ihr selbst sehr ungute Gefühle hochgestiegen, die sie als ‚Ablehnung und Wut' bezeichnete.

Diese Geschichte machte für mich zunächst wenig Sinn im Zusammenhang mit ihrem deklarierten Problem. Frau Taubert erzählte, dass die Nachbarin von ihrem alkoholisierten Mann oft geprügelt würde, diese ihre blauen Flecken verstecke und jeder in der Siedlung von diesen Ereignissen wisse, aber keiner davon spreche – insbesondere nicht in Gegenwart der Nachbarin.

In der Reflexionsphase, die ich mit einer Kollegin zusammen in der Gegenwart der Klientin durchführte, entwickelten wir die Frage, ob es einen Zusammenhang geben könne zwischen dem Schweigen der Nachbarin und dem Schweigen der Klientin – in beiden Fällen über männliches Fehlverhalten. Es wurde eine weitere Frage aufgeworfen, ob beide Frauen nicht ein beschützendes Verhalten gegenüber Männern zeigen würden und Frau Taubert insbesondere das Verhalten bei ihrer Nachbarin ablehne, welches sie bei sich selbst nicht ertragen könne.

Diese Zusammenhänge wurden – wie gesagt – vom Therapeuten und seiner Kollegin in Gegenwart der Klientin reflektierend hergestellt. Sie haben weder Anspruch auf Richtigkeit noch Objektivität und stellen lediglich eine die Geschichte der Klientin ergänzende Sichtweise dar. – Die Klientin schwieg auf diese Reflexionen hin einige Zeit und stimmte anschließend dieser Sichtweise vorsichtig zu: ‚Es kann sein, dass hier ein Zusammenhang besteht.' Sie fühlte sich verstanden und sah für sich neue Handlungsmöglichkeiten – teilweise der Nachbarin gegenüber und teilweise für die bevorstehende Beerdigung ihrer Mutter. Das brisante Thema der Beerdigung, die wütende und gleichzeitig sorgenvolle Phantasie über diese Beerdigung verloren an Gewicht. Die Grenzen zwischen ihrem ‚Problem' und dem, was sie als Lösung angesehen hatte, haben sich teilweise aufgelöst (vgl. Anderson 1997; Deissler 1997) – es war sozusagen gegenstandslos und kein Thema mehr."

Ermutigung in therapeutischen Gesprächen – die Aufhebung sprachlich konstruierter Grenzen

Wenn man von *Versuchung* spricht, so ist dies semantisch meist mit erotischen und/oder biblischen Inhalten verknüpft, die den Menschen in einer Situation darstellen, in der er etwas zu tun geneigt ist, das einer gegebenen[8] Ethik zuwiderläuft. Wenn man von *therapeutischer Versuchung* sprechen würde, würde man sich also auf das Glatteis vieldeutiger religiöser und/oder erotischer Interpretationen begeben. Es bleibt aber eine therapeutische Aufgabe, Verhaltenstendenzen, die bei Klienten nur partiell ausgeprägt sind, die die Klienten also *versucht sind* auszuführen und die für die Klienten eine mögliche Verhaltensalternative zu problembehaftetem Verhalten sind, zu ermutigen.

Psychotherapeutische Ermutigung soll hier heißen, dass positive Tendenzen, Handlungs- oder Sprechweisen zu zeigen, die noch nicht etabliert, von den Klienten aber gewünscht sind, durch die therapeutische Atmosphäre gefördert werden. So könnte man sich fragen, wie man mit einem Studenten zusammen, der sich selbst als sprechgehemmt einschätzt, eine therapeutische Ermutigungssituation konstruiert, in der er geneigt ist, seine Sprechhemmung zu überwinden.

Die allgemeine Frage lautet dann: Wie kann man als Therapeut zusammen mit seinen Klienten Anreizkontexte erschaffen, in denen die Klienten dazu tendieren, neue, alternative Verhaltens- und Sprechweisen zu entwickeln, und wie kann man in Zusammenarbeit mit den Klienten gemeinsam solche attraktiven Situationen fördern?

In der Diskussion radikal konstruktivistischer Ideen fragte man sich, wie Erkennen und Handeln zueinander im Verhältnis stehen. Die herkömmliche These lautete: Wenn man zweckmäßig handeln

8 In unserem Diskussionsrahmen sollten wir anstatt von „gegebener Ethik" besser von einer „sozial konstruierten Ethik" sprechen.

oder sinnvoll aktiv werden will, sollte man vorher gut überlegt bzw. sinnvolle Erkenntnisprozesse vollzogen haben. Eine andere – entsprechende Überlegung lautete –, wenn man etwas sagen will, sollte man vorher darüber nachgedacht haben, was man sagen will.

Heinz von Foerster (1985, S. 41) hat diese Überlegungen im Rahmen radikal konstruktivistischer Ideen auf den Kopf gestellt, seinen „ästhetischen Imperativ" andersherum formuliert und damit in unserem Feld einige Diskussionen ausgelöst. Er sagte: „Willst du erkennen, handle!"

Heinrich von Kleist formulierte aus heutiger Sicht bereits sozialkonstruktionistisch: „Der Gedanke kommt beim Sprechen", und Harry Goolishian sagte: „Wenn ich wissen will, was ich denke, muss ich (mit jemanden) sprechen."

Natürlich gibt es auch die dritte Position, die besagt, beides gehöre zusammen und darüber zu streiten, was wichtiger oder besser sei, gleiche dem Streit um „Henne und Ei" und der Frage, wer oder was zuerst da war, die Henne, das Ei oder die Beziehung zwischen Henne und Hahn.

Tatsächlich kann die Frage des Verhältnisses zwischen individuellem Erkennen und Handeln erst aufgehoben werden, wenn wir *die soziale Arena des Gesprächs bzw. des Miteinandersprechens* betreten. Die wichtigste Frage für psychotherapeutische Zusammenhänge lautet dann: wie können wir – Klienten und Therapeuten – so miteinander sprechen, dass die konstruierte Grenze (zwischen Handeln und Erkennen) aufgehoben wird? Wie ich versucht habe zu zeigen, geschieht dies durch die *soziale Poesie therapeutischer Gespräche*. Das heißt, durch das therapeutische Gespräch wird die Grenze zwischen individuellem Erkennen und Handeln aufgehoben. Was dabei entsteht, sind poetische Gesprächsprozesse, die zwischen mindestens zwei Personen stattfinden. In diesen Gesprächsprozessen fallen Erkennen und Handeln und Sprechen zusammen und werden eins. Wenn dies in therapeutischen Gesprächen gelingt, kann man davon ausgehen, dass sie eher erfolgreich sind.

Damit diese poetischen Prozesse in der Therapie möglich werden, können bestimmte förderliche Schritte vollzogen werden, die ich in ihrer Gesamtheit als *psychotherapeutische Ermutigung* (oder *Versuchung*) bezeichnet habe, da sie die poetischen Prozesse sozusagen hervorlocken und zur Entfaltung bringen können. Allgemein kann man sagen, dass die förderlichen Schritte eher ein Beitrag zur

Gesprächsatmosphäre sind, als dass sie bestimmte Techniken vorsehen würden.

Als ersten Schritt möchte ich die Bereitschaft bezeichnen, sich durch Worte berühren zu lassen. Worte, die einen Gesprächspartner berühren können, sind solche, die einen selbst bewegen. Eine fesselnde Geschichte als Teil eines Gespräches wird die Aufmerksamkeit des Zuhörers eher gefangen nehmen und ihn bewegen. Man kann daher annehmen, dass man aus solchen Gesprächen anders hervorgeht, als man hineingegangen ist. Wenn z. B. ein vierzehnjähriges Mädchen in Gegenwart ihrer Eltern erzählt, dass sie ihnen sehr wenig vertraue, etwas mehr dem Therapeuten und über alle Maßen einer Brieffreundin, die sie persönlich gar nicht kenne, so fühlen die Beteiligten sich durch diese Aussage sehr bewegt, und sie gehen anders aus dem Gespräch hervor, als sie hineingegangen sind. Wie dieses Beispiel zeigt, kann das „sich durch Worte berühren lassen" auch heißen, Verletzlichkeit zu riskieren und sich dadurch zu verändern.

Der psychotherapeutische Zauber, den bewegende poetische Momente beim Zuhörer auslösen, kann weiter gefördert werden, indem man mit seinen Klienten im Gespräch *angemessen ungewöhnliche Unterschiede*[9] *erzeugt*, die in Richtung der Entpathologisierung dessen gehen, welches bisher als krankhaft und / oder böse galt. So sind auch die klassischen Beispiele zu verstehen, wenn man anstatt von „Anorexie" von „Hungerstreik", anstatt von „Aggressivität" von „starkem Gefühlsausdruck", der andere in Mitleidenschaft zieht, und anstatt von „Manie" von „Zügellosigkeit" oder „ungebremster Wunscherfüllung" spricht.

Schließlich läßt sich der alte religiöse Streit – z. B. der zwischen Zwingli und Luther –, ob das Brot beim Abendmahl den „Leib Jesu" repräsentiere oder ob das Brot der „Leib Jesu " sei, als eine sprachliche Auseinandersetzung verstehen, bei der es um die Unterscheidung *map/territory* (Deissler 1996) geht.[10] Beide lassen sich als sprachliche Konstruktionen[11] denken, die sprachlich verhandelt,

9 vgl. Tom Andersen (1990).

10 Auf diese historische Auseinandersetzung im Marburger Schloss ist Thomas Keller in seinem Referat auf der Tagung „Die soziale Poetik therapeutischer Gespräche" 1996 am selben Ort eingegangen.

11 Die eine Konstruktion macht einen Unterschied, die andere hebt diesen Unterschied wieder auf.

getrennt und zusammengefügt werden können – je nachdem, für welchen Nutzen man sie einsetzen möchte. Erst das Kenntlichmachen als (konversationale) sprachliche Konstruktion erlaubt eine Verständigung der Gesprächspartner. So lässt sich die Aufhebung sprachlich konstruierter Grenzen beispielsweise zwischen Erkennen und Handeln, Sprechen und Handeln, Traum und Wirklichkeit[12,13] als Förderung der therapeutischen Ermutigung verstehen, die den Partnern in beziehungsengagierten Gesprächen erlaubt, sich für die Auflösung von Problemen in Beziehungen einzusetzen und neue Verhaltensweisen hervorzulocken.

Sich wundern – philosophische oder therapeutische Haltung?

Wenn man sich fragt, welche therapeutische Haltung poetische Prozesse in der Therapie fördern kann, so wird man zunächst genauer bedenken müssen, was man durch die therapeutische Haltung ermöglichen will. Gefördert werden soll ja so etwas wie Kreativität im Gespräch, ein Zauber, der Möglichkeitsräume eröffnet und die Grenzen zwischen z. B. harter Realität und weicher Phantasie zum Schwinden bringt. Gleichzeitig sollen Denk- und Handlungsmöglichkeiten für die Zukunft sozusagen hervorgelockt werden. Man könnte es sich leicht machen und sagen, dass man einfach eine poetische Haltung braucht, um poetische Prozesse zu fördern.

Jostein Gaarder (1993) sagt in seinem Buch „Sophies Welt", dass es genügt, sich die kindhafte Haltung des *Sichwunderns* zu erhalten, um Philosoph zu bleiben. Damit meint er, dass man sich sozusagen die kindhaft-fragende Haltung erhalten sollte, um sich den zentralen philosophischen Problemen zu stellen. Man kann sagen, dass ein „Sichwundern", ein „Erstauntsein" den Wunsch auslöst, das verstehen zu wollen, was einem begegnet. Ich glaube, dass diese Bereitschaft, sich zu wundern, auch therapeutischen Prozessen gut tut und bewirkt, dass man eben nicht so tut, als wisse man als „Experte für psychosoziale Fragen" Dinge über seinen Gesprächspartner, die man gar nicht wissen kann. Bevor man nicht mit seinem Gesprächs-

12 Bei der Technik des „schöpferischen Träumens" nach Tholey und Utecht (1997) wird genau die Aufhebung der Trennung zwischen Traum und Wirklichkeit eingesetzt, um zu erlernen, wie man seine Träume willkürlich bezüglich Inhalt und Prozess steuern kann ...

13 Vgl. auch Dschuang Dsis Traum vom Schmetterling (Zhou Zhuang 1998).

partner gesprochen hat, kann man ihm nur mit Voreingenommenheiten, Vorurteilen oder Vorverstehen begegnen. Meines Erachtens kommt ein therapeutisches Sichwundern dem am nächsten, was Cecchin (1988) mit „Neugier" und Anderson u. Goolishian (1992) mit „Nicht-Wissen" bezeichnet haben. Dieses *Sichwundern* beinhaltet die Bereitschaft, das in einem Gespräch als neu anzuerkennen, was man vorher noch nicht gehört hat und also gar nicht kennen kann,[14] und sich die Verwunderung über das zu erhalten, was einem bekannt erscheint. Darüber hinaus enthält es die Bereitschaft anzuerkennen, dass man einen Menschen niemals vollständig verstehen kann und deshalb bereit sein sollte, immer weiter nach dem, was man *noch nicht verstanden* (Gadamer 1996) hat, zu fragen – so weit die Gesprächspartner dazu bereit sind.

Schließlich hängt dieses Sichwundern etwas mit Zuneigung zu den Gesprächspartnern zusammen. Diese Zuneigung hat in therapeutischen Kontexten wenig mit körperlicher Liebe oder erotischer Verführung zu tun – sie drückt Interesse aus an dem, was die Gesprächspartner zu erzählen haben, und die *Bereitschaft*, sich im Gespräch für die Gesprächsinhalte und die sie umgebenden Beziehungen zu interessieren und zu engagieren.

Das heißt, dass vor allem die *Bereitschaft zuzuhören* gegeben sein muss (Levin 2000, S. 191 ff. in diesem Buch). Erst wenn diese Eigenschaft ebenfalls gegeben ist, wird die Möglichkeit eröffnet, über die Gesprächsinhalte zu reflektieren, neue Bedeutungen zu erzeugen und neue Möglichkeiten zu erschließen.

Daraus folgt, dass das Sichwundern als reflektierende, beziehungsengagierte therapeutische Haltung bezeichnet werden kann.

Diese Haltung kann „therapeutisch" genutzt werden, indem sie die Ermutigung, Neuland zu betreten, Neues zu entdecken oder zu erfinden, fördert und Möglichkeiten für die Zukunft aufschlüsselt.

14 Diese Haltung ist im psychosozialen, insbesondere psychiatrischen Bereich durchaus nicht üblich: Bevor man seine „Patienten" sieht, werden meist lange „Krankengeschichten" gelesen. Diese „Psychopathographien" enthalten „Expertenurteile und -wertungen", die dem Leser keine unvoreingenommene Haltung gegenüber dem zukünftigen Gesprächspartner (dem „Patienten") erlauben. Auf diese Weise wird ein „Vorurteil" gegenüber dem zukünftigen „Patienten" gebildet, von dem man sagen kann, dass es schneller als Lichtgeschwindigkeit abläuft, das heißt, man kommt an, bevor man losgegangen ist: Man versteht, bevor man mit der betreffenden Person gesprochen hat.

Um diese Haltung des Sichwunderns zu erläutern, möchte ich von einem Klienten, Herrn Becker, erzählen, dem ich am Anfang meiner beruflichen Karriere begegnet bin.

Herr Becker[15] war ein junger Mann – etwa Anfang 30. Er arbeitete in einer Druckerei und versuchte, seinen Arbeitsplatz zu wechseln, da er unter der Lautstärke litt, die die Druckmaschinen entfalteten, an denen er arbeitete. Ich war ihm gegenüber eher misstrauisch und glaubte ihm seine Geschichte nicht ganz. Ich vermutete, dass er darauf aus war, berentet zu werden, oder einen Weg suchte, leichter sein Geld zu verdienen, ohne dass er es offen zugab. Mein Misstrauen kam – jedenfalls am Anfang der Therapie – nicht zur Sprache, während er seinerseits mit den Themen, die er erst in späteren Sitzungen besprechen konnte, hinter dem Berg hielt. So hatte ich in den ersten Therapiesitzungen das Gefühl, dass wir beide uns misstrauisch gegenübersaßen und nicht über das sprachen, was „eigentlich“ zu besprechen war. Dies änderte sich schlagartig, nachdem Folgendes passierte: Herr Becker hatte die Angewohnheit, mich vor Beginn der Sitzung mit einem kräftigen Händedruck zu begrüßen. Dieser Händedruck war so stark, dass er jedes Mal Schmerzen in meiner rechten Hand auslöste, ohne dass ich mir dies anmerken ließ. Zur vierten Sitzung entschloss ich mich meinerseits, meinen Händedruck so zu verstärken, dass Herr Becker dies zumindest bemerken mußte. Als wir uns zu dieser Sitzung begrüßten und uns die Hand reichten, sagte Herr Becker anerkennend und verwundert: „Sie haben aber einen kräftigen Händedruck!?“

Zu meinem Erstaunen konnte ich ihn (und er mich) von diesem Zeitpunkt an ernst nehmen. Mir fiel es leichter, seinen Geschichten Glauben zu schenken und sein Anliegen anzuerkennen.

In der hier entwickelten Sprache heißt das, dass die wechselseitige Verwunderung über die „Anerkennung per Händedruck“ uns ermöglichte, neue Gesprächsbereiche zu erschließen, innerhalb deren auch die von mir beargwöhnten Themen zur Sprache kommen konnten.

15 Der Name wurde geändert.

Beziehungsengagiertes Reflektieren – Gefühle in therapeutischen Gesprächen

Gefühle waren in der klassischen systemischen Familientherapie tabu, das heisst, sie durften nicht angesprochen werden – keinesfalls, so forderten unsere Lehrmeister, sollte man danach fragen. Sie wurden z. B. verstanden als Manöver, ein bestimmtes homöostatisches Gleichgewicht aufrechtzuerhalten. Wenn eine Mutter während der therapeutischen Sitzung weinte, der Vater aggressiv wurde und der vierzehnjährige Sohn sich mehr und mehr in sich selbst zurückzog, konnten diese Verhaltensweisen verstanden werden als Einzelmanöver, die dazu dienten, das ausbalancierte Gleichgewicht der Familie beizubehalten – die Familie wurde als starres und auf ein bestimmtes Funktionieren festgelegtes Ganzes angesehen.

Mithilfe sozialkonstruktionistischer und relational orientierter Denkweisen (Gergen 1994 sowie McNamee a. Gergen 1998) kann man Gefühle in einem neuen Licht sehen und verstehen. Mein Vorschlag ist, sie als *qualitativ gefärbte Beziehungsangebote* oder *Einladungen zu bestimmten Beziehungsformen,*[16] die zu weiteren Gefühlen (Beziehungsangeboten) der beteiligten anderen Kommunikationspartner einladen, zu definieren. Dabei steht weniger die festschreibende Interpretation eines Gefühls im Vordergrund als vielmehr die Bedeutungsvielfalt, die der Uneindeutigkeit von Gefühlen entspricht. In der Reflexion dieser Beziehungsangebote (Gefühle) wiederum besteht die Möglichkeit, sich selbst und die beteiligten anderen zu verstehen und zu erfinden. Der Schwerpunkt dieser Betrachtungsweise liegt also auf der Vielfalt möglicher Verstehensweisen und Entwicklungschancen. Damit werden nicht in erster Linie Strukturen oder Funktionen mit ihren Begrenzungen, sondern relationale Prozesse mit ihren Möglichkeiten umschrieben. Gefühle erhalten somit in der sozialen Poesie ihren Stellenwert: Sie tragen zum Möglichkeitsraum therapeutischer Gespräche bei.

Um dies konkret zu erläutern, mag ein weiteres Fallbeispiel dienen.

16 Dieser Definitionsvorschlag mag an das transaktionsanalytische Verständnis der „Spiele der Erwachsenen" oder „Maschen" erinnern. Hier sollen aber nicht deren negative, teilweise pathologische Implikationen eingeschlossen werden.

In einer dreiköpfigen Familie kam es zu Auseinandersetzungen, als die Tochter mit fünfzehn Jahren länger ausgehen wollte, als die Eltern ihr dies zugestanden. Der Familienvater war wegen einer Herzerkrankung krankgeschrieben, und eine mögliche Frühpensionierung stand zur Diskussion. Der Streit um das Verhalten der Tochter eskalierte, je mehr der Vater versuchte, die Tochter daran zu hindern, länger auszubleiben, indem er seine Erkrankung ins Spiel brachte. Schliesslich gestand er, seiner Tochter zu drohen: „Falls du weiterhin später als von uns vorgeschrieben nach Hause kommst, wirst du an meinem Tod durch Herzinfarkt schuld sein." Die Situation schien ausweglos: Eltern und Tochter beharrten auf ihrer jeweiligen starren Haltung.

Dies änderte sich schlagartig, als ich mit dem Vater in einer Einzelsitzung über seine „Todesdrohung" gegenüber der Tochter sprach. Er vertrat glaubhaft die Überzeugung, dass seine Haltung gegenüber der Tochter korrekt sei und er Recht habe, ihr mit seinem Herztod zu drohen. Beim Zuhören spürte ich, dass in mir eine jähe Empörung wuchs, je länger der Vater diese Haltung vertrat. Schließlich vergaß ich alles, was ich über Neutralität, Neugier und Nichtwissen usw. als therapeutische Haltung gelernt hatte. Ich platzte heraus: „Wie können Sie ihrer Tochter mit Ihrem Tod drohen? Ich finde das empörend. Wollen Sie etwa dafür sorgen, dass ihre Tochter im Falle ihres Todes Schuldgefühle entwickelt, die sie dann selbst bis zu ihrem eigenen Tod nicht mehr los wird?" Das weitere Gespräch verlief in ruhigeren Bahnen, ich merkte, wie ich selbst gegenüber meinem Klienten Schuldgefühle entwickelte, weil ich zu sehr aus der Haut gefahren war: „Würde er sich nicht zu sehr aufregen? (Würde ich am Ende an seinem Herztod schuld sein?)." Wir reflektierten über den gesamten Prozess einschließlich meiner Schuldgefühle und verabredeten, dass die Mutter zur nächsten Sitzung kommen solle. – Nach der Sitzung war ich nicht besonders stolz auf mich, und ich sah der Sitzung mit der Mutter mit beklemmenden Gefühlen entgegen. Erstaunlicherweise berichtete diese jedoch, dass die Probleme mit ihrer Tochter praktisch ausgeräumt seien und alle Familienmitglieder besser miteinander auskämen. – Die Therapie wurde nach einer weiteren Sitzung mit den Eltern im Einvernehmen beendet.

Wie kann man den beschriebenen Therapieprozess auf dem Hintergrund der vorangegangenen Überlegungen verstehen? Sicher kann man meinen Gefühlsausdruck als *beziehungsengagiert* bezeichnen. Dieses Beziehungsengagement eröffnete neue Handlungsmöglichkeiten dadurch, dass meine eigenen Schuldgefühle bezüglich meiner Empörung dem Vater gegenüber mit ihm gemeinsam reflektiert werden konnten. So gesehen, ermöglichten erst die heftigen Gefühle bzw. Beziehungsangebote auf beiden Seiten (Vater und Therapeut) ein *beziehungsengagiertes Reflektieren.*

Im Rahmen unseres Diskussionszusammenhanges heißt das schließlich, dass beziehungsengagiertes Reflektieren zur sozialen Poesie therapeutischer Gespräche beiträgt und die ästhetische Praxis der Therapie fördert – wie all die anderen genannten Teilaspekte der sozialen Poesie therapeutischer Gespräche.

Literatur

Andersen, T. (1990): Das Reflektierende Team. Dortmund (Modernes Lernen).

Anderson, H. (1997): Conversation, language, and possibilities. A postmodern approach to therapy. New York (Basic Books).

Anderson, H. u. H. Goolishian (1992): Der Klient ist Experte. *Zeitschrift für systemische Therapie* 10: 176–209.

Cecchin, G. (1988): Zum gegenwärtigen Stand von Hypothetisieren, Zirkularität und Neutralität: Eine Einladung zur Neugier. *Familiendynamik* 13: 190–203.

Deissler, K. G. (1995): Geläutert geht der Steuermann von Bord und begrüßt Herrn Aphrodite. *Familiendynamik* 20: 373–375.

Deissler, K. G. (1996): Sozialer Konstruktionismus. In: T. Keller u. N. Greve (Hrsg.): Systemische Praxis in der Psychiatrie. Bonn (Psychiatrie-Verlag).

Deissler, K. G. (1997): Sich selbst erfinden? Von systemischen Interventionen zu selbstreflexiven Gesprächen. Münster (Waxmann).

Deissler, K. G. (1998): Dialoge im Gespräch – zur sozialen Konstruktion von Reflexionsprozessen innerhalb von Therapie und Beratung. In: J. Hargens u. A. von Schlippe (Hrsg.): Das Spiel der Ideen. Reflektierendes Team und Systemische Praxis. Dortmund (Modernes Lernen).

Deissler, K. G. u. W. Zitterbarth (2000): Psychotherapieforschung als sozialer Diskurs. Einladung zur qualitativen Erforschung therapeutischer Zusammenarbeit. In diesem Buch, S. 157–173.

Foerster, H. von (1985): Sicht und Einsicht. Braunschweig (Vieweg).

Gaarder, J. (1993): Sofies Welt. München (Carl Hanser).

Gadamer, H.-G. (1986): Wahrheit und Methode. Bd. I. Tübingen (Mohr).

Gadamer, H.-G. (1996): Die Kunst des Verstehens. (Transkript des Fernsehfilms von Rüdiger Safranski u. Konstanze Brill. Redaktion Ulrich Boehm) Westdeutscher Rundfunk, Köln.

Gergen, K. J. (1994): Realities and relationships. Soundings in social construction. Cambridge (Harvard University Press).

Levin, S. B. (2000): Kollaboratives Interviewen von Frauen, die geprügelt wurden. In diesem Buch, S. 191–204.

McNamee, S. (2000): Die soziale Poesie beziehungsengagierter Forschung. Forschung als Gespräch. In diesem Buch, S. 146–156.
McNamee, S. a. K. J. Gergen (eds.) (1992): Therapy as social construction. London (Sage).
McNamee, S. a. K. J. Gergen (1998): Relational responsability. Resources for sustainable dialogue. London (Sage).
Rorty, R. (1989): Kontingenz, Ironie und Solidarität. Frankfurt a. M. (Suhrkamp).
Shotter, J. (1993): Conversational realities. Contructing life through language. London (Sage).
Shotter, J. (1995): Wittgenstein's world: Beyond "The way of theory" toward a "social poetics". Paper presented for "Social construction, culture, and the politics of social identity". New School of Social Research, New York, April 7th, 1995.
Shotter, J. (1997): Social construction as social poetics: Oliver Sacks and the case of Dr. P. In: B. Bayer a. J. Shotter (eds.) (1997): Reconstructing the psychological subject. London (Sage).
Tholey, P. u. K. Utecht (1997): Wie Sie im Schlaf das Leben meistern. Schöpferisch Träumen. Der Klartraum als Lebenshilfe. Frankfurt a. M. (Klotz).
Wittgenstein, L. (1984): Philosophische Untersuchungen. In: Werksausgabe, Bd. I. Frankfurt a. M. (Suhrkamp).
Zhuang, Zhou / Dschuang Dsi (1998): Das wahre Buch vom südlichen Blütenland. Aus dem Chines. übertr. und erl. von Richard Wilhelm. München (Diederichs).

Julians Erlösung
Eine therapeutische oder eine poetische Geschichte?

Gerry Lane und Gianfranco Cecchin

Einleitung

Das medizinische Modell der Psychiatrie betrachtet seltsame Auffassungen, metaphorische Sprache, visionäre und hellseherische Erfahrungen als ein Zeichen von Geisteskrankheit. Deshalb könnte eine poetische oder dichterische Sprache, wenn sie der Beobachtung der traditionellen Psychiatrie ausgesetzt würde, als Zeichen von Verrückheit angesehen werden.

Dieses Kapitel beschreibt, wie ein exzentrischer und poetischer schwarzer Teenager mithilfe seiner Therapeuten und Pfarrer die soziale Poesie der südlichen schwarzen Kirche in das traditionelle psychiatrische Krankenhaus einschmuggelt. Dabei wird der Junge als verrückt und böse diagnostiziert.

Wie auch immer, eine sprachliche Zusammenarbeit zwischen Therapeuten, Patient, Pfarrer und Mutter hat eine lebendige Erzählung konstruiert, die die mächtige psychiatrische Geschichte von der Geisteskrankheit auflöst.

Julians Geschichte

Ich traf Julian zum ersten Mal während einer Konsultation in einem Staatshospital eines benachbarten südlichen Staates. Julian war 14, schwarz und lebte zusammen mit seiner Mutter, zwei Schwestern und zwei Brüdern in einer kleinen Stadt an der Küste ca. 20 Meilen von dem Krankenhaus entfernt. Julians Mutter, Erma, arbeitete als Hausangestellte. Sie ließ Julian auf seine jüngeren Brüder und Schwestern aufpassen, während sie nicht zu Hause war. Sie lebten in einem heruntergekommenen, wenig angesehenen Wohnprojekt in der Stadt, und jedes Kind hatte einen anderen Vater. Keiner von ihnen war in das Leben der Kinder einbezogen außer einem, der in derselben Stadt wohnte. Er war in der Stadt hauptsächlich durch sein Trinkverhalten und seine Zusammenstöße mit der Polizei bekannt. Bay Bluff war eine typische kleine, ländliche, südliche Stadt, immer noch zweigeteilt durch eine rassistische Geschichte. Der wichtigste Zufluchtsort war für diese Familie die Ebeneezer Baptistenkirche, wo sie zweimal pro Woche Unterstützung erhielten.

Reverend Luther B. Kimbrough war bis in die frühen 50er-Jahre Pfarrer der Ebeneezer Baptisten gewesen und hatte aktiv an der Bürgerrechtsbewegung der 60er-Jahre teilgenommen. Er war ein Mann von enormer physischer Statur und eloquent im Verkünden der geistlichen Botschaft. Reverend Luther, wie er von seiner Gemeinde genannt wurde, verdiente den Respekt aller, die sich als Ebeneezer verstanden, und wenn man ihm beim Beten zuhörte, hörte es sich fast so an, als würde man einer spirituellen Version eines Blues-Stückes John Lee Hooker zuhören. Er wurde ebenfalls von der gebildeten weißen Gesellschaft für die Arbeit, die er leistete, respektiert.

Wie es in den meisten Familien dieser Zeit der Fall war, hatte auch Julians Mutter ihren Kindern Misstrauen gegenüber dem mächtigen weißen System eingeimpft, und das hatte einen profunden Effekt auf Julian und seine Beziehungen mit Weißen. Sie hatte ihr ganzes Leben lang für „weißes Volk" geschrubbt und hinter ihm hergeräumt.

Eines Tages, Erma war arbeiten, wurde Julian, der auf das Haus aufpasste, durch das konstante und unkontrollierbare Schreien seiner kleinen Schwester irritiert und beschloss, ein Kopfkissen über ihren Kopf zu legen, um den Ton zu unterdrücken und sie zum Schlafen zu bringen. Als Erma nach Hause kam, geriet sie außer sich, als sie ihr kleines Baby tot im Bett vorfand. Ihr Verhalten veranlasste die Nachbarn, die Polizei zu rufen, die dann mitten im Chaos eintraf. Julian, der sich fürchtete, hatte sich im Klosett verbarrikadiert, in dem ihn die Polizei aufspüren musste. Von der Polizei befragt, gab Julian zu, das Kissen über den Kopf seiner Schwester gehalten zu haben, leugnete aber jedes Wissen von ihrem Tod. Die Polizei nahm ihn fest und brachte ihn in das Jugendverwahrzentrum. In diesem Verwahrzentrum verhielt sich Julian zurückgezogen und wurde depressiv, fast katatonisch. Das Gericht ordnete eine psychologische Untersuchung an, und das Empfehlungsschreiben aus dieser Untersuchung besagte, dass Julian für eine weitere Untersuchung und Behandlung in das psychiatrische Hospital gebracht werden sollte. Dort traf ich Julian zum ersten Mal.

Eine therapeutische oder eine poetische Geschichte?

Ich leitete in dem Krankenhaus zweimal in der Woche eine Gruppentherapiesitzung, an der Julian teilnahm. Einer der Aufseher auf der Etage berichtete mir, dass er bemerkt habe, dass Julian starkes Interesse für die Krankenhausbibliothek zeige, besonders für Bücher ägyptischer Geschichte. Das war seit seinem zweiten Schuljahr Julians erstes Interesse an etwas Akademischen. Sein Interesse an ägyptischer Geschichte war so stark, dass er alle anderen Aktivitäten ablehnte. Er lehnte auch Ermutigungen von Lehrern ab, sein Interesse zu erweitern. An meinem ersten Abend in der Gruppe mit Julian als Mittglied stellte er sich als Pharao vor und sprach über die Schwierigkeiten, die er damit habe, die Pyramiden zu bauen, die Sklaven zu dirigieren und sie zur Arbeit zu zwingen. Julian schrie: „Ich bin rücksichtslos und hart, und ich muss diese faulen, nichtsnutzigen Nigger zwingen, ihre Arbeit zu machen." Dann stand er mit einem Papier in der Hand auf und sagte: „Ich habe meine eigenen Hieroglyphen entwickelt, die nur vom Königshaus verstanden werden können", und dann fing er an, in unverständlicher Sprache zu sprechen. Ich fragte ihn, was er denn sagte, und er wiederholte: „Nur das Königshaus versteht, was ich sage."

Daraufhin fragte ich ihn, ob jemand vom Königshaus in diesem Krankenhaus wäre, mit dem er sprechen könnte. Er antwortete: „Die einzigen Leute in diesem Hospital seid ihr weißen Arschlöcher, die mich als Gefangenen festhalten, und das gilt auch für dich, falsches Niggerarschloch, der vorgibt, weiß zu sein; die einzigen aus dem Königshaus, die ich kenne, sind Reverend B. Kimbrough und meine Mutter."

Ich fragte Julian, ob er mir erlauben würde, die einzigen, die er vom Königshaus kennt, kennen zu lernen. „Na ja, das ist deren Sache", antwortete er.

Kurz nach der Sitzung traf ich mich mit der Gruppe der Aufseher und dem Stab, um zu diskutieren, was passiert war. Ein Aufseher beschuldigte mich, Julian erlaubt zu haben, die Gruppe mit seinem psychotischen Gefasel zu kontrollieren. Ein anderes Stabsmitglied sagte, dass sie jetzt erleichtert wären, da sie nun schließlich einen sichtlichen Beweis für Julians Schizophrenie und Depersonalisation gesehen hätten. Er fühle, dass das erkläre, warum Julian fern der Realität gewesen sei, als er seine Schwester tötete.

Mein Eindruck von dem, was passierte, war ganz anders. Für mich wurde klar, dass Julian metaphorisch kommunizierte. Indem er sich selbst mit einem Pharao identifizierte, kommunizierte er die Unterdrückung, die er im Krankenhaus fühlte, und die Macht, die der Stab auf die Patienten ausübte, so wie die Herr-Sklave-Beziehung von weiß und schwarz, die in der Wirklichkeit seiner Familie weiterhin existierte. Die Machtlosigkeit, die er fühlte, wurde nur durch seine Fähigkeit, sich mit dem Pharao zu identifizieren, gemildert – etwas, das ihm ein Gefühl der Würde gab. Meine Neugierde war geweckt worden, mehr über Julians Geschichte zu erfahren und darüber, inwiefern sein Interesse an ägyptischer Geschichte seiner Wirklichkeit gleichkommt. Das war der Anfang einer starken Geschichte.

In den darauf folgenden Treffen mit Julian beschrieb er mir, wie er während des Bauens der Pyramiden ein Sklave geworden war, und erzählte von seiner Frustration über seine Unfähigkeit, seinem Meister zu gefallen. Das war ein drastischer Wechsel von seiner Rolle als Pharao – einer Rolle, von der ich fühlte, dass sie ein Zeichen dafür war, dass Julian jedes Gefühl von Macht oder Kontrolle, das er früher gehabt haben dürfte, verloren hatte und dass er frustriert war, institutionalisiert zu sein und sich als Geisteskranker zurückzuziehen – vorübergehend. Ich diskutierte mit einigen der Krankenhausteamkollegen über Julian, und speziell einer von ihnen beobachtete Julians Hauptbeschäftigung mit ägyptischer Geschichte fasziniert. Er fühlte, dass sich Julian mit dem Elend der Sklaven in Ägypten identifizierte, und er wurde sich zum ersten Mal der Langlebigkeit der Geschichte der Sklaverei bewusst: dass die Sklaverei immer da gewesen sei und dass sich die Benachteiligten schon immer hilflos in dieser Welt quälen mussten. Das war damals so und wird wahrscheinlich immer die Art und Weise sein, in der die Welt funktioniert. Wie hoffnungslos und hart erscheint das Leben in dieser Welt. Indem Julian zum Pharao wurde, konnte er das Gefühl von Macht und Wohlergehen erfahren, was für ihn in seinem Leben sonst unmöglich war. Noch etwas passierte. Julian wurde sich der Kraft seiner eigenen Vorstellungen bewusst und dessen, dass ihm das Erzeugen seiner eigenen Realität Linderung und Beruhigung für seine Schmerzen verschaffte.

All dies wurde mir klar, indem ich Julian mit Respekt zuhörte und eine vertrauensvolle Beziehung zu ihm aufbaute.

Der Chefpsychiater und der Supervisor der Abteilung hatten bereits entschieden, dass Julian schizophren sei, und waren nun dazu verpflichtet, hohe Dosen antipsychotischer Medikation zu verschreiben. Julian widersetzte sich der Medikation und musste zeitweise festgehalten werden, während die Injektionen verabreicht wurden. Als ich in der folgenden Woche zu der Gruppe zurückkehrte, fand ich Julian in lebloser Drogenbenommenheit vor. Ich ärgerte mich, dass das passiert war. Unfähig, meinen Ärger auszudrücken (weil die Verabreichung von Medikanmenten ernsthaft als die einzige verantwortliche Behandlung betrachtet wurde, die Psychiater für Schizophrene anwenden konnten), war ich frustriert und fühlte mich hilflos, anderer Meinung als das Team zu sein. Ich sah meine Chance, Julian zu helfen, ruiniert. Und ich fühlte auch, dass ich meine Arbeit mit Julian nicht würde fortsetzen dürfen, wenn ich mit seinen Diagnosen nicht übereinstimmt.

Mein nächster Arbeitsschritt bestand darin, eine Familientherapie mit Julians Mutter zu beginnen. Ich sprach mit ihr am Telefon, und sie stimmte widerwillig zu, sich mit Julian und mir zu treffen. Bei unserem ersten Treffen umarmte sie Julian, und beide weinten, sich in den Armen liegend.

Erma sagte: „Mit der Hilfe von Jesus und Reverend Kimbrough könnte ich dir vergeben, mein Sohn. Ich weiß, dass du deine Schwester nicht töten wolltest." Sie starrte mich hasserfüllt an und sagte: „Ich will meinen Sohn hier raushaben. Er gehört nach Hause zu mir. Ich traue es euch weißen Leuten nicht zu, auf ihn aufzupassen. Was stimmt nicht mit ihm? Er sieht aus wie ein Zombie. Was für ein Mojo habt ihr über meinen Jungen gebracht?" Ich antwortete: „Mrs. Johnson, Dr. Fridgheart hat Julian unter Thorazin gesetzt, und das sind Nebenwirkungen von der Medikation. Ich habe nicht die Befugnis, Julian aus dem Hospital zu entlassen." Erma war außer sich und sagte: „Wer kann meinen Jungen dann freilassen?"

Der Direktor hörte den Aufruhr und betrat das Zimmer. Die Hysterie eskalierte, und Erma wurde gebeten, das Krankenhaus zu verlassen, oder sie müsste mit einer Festnahme rechnen. Während der ganzen Episode hatte sich Julian in eine Embryoposition auf dem Sofa eingerollt. Er fühlte Hoffnungslosigkeit, jemals sein Leben wieder zurückhaben zu können, und realisierte, dass seine eigene Mutter, die sich immer um ihn gekümmert hatte, ihm nicht helfen konnte.

Julian zog sich jetzt noch mehr zurück. Er verweigerte das Essen. Er sank tiefer und tiefer in seinen eigenen Abgrund. Er begann, Suizid anzudrohen. Er verlangte verzweifelt, seine Mutter zu sehen.

Der Krankenhausstab und Dr. Fridgheart waren beunruhigt, dass Julian seine Drohung, sich umzubringen, wahr machen könnte. Sie fürchteten, dass das Krankenhaus für den Tod verantwortlich gemacht werden könnte, weil man ihm nicht erlaubt hatte, seine Mutter zu sehen. Daraufhin rief man Mrs. Johnson an, um sie erneut einzuladen, Julian zu besuchen. Sie sagte: „Ich komme nur dann noch mal hin, wenn Reverend Luther B. Kimbrough mit mir kommt. Julian braucht jetzt die Hand des gütigen Jesus."

Ich akzeptierte das, ohne mich erneut mit einem Krankenhausmitglied zu beraten.

Einige Tage später kam Mrs. Johnson in Begleitung von Reverend Kimbrough ins Krankenhaus, wo Julian und ich sie im Familientherapieraum erwarteten. Ich begann ein Gespräch mit ihnen über die Geschichte der Beziehung von Julian zu seiner Mutter. Die Antwort, die ich erhielt, war eine sehr „laute" Stille. Niemand wollte etwas sagen. Schließlich brach Reverent Kimbrough das Schweigen, indem er sagte: „Vielleicht kann ich hier helfen. Zuerst lasst uns unsere Hände falten für einen Moment des Gebets."

Ich war völlig überrumpelt. Meine Therapiesitzung wurde zum Gottesdienst. Vielleicht ist es das, was wir brauchen, um das kalte Schweigen zu brechen. Ich hatte mich in dem Schweigen hilflos gefühlt und war glücklich, dem guten Reverend die Möglichkeit zu geben, die Kraft der schwarzen Kirche hierher zu bringen, um die Schmerzen und das Leid zu heilen. Selber im Mississippidelta aufgewachsen, war ich nur allzu vertraut mit der Kraft der schwarzen Kirche und ihren heilenden Fähigkeiten.

Reverend Kimbrough ging hinüber zu Julian, und dieser enorm kräftige Mann nahm Julian bei seiner kleinen Hand und begann zu beten: „Lieber Jesus, wir wissen, dass du diesen Jungen liebst und dass du ihm schon vergeben hast, was geschehen ist. Er hat genug gelitten und muss nun wissen, dass du ihn liebst und ihm vergibst. Gib ihm die Kraft, dich in sein Herz hereinzulassen, dich in sein Herz einzuladen und zu wissen, dass du einen jeden von uns liebst wie dich selbst. Wir müssen wissen, dass wir alle in deinem Angesicht willkommen sind, und wir brauchen deine bedingungslose Liebe, um vollkommen zu werden. Jesus, dieses verlorene Schaf sucht nach dir. Julian, kannst du nun Jesus bitten, dass er dir vergibt?"

Julian sagte: „Bitte vergib mir, Jesus. Ich wollte meine Schwester nicht töten. Jesus, es tut mir so Leid."

Tränen begannen über sein Gesicht zu laufen. Ich sah auf und sah Tränen in aller Augen. Da war eine nicht sichtbare heilende Aura im Raum. Ich konnte sie fühlen und begann zu weinen. Ich fühlte, dass Reverend Kimbrough ein mächtiger Schamane war, der ein heilendes Ritual vollzogen hatte.

Über die nächsten 15 Monate hat sich Reverend Kimbrough mit Julian, Erma und mir getroffen. Ich hatte mich dazu entschlossen, den Prozess weiterlaufen zu lassen, ohne mich auf die traditionelle Therapie zu berufen. Hier war etwas Mächtigeres am Werk, als ich oder die Krankenhausbehandlung zur Verfügung stellen konnte, und das zu der südlichen schwarzen Kultur passte. Ich nahm eine zenartige Position ein, um in einem traditionellen psychiatrischen Kontext Raum zu schaffen, in dem sich eine spirituelle Heilung selbst fördern konnte. Ich wurde vom Krankenhausdirektor und von Dr. Fridgheart gefragt, warum ich es diesem Pfarrer erlauben würde, an den Sitzungen teilzunehmen, und ich erklärte, dass er zum Ersatzvater von Julian geworden sei, was sie überraschenderweise akzeptierten.

Nach sechs Monaten mit (regelmäßigen) Treffen gab Julian seine Rolle als Pharao und Sklave auf. Er hatte sogar ein Vergebensgebet aufgesagt, um dem Krankenhaus und dem Stab den Schaden und die Schmerzen, die sie ihm zugefügt hatten, zu vergeben. Und dafür, dass sie ihn gegen seinen Willen dabehalten hatten. Julian wurde kooperativer und begann sogar, anderen mit ihren Problemen zu helfen. Er kannte sich mit christlichen Gleichnissen aus und teilte diese mit anderen, wenn er die Möglichkeit hatte zu helfen. Julian durchlebte einen dynamischen Wandel in seinem Verhalten, was für alle, den Stab und die Patienten, sehr deutlich sichtbar war. Der Hospitalstab war überzeugt, dass Medikation und Therapie gewirkt hatten und für den Erfolg verantwortlich waren. Ich war von etwas anderem überzeugt. In dem Raum, der für Reverend Kimbrough geschaffen worden war, war dieser in der Lage, Julian zu erreichen, sodass er Vergebung und Erlösung erfahren konnte. Julian erfuhr eine weit bessere Heilung, als sie durch die traditionelle Behandlung hätte erreicht werden können.

Julians Erlösung setzte sich über das nächste Jahr fort. Das Krankenhaus fand, dass seine Schizophrenie erfolgreich behandelt worden war, und solange er seine Medikation fortsetzte und auf einem bestimmten Level aufrechterhielt, konnte er entlassen werden. Das musste vom Richter genehmigt werden, was immer noch eine Hürde war, die überwunden werden musste. Reverend Kimbrough traf sich mit dem Richter und willigte ein, Ko-Vormund für Julian zu sein und ihm eine Anstellung als Hausmeister in der Ebeneezer Baptistenkirche zu verschaffen. Nach zwei weiteren Jahren Behandlung wurde Julian aus der psychiatrischen Klinik entlassen.

Fragen des Therapeuten und Rückblick

Was denke ich über Julian? Hatte er seine Schwester wirklich unschuldig zum Schlafen gebracht? War er sich über „richtig" und „falsch" bewusst gewesen? Hatte er wahrhaftig Erlösung erfahren? Wo liegt die Wahrheit, und ist es die Aufgabe des Therapeuten, sie zu finden? War es nicht meine Aufgabe, zu schauen, dass Julian und seine Mutter geheilt werden und in der Lage sind, ihre Wahrheit zu finden, was immer das heißen mag? Sind diese Fragen wichtig für den Therapeuten? Meine Meinung ist, dass die Heilung des Klienten Vorrang vor allen Vorurteilen des Therapeuten hat.

Rückblickend war ich nicht nur darin erfolgreich, Julian und Erma den Raum zu schaffen, mithilfe von Reverend Kimbrough Erlösung und Vergebung zu finden, sondern diesen Raum auch zu schützen. Während ich den Prozess schützte, konnte ich miterleben (bezeugen), dass es erforderlich war, den Konflikt mit dem Krankenhaus bezüglich dessen traditioneller psychiatrischer Versorgung nicht eskalieren zu lassen.

Nach drei Jahren setzte Julian seine Arbeit bei der Kirche fort und unterrichtet nun eine Sonntagsschulklasse mit 9- bis 12-Jährigen.

Kommentar

Gianfranco Cecchin

Diese Geschichte ist recht interessant, weil es so viele Ebenen von Visionen und Ideen gibt. Der Glaube oder die Religion dieser Familie ist die Grundlage für die Sicht ihrer Realität. Dann treffen sie auf das soziale System, das die Realität auf eine andere Weise sieht. Darüber hinaus ist da die Realität der psychiatrischen Klinik und des psychiatrischen Denkens; innerhalb dieser Realitäten neigt man dazu, Menschen zu pathologisieren und zu klassifizieren. Man muss Indikationen für Behandlungen erstellen, muss Leute einsperren und sie unter Kontrolle halten. Des Weiteren gibt es das gerichtliche System, dem eine Theorie über menschliches Verhalten zugrunde liegt, nach der man Menschen in Kriminell und Nichtkriminell klassifizieren muss. Somit muss das Konzept der Bestrafung organisiert werden. Wir haben hier also das Aufeinandertreffen dreier Systeme – drei Systeme, die miteinander kommunizieren, und schließlich hat der Therapeut noch seine eigene Denkweise. Der Familientherapeut glaubt nämlich, dass die Gespräche zwischen Mutter und Sohn die Familientherapie organisieren.

Es gibt die Vorurteile des psychiatrischen, des juristischen und die des religiösen Systems sowie die Vorurteile des Therapeuten. Hier war der Therapeut in der Lage, wirklich keine Partei zu ergreifen, und das religiöse und das psychiatrische Systeme vollbrachten so etwas wie Zusammenarbeit.

Das Ergebnis war sehr interessant. Wenn man nämlich die Geschichte liest, sieht es so aus, als wäre es die religiöse Erfahrung, die den Unterschied gemacht hätte. Also war Vergebung das, was Julian brauchte. Er brauchte die Mutter, die ihm vergab, den Pfarrer, der ihm vergab. Und dann brauchte er den Prozess, allen diesen Menschen zu vergeben, die ihn in das Hospital gebracht hatten. Für ihn war dort das Gefängnis, auch er musste vergeben können – nämlich der weißen Gesellschaft, die ihn eingesperrt hatte.

Auf der anderen Seite war es das psychiatrische System, das sagte, wir geben ihm die Möglichkeit, den Prozess zu durchlaufen. Vielleicht hat die Medikation geholfen? Wie können wir das wissen? Es könnte stimmen, dass Medikation hilft. Wir können aber nicht absolut sicher sein. So ist das psychiatrische System sehr loyal seinem eigenen Denken gegenüber. Das muss so sein, andernfalls könnte es nicht funktionieren.

Eine andere interessante Sache war, dass der Therapeut meinte, dass der Pfarrer ein Ersatzvater werden würde. Hier kommen wir zu einer weiteren Theorie, die besagt, dass Kinder Probleme haben, wenn sie keinen Vater haben. Diese Theorie dominiert sowohl in der Familientherapie als auch in der Gesellschaft. Eine Annahme besteht darin, dass Kinder Probleme haben, wenn sie bei einer Mutter leben, wenn gleichzeitig der Vater abwesend ist. Das heißt, wir haben eine Lösung, wenn wir den Vater finden. Das ist ein weiteres Vorurteil. Wir haben also eine Kombination vieler Dinge, die zur selben Zeit passieren. In diesem Fall war es recht günstig, dass alle diese Systeme in der Lage waren, zusammen zu funktionieren: Sie kollaborierten. Der Reverend war Ko-Therapeut, und die Klinik erlaubte ihm, zum Therapeuten zu kommen, weil sie selbst keine Therapie anbieten wollte. Der Therapeut nennt es Therapie, das Krankenhaus nennt es Therapie, die anderen nennen es Kirche. Jeder sagt, dies ist der einzige Weg, wie wir uns treffen können. So hat jeder andere Definitionen von dem, was passierte.

Hier kommen wir zum Konzept der Devianz und Exzentrizität. Wenn man keinen Respekt gegenüber dem Verhalten von Menschen hat, das man als nichtnormal oder seltsam empfindet, ist es sehr schwierig, dieses Konzept zu überwinden und den Heilungsprozess in Gang zu bringen.

Das Hauptkonzept, das wir zu entwickeln versuchen, ist folgendes: Egal wie verrückt jemand ist, es muss einen Moment geben, in dem diese Verrücktheit als etwas Berechtigtes anerkannt wird. Solange sie in den eigenen oder den Augen anderer negativ bewertet wird, ist es sehr schwer, sie aufzugeben. Menschen können eine negative Definition, wie geisteskrank, kriminell, abweichend oder inakzeptabel zu sein, nicht tolerieren. Die Frage ist also, wie man einen Moment des Respekts findet, mag das Verhalten auch noch so seltsam sein. Ich finde, das Krankenhaus war in der Lage, diesen Respekt zu schaffen. Es gab auch Respekt gegenüber der Position des Krankenhauses. Auch das Krankenhaus muss seine Arbeit machen. Gegen Julian, gegen das Krankenhaus oder gegen den Therapeuten zu kämpfen würde zu einer Eskalation einladen, in der der Klient verloren wäre. Menschen in ihrer Position zu isolieren heißt, mit Chronizität herbeizuführen.

Das Hauptproblem ist, dass man Menschen nie beibringen kann, wie sie sich verhalten sollen. Es wäre einfach, wenn man jemandem, der sich abweichend verhält, der verrückt ist, sagen könnte: „Okay, ich gebe dich in ein Rehabilitationsprogramm, versuche dich umzuerziehen und versuche dir beizubringen, wie du leben sollst." Dann wäre Therapie sehr einfach. Meistens ist es so, dass insbesondere Menschen, die sich abweichend verhalten, rebellieren, wenn man versucht, ihnen Regeln aufzuerlegen. Das ist Teil ihres Problems. Sie rebellieren gegen Kontrolle.

Das alte Dilemma der Therapie besteht demgemäß in folgender Frage: „Was sollen wir tun, wenn wir einerseits von der Gesellschaft dazu aufgerufen sind, devianten und kranken Menschen zu helfen, normal zu werden, aber für viele Klienten ein Teil ihres Problems darin besteht, Gehorsam zu verweigern?" Da fängt das Dilemma an.

Es ist sehr einfach, mit Menschen eine Therapie zu machen, die sich verändern wollen. Wenn man eine Privatpraxis hat, versucht man oft, Leute zu meiden, die sich nicht verändern wollen. Man versucht immer, Klienten zu bekommen, die bereit sind, sich zu ändern. Sie kommen, bezahlen, wollen sich verändern und sagen: „Bitte hilf mir!" Dann kann man Anweisungen geben. Das ist die einfachste Art, Therapie zu machen. Aber die meisten Menschen, die wirklich eine Therapie brauchen, gehören dieser Kategorie nicht an. Sie sind von Richtern oder aufgrund ihrer Lebensumstände gezwungen, eine Therapie zu machen, oder sie sind einfach verzweifelt. Sie sind gezwungen, in ein Krankenhaus zu gehen, wollen aber nichts verändern. Wieder andere sind suizidal oder nehmen Drogen. Es ist das faszinierende Dilemma der Therapie, wie man den Leuten hilft, die sich nicht verändern wollen. Es ist Teil langer Therapieerfahrung, dass positive Konnotationen Veränderungen hervorrufen. Wir lernten das durch jahrelanges Intervenieren in Familien. Vor allem, wenn Menschen gegen ihren Willen in die Therapie geschickt werden, besteht der Schlüssel darin, sich in die Lage zu bringen, sich positiv wertend auf diese Menschen zu beziehen. Sobald dies der Fall ist, wird etwas möglich.

Julian kam als ein Krimineller und wurde als geisteskranker Patient, also als Devianter, klassifiziert. Dann versuchten die Leute im Krankenhaus, ihn umzuerziehen, ihm Therapie zu verabreichen, ihm zu sagen, was er zu tun habe, und sie missbilligten sein Verhalten. Das zeigt, wie schwer es ist, einen Weg zu finden, sich für verrücktes Verhalten und Devianz zu interessieren. Anstatt zu klassifizieren, indem man ein Verhalten irgendwie als verrückt oder seltsam beschreibt, muss man es als interessant ansehen. Dadurch wird es zu einer Metapher, die für etwas anderes steht – hier für den Versuch, ein Sklave zu sein. Sobald man diese Annahme macht, wird es interessant, darüber nachzudenken. Im gleichen Sinne ist Neugier darauf, was eine Person ist, wirklich eine andere Einstellung, nämlich weg vom Erziehen und Kontrollieren. Dadurch kann die Person fühlen, dass auch das seltsamste Verhalten einen Wert besitzt.

Bei Leuten, die gezwungenermaßen zur Therapie kommen, haben wir eine sehr klare Methode entwickelt; wir sagen etwa Folgendes: „Sehen Sie, wollen Sie hier sein? Sie wurden gezwungen, zu kommen, und ich bin ebenso gezwungen Sie zu sehen. Der Richter sagte, ich soll Sie mir ansehen. Er sagte zu Ihnen, Sie sollen mich aufsuchen. Wir sind in derselben Situation. Wir befinden uns in einer Zwangssituation. Was sollen wir also machen? Die Gesellschaft mag nicht, was Sie machen. Stattdessen bin ich neugierig zu erfahren, warum Sie sich in diese Schwierigkeiten begeben haben. Warum begeben Sie sich in eine Situation, bei der die Gesellschaft anfängt zu protestieren? Lassen Sie uns darüber sprechen. Vielleicht gibt es da viele Möglichkeiten. Eine, die einfachste, um mit der Gesellschaft übereinzustimmen, ist, sich anständig zu verhalten. Aber Sie wissen, Sie könnten das immer, wenn Sie wollten. Wenn Sie das nicht machen, müssen Sie Ihre Gründe haben. Also, lassen Sie uns ein Gespräch führen. Wir müssen zusammenhalten. Sie kommen im Moment nicht zurecht, lassen Sie uns wenigstens die Zeit nutzen, herauszufinden, warum Sie sich so verhalten. Ich bin sehr neugierig, es zu erfahren."

Genauso kann man sich dafür interessieren, wie es ist, wenn Kinder aus ihren Familien weggenommen werden. Die Gesellschaft sagt dann: „Sie können nicht richtig mit Ihren Kindern umgehen, wir nehmen sie Ihnen weg und verordnen Therapie, damit sie sich angemessen verhalten." Aber was ist dann Therapie? Ist es der Versuch, Eltern beizubringen, gute Eltern zu werden, oder ist es der Versuch, zu verstehen? Oft lehnen die Eltern dieses Ansinnen natürlich ab. Sie sind wütend über das Fürsorgesystem, das ihnen ihre Kinder wegnimmt.

Wir haben noch eine weitere Formulierung entwickelt, die wir oft verwenden: „Schauen Sie, Sie leben in einer modernen Gesellschaft, und seit 50 oder 100 Jahren gehören die Kinder nicht mehr den Eltern. Sie gehören dem Staat. Und die Eltern können so lange für ihre Kinder sorgen, wie der Staat es ihnen erlaubt. Vor hundert Jahren konnte man seine Kinder noch selber erziehen. Heute bekommen Sie Schwierigkeiten, weil der Staat beschlossen hat, dass er die Art, wie Sie sich verhalten, nicht mag. Ich sage nicht, dass es richtig oder falsch ist. Der Staat mag es nicht. Der Staat ist die Mehrheitsmeinung. Die haben beschlossen, dass es richtig ist, sich ins Leben anderer einzumischen. Was wollen Sie machen? Sie haben viele Möglichkeiten. Sie können für immer dagegen kämpfen. Sie können sich vielleicht bereit erklären, es zu akzeptieren. Wenn Sie wollen, können wir über einen Weg aus diesem Problem sprechen."

Wenn man einer Mutter sagt: „Sie verhalten sich nicht wie eine gute Mutter, Sie müssen lernen, eine gute Mutter zu sein", beginnt man eine endlose Therapie. Die Therapie kann nicht enden, da sie auf einer negativen Bewertung basiert. Es ist sehr schwer für eine Mutter, die Bewertung, sie sei eine schlechte Mutter, zu akzeptieren.

Literatur

Andersen, T. (1990): Das Reflektierende Team. Dortmund (Modernes Lernen).

Anderson, H. u. H. Goolishian (1990): Menschliche Systeme als sprachliche Systeme. *Familiendynamik* 15 (3): 212–243.

Anderson, H. a. Goolishian, H. (1990): Beyond cybernetics: Comments on Atkinson and Heath's "Further thoughts on second-order family therapy". *Family Process* 29: 157–163.

Bateson, G. (1981): Ökologie des Geistes. Frankfurt a. M. (Suhrkamp).

Cecchin, G. (1988): Zum gegenwärtigen Stand von Hypothetisieren, Zirkularität und Neutralität: Eine Einladung zur Neugier. *Familiendynamik* 13: 190–203.

Cecchin, G., G. Lane u. W. A. Ray (1992). Vom strategischen Vorgehen zur Nicht-Intervention. *Familiendynamik* 17: 3–18.

Cecchin, G., G. Lane u. W. A. Ray (1993). Respektlosigkeit. Eine Überlebensstrategie für Therapeuten. Heidelberg (Carl-Auer-Systeme).

Fisch, R., J. H. Weakland a. L. Segal (1982): The tactics of change. Doing therapy briefly. San Francisco (Jossey-Bass).

Foerster, H. von (1983): Observing systems. Seaside, CA (Intersystems).

Gergen, K. (1996): Das übersättigte Selbst. Identitätsprobleme im heutigen Leben. Heidelberg (Carl-Auer-Systeme).

Hoffman, L. (1986): Beyond power and control: Toward a second-order cybernetics. *Family Systems Medicine* 4: 381–396.

Hoffman, L. (1996): Therapeutische Konversation. Von Macht und Einflußnahme zur Zusammenarbeit in der Therapie. Die Entwicklung systemischer Praxis. Dortmund (Modernes Lernen).

Jackson, D. (1965): The study of family. *Family Process* 4 (1): 1–20.

Jackson, D. (1967): Schizophrenia: The nosological nexus. International congress "The origins of schizophrenia". The proceedings of the first international conference. Rochester, NY (Experta Medica), Vol. 151, p. 111–120.

Keeney, B. (1987): Ästhetik des Wandels. Hamburg (Isko).

Laing, R. (1996): The politics of the family. New York (Pantheon).

Lane, G. a. T. Russell (1987): Neutrality vs. social control: Systemic approach to violent couples. *Family Networker* 11 (3): 52–56.

Maturana, H. u. F. Varela (1987): Der Baum der Erkenntnis. Die biologischen Wurzeln des menschlichen Erkennens. München (Goldmann).

Minuchin, S. (1990): Comments made during a presentation by J. Griffith, M. Elliot-Griffith a. T. Andersen: Systemic therapy with mind / body problems. AAMFT Annual Meeting. Washington, DC, October 6th, 1990.

Selvini-Palazzoli, M., L. Boscolo, G. Cecchin u. G. Prata (1996): Paradoxon und Gegenparadoxon: Ein neues Therapiemodell für die Familie mit schizophrener Störung (9. Aufl.). Stuttgart (Klett-Cotta).

Ray, W. a. B. Keeney (1993): Resource focused therapy. London (Karnae Books).
Ray, W., B. Keeney, K. Parker a. D. Pascal (1992): The invisible wall. A method for breaking a relations impasse. *Louisiana Journal of Counseling & Developement* 3 (1): 31–35.
Sullivan, H. (1954): The psychotic interview. New York (W. Norton).
Watzlawick, P., J. Beavin u. D. Jackson (1967): Menschliche Kommunikation. Bern (Huber).
Weakland, J. a. W. Ray (eds.) (1994): Propagations: 30 years of influence from the mental insitute. New York (Haworth).
White, M. (1989): Selected papers. Adelaide/Australia (Dulwich Centre).

Poetische Gesprächsführung in Therapien und Supervisionen

Alfred Drees

Das kulturelle Ich des Menschen

Poetische Gesprächsführung lässt sich einem Erlebens- und Kommunikationsbereich zuordnen, der immer größere Anteile unserer Lebenswelt ausfüllt, der jedoch paradoxerweise in sozialphilosophischen, pädagogischen und psychologischen Theorien und Handlungsorientierungen nur eine untergeordnete Rolle spielt: der kulturelle Bereich des Menschen. Liegt es daran, dass unsere anscheinend sinnentleerte Freizeit- und Kulturindustrie in ihrer Funktion und Bedeutung für die Selbstfindung des Menschen nicht richtig verstanden und bewertet wird? Dass kulturelle Werte in den heutigen Vermarktungsstrategien verloren zu gehen scheinen? Dass Konfliktlösungen und Ich-Findung einspurig auf emotionalen psychologisch gepflasterten Straßen gesucht werden? Dass unser rationales Denken inzwischen alle Lebensbereiche zu beherrschen scheint? Oder/und daran, dass esoterisch-spirituelle Welterklärungsmodelle den verlorenen sinnlichen und Sinnfindungsmarkt ausreichend auszufüllen in der Lage sind?

Donald Winnicott (1984), ein berühmter englischer Kinderanalytiker, stellte ähnliche Fragen: Wo sind wir, wenn wir Mozart hören, wenn wir Tennis spielen oder wenn wir abends im Bett einen Krimi lesen? Winnicott stellte seine Fragen in kritischer Abgrenzung zu seinen übertragungsorientierten psychoanalytischen Behandlungsvorstellungen. Er suchte neue Wege, auf denen er seine zum Teil schwer gestörten Patienten zu erreichen vermochte. Er beschrieb hierbei ein Begegnungsfeld, einen *meeting point*, den von ihm so genannten potenziellen Raum, in dem sich kulturelle Elemente und die Erlebensanteile eines Menschen mit denen eines anderen durchmischen und hierbei dem Einzelnen neue Erlebens- und Gestaltungsmöglichkeiten eröffnen.

Das Ich des Menschen, eingebettet in Geschichte und Geschichten, wird gespeist aus einer farbigen Vielzahl von Einzelelementen. Landsmannschaftliche und religiöse Prägungen, soziale Rollen und Gewohnheiten, Normen und Bräuche sowie vor allem familiäre Gefühlsmuster ermöglichen und begrenzen Wertvorstellungen,

Sinnzuschreibungen und Handlungsmöglichkeiten. Gewinnen wir über eine differenzierte Einzelbetrachtung dieser unterschiedlichen Ich-Bereiche erweiterte psychotherapeutische Wahrnehmungs- und Handlungskompetenz?

Der Beziehungsbereich wird weitgehend als Ergebnis und Ausdruck psychologisch verstehbarer Gefühlsmuster verstanden. Der soziale Lern- und Arbeitsbereich wird weitgehend von rational sachlichen Faktoren bestimmt. Sinnlich ästhetische, künstlerisch kreative und religiös Sinn suchende Erlebens- und Gestaltungsmöglichkeiten entsprechen dem kulturellen Bereich. Gleichzeitig lassen sich damit drei Kommunikationsformen voneinander abgrenzen. Diese drei unterschiedlichen Kommunikationselemente sind in der Regel miteinander verknüpft; sie treten jedoch entsprechend der Intention des Gesprächs in unterschiedlicher Ausprägung in den Vordergrund:

emotional, beziehungsbezogen
rational, logisch-kausal
sinnlich, stimmungsbezogen, poetisch.

Rationale Gesprächsformen beherrschen weitgehend unser Denken und unser gesellschaftliches Leben. Der technisch-apparative Fortschritt der heutigen Medizin und schließlich unser Lebensstandard wären ohne diese Orientierung nicht möglich. Wir stoßen inzwischen jedoch an die Grenzen einseitiger Rationalität. Wir haben den Menschen in seinem ganzheitlichen Erleben und seiner Sinnsuche, in seinem Leiden und in seinem Sterben aus dem Blick verloren. Darüber hinaus lässt sich die anscheinend nicht mehr aufzuhaltende Zerstörung unseres Planeten als Ausdruck und Ergebnis dieser rationalen Engstellung verstehen. In psychisch belastenden und Krisensituationen suchen wir jedoch unseren Halt bei den in der Kindheit erworbenen Beziehungsmustern.

Emotional getragene Beziehungen bilden ein Kommunikationsfeld, in dem unser Mit-, Für-, und Gegeneinander sich entfalten können. Emotionalität bestimmt in einem hohen Maß unsere Halt und Sicherheit vermittelnde Beziehungsfähigkeit. Neurotische Fixierungen und Konflikte zeigen dabei die begrenzende Funktion unserer Emotionen. In diesem Feld hat sich die Mehrzahl psychotherapeutischer Schulen eingerichtet. Die Aufarbeitung blockierter

Emotionalität in den Übertragungsprozessen psychoanalytischer Therapie steht im Zentrum aller tiefenpsychologisch orientierten Behandlungsverfahren. Als Ergebnis rationaler Einengung und einseitiger Fokussierung auf beziehungsbezogene Emotionalität gewinnen spirituell schamanistische subjekt- und beziehungsübergreifende Vorstellungen auch in der Psychoszene zunehmend an Bedeutung. Die spirituellen Methoden erreichen jedoch in der Regel nicht die soziokulturellen Ressourcen des Menschen, und sie lassen sich nur unzureichend in unsere Vorstellungsmuster integrieren. Darüber hinaus gefährden sie nicht selten notwendige rational begründbare medizinische Maßnahmen. Beziehungsübergreifende sinnliche Resonanzbereitschaft von Therapeuten und Helfern sowie eine spezifische Form bildsprachlicher Ausdrucksuche können hingegen nachhaltig angstbesetzte Kommunikationsblockaden lösen, ohne suggestive und spirituelle Abhängigkeiten und ohne dass dabei das realitäts orientierte Selbstverständnis des heutigen Menschen verloren geht.

Mit der unser Jahrhundert prägenden Ich-Zentrierung des Menschen und der Psychologisierung des Alltags wurden die Begegnungsfelder Schule, Beruf und Freizeit als emotionale Konfliktzonen ausgemacht. Sozialkritisch lässt sich das als Regression, Familialisierung und Psychologisierung sozialer Wirklichkeit verstehen. Damit gewannen psychotherapeutische und Beratungsvorstellungen und Strategien zur Lösung emotionaler Blockaden zunehmend an Bedeutung. Indem emotional getragene Beziehungsmuster als Quelle von Burn-out- und Lernstörungen, von Erkrankungen und Kreativitätslähmungen in den Mittelpunkt gerieten, verloren beziehungsübergreifende soziokulturelle Lösungsmöglichkeiten ihre Bedeutung. Ich möchte nachfolgend diesem Bereich im Rahmen poetischer Gesprächsführung eine größere Bedeutung einräumen.

Poetische Kommunikation

Als poetisch beschreiben wir eine ganzheitliche Form der Kommunikation, bei der sich die Teilnehmer eines Gesprächs auf die ganze Fülle ihres mitschwingenden sinnlichen Erlebens einstellen und bildsprachlich-metaphorisch ihre Einfälle austauschen. Die in einem poetischem Gespräch sich einstellende körperlich-seelische Befindlichkeit und der Austausch von Phantasieeinfällen, Stimmungs- und Erinnerungsbildern ermöglichen einen Sachverhalt, ein Problem oder einen Konflikt anzureichern mit Erlebensanteilen, die durch resonant mitschwingendes Eintauchen in den jeweils anderen und in die gemeinsame Welt soziokulturellen Erlebens gewonnen wurde. Mit dieser Orientierung lassen sich rationale wie emotionale Engstellungen eines Gesprächs überwinden. Brainstorming und analoge Denkvorgänge im Dienste kreativer Suchprozesse, künstlerische Gestaltungen, religiöse und kulturelle Ereignisse, aber auch spielerisch witziges und geistvoll humorvolles Geplauder enthalten Elemente poetischer Kommunikation. Politische Meinungsbildung und Marketingstrategien stützen sich inzwischen auf entsprechende stimmungsbezogene Strategien. Inzwischen wird unsere heutige logisch skelettierte Sprache zunehmend relativiert. In averbalen körperlich-sinnlichen Therapieverfahren wird versucht, konflikt- und symptomdefokussierend, ganzheitliche Erlebenszonen des Menschen aufzuschließen. Auch die Technik der freien Assoziation enthält Grundelemente poetischen Sprechens. Es bedarf jedoch eines neuen Denkansatzes, um stimmungsorientiert die Sprache spielerisch und deutungsfrei tanzen zu lassen, um das kulturelle Ich des Menschen zu entfalten.

Defokussierende Phantasien

Die psychotherapeutische Mobilisierung von Phantasien ist eine bis ins Altertum zurückreichende Behandlungsmethode. Sie hat heute in zahlreichen Techniken und Psychotherapieschulen ihren Platz gefunden. Jerome L. Singer beschreibt bereits 1978 (Singer 1978) mehr als 200 unterschiedliche Phantasiemethoden. Die Heilkraft von Phantasien im Rahmen sinnlicher Erlebensoffenheit wird jedoch bisher nur unzureichend in ihrem Eigenwert verstanden. Während zum Beispiel für die Musiktherapie, die ebenfalls schon im Altertum als Heilmethode anerkannt war, die therapeutische Wirksamkeit bestimmter Musikstücke, Instrumente, Rhythmen, Tonfolgen und Klangfarben belegt werden kann, lassen sich die sinnlich gestimmten Phantasiewelten vorerst nur schwerlich lösen aus tradierten spirituellen und neoreligiösen Vorstellungen sowie aus den modernen Symboltheorien zum individuellen und kollektiven Unbewussten.

Sinnlich-ästhetische Erlebensbereitschaft und narrative Offenheit bilden die Grundlage für die Entwicklung freier Phantasien.

Wir beschreiben Phantasien als frei, wenn sie weder in ihrem Entstehungsprozess noch in ihrer Bewertung einseitig subjektbezogen gedeutet werden, sondern wenn sie metaphorisch vieldeutig offen bleiben können. Damit gelangen subjekt-entlastende und symptomlösende poetisch gestaltete Geschichten des Menschseins und ichübergreifende soziokulturelle Zusammenhänge in die Erlebenswelt eines Patienten. Seinen Symptom- und Subjektfixierungen eröffnen sich damit neue Lösungshorizonte. Wenn Patienten und Therapeuten sich in dieser Weise öffnen können für sinnlich-narratives Erleben im therapeutischen Gespräch und wenn sie Phantasien frei in sich ausgestalten und bewegen, ohne sie subjektbezogen zu fixieren, so wird dank differenter und wechselnder prismatisch entfalteter Stimmungsbilder der einzelnen Gesprächsteilnehmer ein vielfältiges Spektrum möglicher Sinnantworten und Bedeutungen entstehen. Hierüber wird ein für fixierte Stimmungen, Haltungen und Symptome lösender Prozess in Gang kommen.

Das Ziel der Arbeit mit freien Phantasien besteht vor allem darin, es Patienten wie Therapeuten zu ermöglichen, sich aus fixierten Übertragungen zu lösen und sich damit für weitere Wahrnehmungshorizonte zu öffnen. Im Mittelpunkt dieser Arbeits- und Trainingsmethode steht die Herausbildung eines sinnlich-metaphorischen Erlebensfeldes, in dem die Beteiligten lernen, Stimmungen in Resonanz mit den jeweils anderen in sich wahrzunehmen und bildsprachlich-metaphorisch zu gestalten. Die differierenden Erlebensweisen und Äußerungen der einzelnen Gruppenmitglieder werden ohne kognitive und ohne emotionale Erklärungs- und Beziehungsbrücken zu den Äußerungen der jeweils anderen bildsprachlich vorgetragen, sodass ein breites Spektrum unterschiedlicher Stimmungsbilder sich entfächern kann. Hierdurch entstehen poetische soziokulturelle Übertragungsräume, in denen die jeweils eigenen Haltungen und Vorstellungen sich im Konzert personeller, sozialer und kultureller Dimensionen erlebend ausfalten und verstehen lassen. Die konflikt-und symptomdefokussierende Funktion freier Phantasien lässt sich hierbei studieren. Die in Konflikt- und Beziehungsmustern gebundene Energie wird mithilfe von freien Phantasien freigesetzt, eingeengte, depressive Haltungen und Stimmungen verwandeln sich hierbei kreativ in positive Erlebensweisen.

Kreativitätstherapien

In den Psychotherapien gewinnen im Rahmen dieser Neurorientierung deutungsfreie Gestaltungsproßesse, Vielfalt und Offenheit sowie „Hier-und-jetzt-Vorstellungen" zunehmend an Raum. Es zeigte sich, vor allem in der Behandlung von psychisch und organisch schwerstkranken und sterbenden Patienten, dass Kunst-, Tanz-, Musik-, Gestalt- und Gestaltungstherapien den Patienten besser erreichen als übertragungs orientierte verbale Therapien. Die kreative Defokussierung von traumatischen und Beziehungskonflikten gewinnt hierbei eine zunehmend größere Bedeutung.

Institutionelle Balint-Gruppen

In den Siebzigerjahren gelang es mir, bei institutionellen Konflikten vor allem auf sterbeintensiven Stationen einen defokussierenden Kommunikationsstil zu entwickeln, der von sinnlich gestimmten Phantasiegesprächen getragen wird. Ich hatte bei psychosomatischen und krebskranken Patienten den hilfreichen Einstieg über das katathyme Bilderleben Leuners (1980) erlebt und suchte diese Arbeitsmethode in institutionelle Balint-Gruppen einzubringen. Es zeigte sich, dass klassische Balint-Gruppen innerhalb von Institutionen durch hierarchische und Rollenfestlegungen ihrer Mitarbeiter blockiert werden und dass eine beziehungsbezogene Gefühlsaufarbeitung von Sterbeprozessen hier nur unzureichend möglich ist. Der Umstieg auf sinnliche Gefühle, auf Gestimmtheit und Befindlichkeit der Gruppenteilnehmer und auf konsequent nicht gedeutete, auf freie Phantasien brachte verblüffende Ergebnisse. Es gelang hiermit nicht nur, die üblichen Gefühlsblockaden zwischen Mitarbeitern unterschiedlicher Hierarchieebenen aufzuheben. Die Transformation von traumatischen Fixierungen und Beziehungskonflikten mithilfe sinnlich und phantasiegestimmter Gesprächsformen erschloss überraschende, neue Wahrnehmungsbereiche.

Eine prismatische Balint-Gruppe in der Onkologie

Ich werde nachfolgend aus einem sterbeintensiven Bereich der inneren Medizin berichten, da sich hier idealtypisch die Lösung aus traumatischen und Beziehungsfixierungen studieren ließ. Als psychodynamisch trainierter Gruppenleiter reagierte ich anfangs verblüfft bis skeptisch auf diese neue Arbeitsorientierung. Ich fragte mich, was denn mit diesen freien Phantasien, die nicht auf eine vorgetragene Beziehungsstörung gedeutet werden sollten, anzufangen sei. Ich war gewohnt, die symbolische Bedeutung von Phantasien und Träumen im Unbewussten und in den Beziehungsmustern der Patienten zu suchen. In der konsequenten Fokussierung auf sinnliche Gefühle und Phantasien war ich anfangs ratlos. Ein farbiger und kreativer Prozess kam in Gang. Aber was sagte mir zum Beispiel ein galoppierendes Pferd, die Phantasie eines Gruppenteilnehmers, bezogen auf den Bericht eines Arztes über Kommunikationsprobleme mit seiner sterbenden Patientin? Sollte ich das bedrohliche Tempo des herannahenden Todes oder die übereilte Du-musst-sterben-Nachricht dahinter suchen? Sollten Gruppenassoziationen zu diesem Pferd, zu dieser sterbenden Patientin, zu dieser blockierten Arzt-Patienten-Beziehung gesucht werden? Wir entschlossen uns in der Gruppe, bildsprachlich mit der eigenen Befindlichkeit und Gestimmtheit zu antworten. Jetzt wurde die Szenerie noch unverständlicher. Stimmungsschilderungen von zähflüssiger Müdigkeit, lustigen Clownerien und erotischen Träume wechselten ab mit Berichten über wärmendes Wohlgefühl und traurigen Weltschmerz. Diese Stimmungsschilderungen wurden angereichert mit Bildern von rot glühender Lava, von einem glücklich sich anschmiegendem Säugling, von gefährlichen Schluchten, verlockenden Hexenhäusern und leeren, angstvoll weiten Augen.

Wir lernten, dieses Nebeneinander von Stimmungsbildern, das wir inzwischen als prismatisches Prozessgeschehen bezeichnen, noch farbiger zu gestalten, indem wir auf Detailbeschreibungen der vorgestellten Bilder Wert legten. Also: War das galoppierende Pferd schwarz oder braun? Wo galoppierte es? Hierbei wurde eine genaue Beschreibung der Landschaft, des Himmels, der Jahreszeit, der Stimmung des Bildes, gesucht. Welch eine Bedeutung gewannen die Bilder für die schwierige Arzt-Patienten-Beziehung mit der vorgestellten sterbenden Patientin?

Der den Problemfall vorstellende Kollege hatte in der Gruppe am Anfang geschildert, dass er Angst vor jeder Visite bei dieser Patientin habe, da er nicht wisse, wie er überhaupt noch mit ihr reden solle. Sie schaue ihn mit großen, fragenden Augen an. Alles sei eigentlich schon gesagt. In der nächsten Gruppensitzung schilderte der Kollege, dass er über sich selbst erstaunt gewesen sei. Er sei bereits wenige Stunden nach unserer letzten Sitzung, ohne lange zu überlegen, in das Zimmer der Patientin gegangen, habe sich auf ihr Bett setzen können mit der Frage, wie es ihr heute gehe, und, ganz erstaunlich, die Patientin habe über ihre Flitterwochen gesprochen und, was noch erstaunlicher gewesen sei, besonders wehmütig von ihrem Felix, einem Araberhengst, der vor einigen Jahren gestürzt war und dann erschossen werden musste. Hierüber habe sich dann die eigene Sterbeproblematik ansprechen lassen.

Stimmungsprozesse

Wir hatten in der Gruppe die einzelnen Stimmungen und Phantasien in ihrer symbolischen Bedeutung nicht diskutiert. Und doch hatte sich die Situation des „Nicht-miteinander-sprechen-Könnens" radikal verändert. Waren es die unterschiedlichen Stimmungsphasen, die im Gruppenprozess durchlaufen werden mussten, um eine neue Kommunikationsebene zu öffnen? Dienen Phantasien, wie Thure von Uexküll (1982) schreibt, der bildhaften Ausgestaltung einer Stimmung, um sie darüber aufzulösen und Erlebensräume zu öffnen für eine neue Stimmung? Dann würden Phantasien eine Bedeutung gewinnen, auf die bisher nur unzureichend geachtet wurde. Dann besäßen Phantasien, besonders wenn sie nicht personenzentriert gedeutet werden, stimmungsgestaltende und -bewegende Funktion und damit prozessorientierte Konfliktlösungsmöglichkeiten. Wir nannten diese vagabundierenden stimmungsbewegenden Phantasien deshalb freie Phantasien und die Beziehungsform Stimmungsübertragung. Die Transformation gerichteter interaktioneller Gefühle in sinnlich-stimmungsbezogene Gefühle des Selbsterlebens erleichtert die Entwicklung von freien Phantasien, mit denen beziehungsübergreifende ganzheitliche, humorvolle, musische und sinnsuchende, insgesamt sinnlich-gestimmte Kommunikationsprozesse möglich werden.

Poetische Gesprächsrunden in einem Heimdialyse-Trainingszentrum

In den 70er-Jahren ließen sich erstmals im Rahmen institutioneller prismatischer Balint-Gruppen in einer Dialyseabteilung diese Transformationsprozesse studieren. Einsichten in die Verzahnung psychischer Weisen der Verarbeitung von Dialysestress bei Patienten und Mitarbeitern in Abhängigkeit von institutionellen Bedingungen ermöglichten die Entwicklung einer poetischen Gesprächsrunde, mit der es gelang, Konflikte zu entschärfen, Burn-out-Symptome zu verringern und die Gefühls- und Gesprächsoffenheit zwischen Patienten und Mitarbeitern zu verbessern. Die im Verlauf von zehn Jahren einmal wöchentlich stattfindenden Team-Sitzungen brachten entscheidende Hinweise für spezifische Transformationsprozesse in Institutionen. So erlebten wir anfangs erstaunt, dass sich eine relativ gleiche Konfliktkonstellation einstellte, wenn im Patientenbereich nicht ansprechbare Ängste, Verzweiflung oder somatisierte Trauerreaktionen z. B. auf den Tod eines Mitpatienten das Behandlungsklima beeinträchtigten.

Schrittweise mussten wir verstehen lernen, dass die konflikttragenden Gefühle der Mitarbeiter Transformationsprodukte nicht ansprechbarer frei flottierender Ängste der Patienten darstellen und dass sie gleichzeitig Halt gebende Funktion für den einzelnen Mitarbeiter wie für das Team besitzen. Emotionen dienen also der Ableitung und Neutralisierung chaotischer, angstvoll abgewehrter, nicht ansprechbarer Erlebensinhalte. Die Funktion und Logik einer Institution wird wiederhergestellt durch eine Verschiebung angstbesetzter, nicht erlaubter Gefühle in die emotional getragenen Beziehungsmuster der Mitarbeiter. Das Ausmaß dieser Einsicht für die Behandlung psychotischer und gewalttraumatisierter Patienten war uns damals jedoch noch nicht bewusst.

Wir lernten dann zunehmend besser diese Vorgänge als Transformationsprozesse zu verstehen. Angstbesetzte nicht kommunizierbare Gefühlsinhalte werden in beziehungsgebundene Gefühle umgewandelt. Wir fragten uns: Lassen sich diese Transformationsprozesse umkehren? Wir erprobten schrittweise konfliktgeladene gebundene Gefühle umzuwandeln in Empfindungen und Stimmungen der Teammitglieder. Mithilfe bildsprachlicher und narrativer Einfälle suchten die Gruppenteilnehmer ihr sinnliches Erleben auszudrücken und zu vermitteln. Hierbei mussten jedoch gewohnte gruppendynamische und Übertragungsvorstellungen zugunsten der jetzt poetisch genannten Erlebens- und Gesprächsorientierung zurückgestellt werden.

Die hier gewonnenen Erfahrungen ließen sich in den folgenden Jahren in entsprechenden Supervisions- und Trainingsgruppen umsetzen und weiterentwickeln: in der Sterbeszene mit Seelsorgern, medizinischen, psychologischen Fachkräften und Laienhelfern, in weiteren emotionsbelastenden Behandlungs-, Beratungs- und Ausbildungseinrichtungen, im Studentenunterricht sowie in entsprechenden prismatischen Balint-Gruppen. Als interessante Variante dieser Arbeitsmethode wurden für mich Gruppen mit Germanisten, mit denen sinnlich-metaphorische Textinterpretationen erprobt wurden, die emotional bedinge Lernblockaden in der Klasse und Kommunikationsblockaden im Lehrerkollegium reduzieren halfen.

Freie Phantasien in der Therapie

In therapeutischen Gesprächen bietet die Arbeit mit freien Phantasien auch den Patienten die Möglichkeit, ihre Befindlichkeit und Gestimmtheit wahrzunehmen und über die Ausgestaltung eines entsprechenden Phantasieeinfalls aktiv ihre Konflikt-, Symptom- und Beziehungsfixierungen zu defokussieren, zu transformieren und zu lösen. Der Therapeut gewinnt hierbei die Funktion, sich intuitiv auf seinen Patienten einzustellen und das Gespräch partnerschaftlich zu gestalten, indem er seine eigene Befindlichkeit in das Gespräch mit einbringt.

Die Fokussierung eines Gesprächs auf Stimmungen und Stimmungsveränderungen mithilfe freier Phantasien beinhaltet eine Defokussierung von Symptom-, Konflikt- und Beziehungskomplexen. Damit lassen sich Patienten sprachlich erreichen, die bis dahin weitgehend blockiert bzw. nur musisch-averbal ansprechbar waren. Hierzu zählen vor allem Krebskranke und Sterbende, psychotische Patienten und Gewaltopfer. Inzwischen gelingt es, vor allem in Kriseninterventionen auch mit psychosomatisch und neurotisch gestörten Patienten im Rahmen tiefenpsychologisch orientierter Gespräche, die durch freie Phantasien angereichert wurden, Symptome und Übertragungsvorgänge rascher zu bewegen und damit die Behandlungszeiten abzukürzen.

Gewaltopfer

Die lösende Funktion poetischer Gesprächsführung möchte ich abschließend bei einer Gruppe von Patienten vorstellen, die einen großen Bedarf an psychotherapeutischer Hilfe signalisieren, jedoch gleichzeitig eine auffallend hohe Abwehrmauer errichtet haben gegen die lebensgeschichtliche Aufarbeitung durchlittener Traumata. Aus den Behandlungen von KZ-Überlebenden und Folteropfern lässt sich entnehmen, dass nur ein kleiner Teil der psychisch schwer geschädigten Patienten den Mut findet, sich an ihre Foltererlebnisse zu erinnern, obwohl oder gerade weil sie immer wieder in nächtlichen und Tagträumen von entsprechenden angstvollen Erlebnissen gequält werden. Die heutigen Behandlungszentren für Folteropfer, so vor allem in Kopenhagen und Berlin, suchen deshalb Behandlungsverfahren anzubieten, mit denen in solidarischen und Halt gebenden Gruppenprozessen offen über politische Dimensionen der Folter und konkret über die Täter gesprochen werden kann. Sie schaffen dabei ein Behandlungsklima, in dem die zerschundenen Körper der Patienten schrittweise bewegt, gewärmt, gebadet und berührt werden können und in dem die Patienten Möglichkeiten gewinnen, ihren zum Teil grauenhaften Erlebnisse kreativ in Bildern Ausdruck zu geben und damit Erlebnisse, die nicht ins Ich integrierbar sind, aus sich herauszulassen.

Berichte aus Langzeitanalysen von KZ-Überlebenden belegen, wie fest die Patienten ihre „Erinnerungsboxen" verschlossen halten müssen. Die Aufarbeitung der Folterer-Opfer-Beziehung in einer klassischen Übertragung ist meines Erachtens eine Überforderung von Patient und Therapeut. Sie ist wohl auch der Grund dafür, dass Patienten sich der therapeutischen Aufarbeitung entziehen und dass nur wenige Therapeuten bereit sind, sich dieser Aufgabe zu stellen. Meine eigenen Erfahrungen sowie Berichte von Psychotherapeuten aus diesem Arbeitsfeld lassen folgende Aussage zu: Das Grauen der KZ- und Foltererlebnisse lässt sich nicht in subjektzentrierte Beziehungsgefühle übersetzen. Es ist damit auch nicht in klassischen Übertragungen aufzuarbeiten.

Ich muss gestehen, dass ich längere Zeit zögerte, bis ich den Mut fand, in Gesprächen mit gewalttraumatisierten Patienten freie Phantasieeinfälle zuzulassen. Denn kann ich im Rahmen von Berichten über Foltererlebnisse lustvolle, tanzende, zärtlich gestimmte, farbenfrohe Vorstellungsbilder zulassen? Kann das ein Patient verkraften? Muss er das nicht als unempathisch erleben? Die Ergebnisse waren jedoch verblüffend. Patienten, die ihre Berichte angstvoll und körperlich angespannt vortrugen, konnten über die farbigen Bildberichte der jeweils anderen ihre angespannte Körperhaltung aufgeben und ihre angstvolle Spannung lösen. Folteropfern gelingt es also, über die Phantasiebilder der jeweils anderen aus ihren inneren Gefängnissen heraus erstaunt wahrzunehmen, dass die Welt außerhalb ihrer Gefängnisse noch immer Sonne, Blumen, vorbeiziehende

Wolken und spielende Kinder besitzt und dass in diesen Bildern die eigenen durch die Foltererlebnisse blockierten prätraumatischen Erlebenswelten aufleuchten.

Die Gruppenarbeit mit Folteropfern bestätigte uns, dass Phantasien, die durch den Bericht eines Patienten in Therapeuten und Mitpatienten wach werden, blockierte prätraumatische Gefühle des Patienten widerspiegeln. Diese Einsicht wurde von Therapeuten wie von Patienten gleichermaßen überraschend erlebt. Wir sind also in einem höheren Maße, als es uns unser empathisches Einfühlungsvermögen ermöglicht, in der Lage, blockierte Erlebensanteile eines Patienten intuitiv in uns wachzurufen, wenn wir uns stimmungsorientiert auf ihn einstellen. Der Patient kann sich in uns, symptom- und konfliktdefokussierend, in seiner ganzen Persönlichkeits- und Erlebensbreite wieder erkennen und akzeptieren lernen. Seine prätraumatische Gefühlswelt kann im Therapeuten erlebt und abgerufen werden. Auf dieser Basis kann er sich dann schrittweise seinen quälerischen Foltererlebnissen öffnen. Damit verknüpft konnten wir uns der Vorstellung nähern, dass die durchlittenen Folterqualen eines Menschen individuell erlebte, zum Teil sich lebenslang in ihm festsetzende individualisierte Repräsentanzen gesellschaftlicher Gewalt darstellen.

Die Psychotherapie von Folteropfern sollte deshalb ihren Auftrag darin sehen, den Patient aus dieser magischen Umklammerung zu befreien. Tilmann Moser (1996) spricht in diesem Zusammenhang von Dämonie-Speichern, die, aus verdrängten zeitgeschichtlichen Quellen gespeist, generationsübergreifend im einzelnen Individuum abgelagert werden.

Zusammenfassung

Die poetische Gesprächsführung brachte mit der Entfaltung sinnlichnarrativer Erlebens- und Kommunikationsfähigkeiten neue Einsichten in die Begrenzung emotional getragener Behandlungsstrategien. Wenn sich Therapeuten partnerschaftlich und resonant auf die Stimmung ihrer Patienten einstellen und damit prismatisch einen Kommunikationsprozess ermöglichen, in dem über Empfindungen und freie Phantasien kommuniziert werden kann, wird sinnlich-ästhetisches Erleben für den Patienten Sinn stiftend neu erfahrbar. Die damit einhergehende Entlastung der Beziehungsgefühle von Erlebnisanteilen, die in Beziehungsmustern blockiert oder die nicht ausreichend aufgefangen oder integriert werden können, hat symptomlösende und beziehungsstabilisierende Funktion.

Grundsätzlich scheint die Funktion unserer Kultur, unserer poetisch-ästhetischen und religiösen Erlebens- und Gestaltungsfähigkeit darin zu bestehen, Sinn stiftend und gleichermaßen ich-übergreifend uns unser Eingebundensein in kosmische, geschichtliche, gesellschaftliche und heutzutage auch in ökologische Zusammenhänge näher zu bringen. Unsere emotional gewebten Beziehungsmuster können dabei Halt und Sicherheit gebend unsere Kreativität und Neulandsuche ermöglichen und begrenzen. Es bedarf jedoch sinnlich-ästhetischer Erlebensbereitschaft und narrativer Gesprächsoffenheit, um ganzheitlich diese Zusammenhänge in den Blick zu bekommen. Die Entfaltung unserer kulturellen Kompetenz entlastet und stabilisiert unsere emotional getragenen Beziehungen. Das poetische Gespräch öffnet unseren rationalen Verstehens- und Erklärungsbedürfnissen neue Orientierungsmöglichkeiten.

Literatur

Drees, A. (1995): Freie Phantasien. Göttingen (Vandenhoeck & Ruprecht).

Drees, A. (1996): Folter, Opfer, Therapeuten. Gießen (Psychosozial).

Drees, A. (1997): Innovative Wege in der Psychiatrie. Gießen (Psychosozial).

Leuner, H. (1980): Katathymes Bilderleben. Bern (Huber).

Moser, T. (1996): Dämonische Figuren. Die Wiederkehr des Dritten Reiches in der Psychotherapie. Frankfurt a. M. (Suhrkamp).

Singer, J. L. (1978): Phantasie und Tagtraum. München (Pfeiffer).

Uexküll, T. von (1982): Sprechen und Sprachformen in der Medizin. In: A. Drees (Hrsg.): Patientenbezogene Medizin. Stuttgart (Fischer).

Winnicott, D. W. (1984): Reifungsprozesse und fördernde Umwelt. Frankfurt a. M. (Fischer).

Mehr desselben? – nur anders! Reflexive Konsultation – ein Vorschlag zur Transformation herkömmlicher Formen der „Supervision"

Klaus G. Deissler und Roswitha Schug

Einleitung

Der folgende Aufsatz beinhaltet *eine* Form der (Supervisions-)Praxis, die *sozialpoetischen Prozessen* zugeordnet werden kann bzw. die sie als eine mögliche Form umgibt und damit fördert. Diese Art der Praxis enthält gemeinsame Formen der Erzeugung von Bedeutungen, die soziale Konstruktion von Formen von Verständigungsprozessen, gleichberechtigte Stimmen in der Vielfalt der Sichtweisen und das gleichberechtigte Hören dieser Stimmen und Formen der daraus resultierenden Kollaboration[1].

Hier möchten wir eine Form der Praxis vorschlagen, die eine Ergänzung herkömmlicher Supervisionsmodi bildet und die wir *reflexive Konsultation* nennen. Der wichtigste Unterschied der reflexiven Konsultation zu den bekannten Formen der Supervision besteht darin, dass Therapeuten, Supervisoren, Klienten und deren Angehörige ein System gleichberechtigter Partner bilden, die das Konsultationssystem konstituieren. Im Konsultationssystem sind alle Personen, die an einem „Problem" beteiligt sind und die bereit sind, an der sprachlichen Auflösung dieses Problems zu arbeiten, zu gleicher Zeit und am gleichen Ort versammelt. Von reflexiver Konsultation sprechen wir deshalb, weil im Konsultationssystem reflektierende Prozesse vorgesehen sind. Die Praxis der reflexiven Konsultation wird im Aufsatz in seinen Grundzügen dargestellt und anhand eines „fiktiven Falles" exemplifiziert.

Ziel des folgenden Aufsatzes ist es, die Praxis der reflexiven Konsultation als Ergänzung bestehender Formen der Supervision vorzustellen. Die Konsultation samt ihren Implikationen als Bestandteil der Psychotherapie zu diskutieren ist nicht neu (vgl. z. B. Wynne et al. 1986), führte aber zu keinen greifbaren Ergebnissen.

1 Wir benutzen den Begriff Kollaboration in Anlehnung an Harlene Anderson und Harold Goolishian (1992). Sie unterscheiden zwischen Kollaboration, der freiwilligen Zusammenarbeit zwischen Therapeuten und Klienten, und Kooperation, einer eher erzwungenen und / oder manipulierten Form der Zusammenarbeit (vgl. auch den Aufsatz von Harlene Anderson in diesem Buch, S. 83 ff.).

Dennoch wird die Konsultation in letzter Zeit wieder verstärkt von verschieden Autoren, darunter Stierlin (1995), diskutiert, wobei versucht wird, die Konsultation als Alternative zum Konzept der Therapie zu verstehen (Goolishian in Hargens 1987 oder Deissler 1987) bzw. sie als eine Variante der systemischen Live-Supervision – insbesondere nach dem so genannten Mailänder Modell (von Schlippe u. Schweitzer 1996) – zu betrachten. Wir möchten mit unserem Beitrag an diese Diskussion anschließen und dabei deutlich machen, dass Supervision vorteilhaft durch reflexive Konsultation ergänzt werden kann. Dazu ist es erforderlich, zunächst anzugeben, was traditionell unter Supervision verstanden wird.

Bedeutung des Begriffs Supervision

Bei unserem Versuch, genauer zu lokalisieren, was man im psychotherapeutischen Feld unter Supervision versteht, sind wir auf einige Schwierigkeiten gestoßen, die unserer Ansicht nach letztlich darauf zurückzuführen sind, dass es keine eindeutige und präzise Definition von „Supervision" gibt und auch nicht geben wird. Die Semantik von „Supervision" variiert jeweils nach Kontexten bzw. Sprachen, in denen der Begriff Supervision auftritt. So meint etwa im Englischen der Begriff *supervisor* einen direkten Vorgesetzten, der Aufseherfunktionen wahrnimmt, die darauf abgerichtet sind, Kontrolle_ über das korrekte Verhalten des Supervisanden auszuüben.[2]

Der Begriff Supervision mit Betonung auf *Vision* (= Sicht) kann verstanden werden als vielfältig mögliche Ansichten von, Ideen zu Sachverhalten. Daran lassen sich die im psychotherapeutischen Feld existierenden Begriffe wie Konvision (= Zusammenschau gemeinsamer Ideen) oder Intervision (= Austausch verschiedener Sichtweisen) anschließen.

So werden die Begriffe Konvision und Intervision in der psychotherapeutischen Praxis im Zusammenhang mit fallbezogenem Ideenaustausch unter gleichrangigen Kollegen gebraucht. Um die Gleichrangigkeit von Kollegen im Falle von Konvision und Intervision zu wahren, wird auf eine Expertenposition verzichtet, man spricht daher auch von „Peer-Supervision"[3].

2 Der Begriff „Kontrollsupervision" ist in einigen Therapieverfahren etabliert.
3 Engl. *peer*, der Gleichrangige.

Die bisherigen Ausführungen zum Begriff der Supervision lassen erkennen, dass dessen Bedeutungsschwerpunkt auf dem Visuellen, auf dem Beobachtbaren und damit auf der Beobachterposition liegt und somit nicht als ein Kommunikationsvorgang verstanden werden kann, da der „Beobachtete" wie z. B. ein Klient nicht gleichrangig in den Vorgang der Supervision einbezogen wird.

Aufgefallen ist uns bei der Bedeutungsanalyse von „Supervision" aber auch, dass Supervision auf zwei extremen Polen angesiedelt wird. Einerseits, wie oben vermerkt, wird sie als ein Kontrollverfahren verstanden, andererseits soll sie auch Freiheitsgrade eröffnen, d. h., über den Austausch von Betrachtungsweisen in Bezug auf „Fälle" bzw. durch Ideenaustausch unter Kollegen sollen sich neue, bisher nicht gesehene therapeutische Möglichkeiten auftun. Diese beiden extremen Bedeutungsrichtungen von Supervision können für Supervisoren oftmals zu der nicht entscheidbaren Frage führen, welche der beiden Bedeutungsrichtungen die jeweils wichtigere ist. Unsere Überlegungen zur Supervision zielen u. a. auch darauf ab, Kollegen in dieser Frage weiterzuhelfen. Dazu später mehr.

Im folgenden Abschnitt soll es nun darum gehen, die Beziehungsstruktur aufzuzeigen, die im psychotherapeutischen Feld mit Supervision verbunden ist. Dazu ist es erforderlich, die beiden „klassischen" Bereiche der Supervision in der psychotherapeutischen Praxis anzuführen:

1. Ein Kollege bittet um Ideen, Anregungen für die Behandlung der eigenen Fälle; hier spricht man von „Fallsupervision".
2. Kollegen bitten andere um Ideen und Anregungen, um als Team besser zusammenarbeiten zu können; hier spricht man von „Teamsupervision".

Beiden Bereichen ist gemeinsam, dass jeweils Kollegen, Kunden bzw. Auftraggeber der Supervision sind. Die Supervision ist somit beide Male „kundenorientiert", d. h., Kunden sind die Therapeuten, die nach Supervisoren „nachfragen" und damit in eine direkte Beziehung zu Supervisoren treten. Indem man diese direkte Beziehung zu den Supervisoren hervorhebt, können die Therapeuten im Verhältnis zu den Supervisoren als Kunden erster Ordnung betrachtet werden. Davon abheben kann man die Kunden, die in einem nichtdirekten Verhältnis zu den Supervisoren stehen: die Klienten der

Therapeuten. Dieses indirekte Verhältnis zu den Supervisoren betonend, könnte man sie als Kunden zweiter Ordnung bezeichnen. Nun lässt sich noch eine dritte Ordnung von Kunden konstruieren: Diese umfasst die Angehörigen, die wichtigsten Bezugspersonen etc. der KlientInnen, die möglicherweise mit in die Therapie einbezogen sind, aber keinesfalls bei herkömmlichen Formen der Supervision anwesend sind, geschweige denn eine Stimme haben.

Stellt man nun die Frage, wer eigentlich Kunde eines Supervisors ist, dann könnte man zugespitzt antworten: eine Hierarchie von Kunden, beginnend mit dem Therapeuten über dessen Klienten bis hin zu Angehörigen von Klienten.

Bezieht man nun diesen Gedanken, dass Kunden eines Supervisors eine Hierarchie von Personen ist, auf Gespräche, die zwischen den genannten Personengruppen stattfinden, so liesse sich gleichfalls eine Hierarchie konstruieren. Die oberste Ebene bildete das Gespräch zwischen Supervisoren und Therapeuten, die unterste die des Patienten und seiner Angehörigen. Dieser Gesprächshierarchie ließe sich auch eine qualitative Struktur zuordnen. Setzte man als qualitativ hochwertiges Gespräch das „problemlösende Gespräch" an, so wäre das Gespräch Therapeut/Supervisor immer qualitativ hochwertig, denn sein Inhalt bezieht sich ja auf die Entwicklung problemlösender Strategien. Hingegen wäre das Gespräch Therapeut/Klient eher problemerhaltend (sonst bräuchten sie ja keine Supervision). Problemerzeugend schließlich wären die Gespräche zwischen Klienten und deren Angehörigen. Analog könnte man also eine Rangreihe der Qualität von Gesprächen herstellen: „problemlösende Gespräche" (Supervision), „problemerhaltende Gespräche" (Therapie) und „problemerzeugende Gespräche" (Gespräche z. B. der Familienmitglieder [ohne Therapeut ...]).

Wir möchten diesen Gedanken, dass die Supervision im psychotherapeutischen Feld als eine hierarchische Struktur angesehen werden kann, nicht weiter verfolgen, vielmehr wollen wir definieren, was wir als die Aufgabe der klassischen Supervision verstehen: Aufgabe eines Supervisors ist es, im professionellen Rahmen zusammen mit anderen Kollegen Reflexionen über die Beratungsprozesesse von Therapeuten zu ermöglichen.[4] Diese berufliche

4 Wir unterscheiden von der professionellen Selbstreflexion die persönliche Selbstreflexion. In der persönlichen Selbstreflexion geht es um persönliche Anteile, die ein Kollege in einer Beratungssituation einbringt. Klassischerweise definiert man dies als Selbsterfahrung oder Eigentherapie des Therapeuten.

Selbstreflexion der Supervisoren kann sich, darauf haben wir bereits oben aufmerksam gemacht, sowohl auf den Therapeuten beziehen als auch auf die Kollaboration innerhalb einer Beraterteams von Therapeuten. Beiden Anwendungsfällen ist ein Ziel gemeinsam: *die Qualität der Zusammenarbeit zwischen Klienten der Therapeuten zu verbessern.*

Reflexive Konsultation

Im folgenden Abschnitt möchten wir eine Form der Praxis entwikkeln, die für uns eine Ergänzung bzw. eine Erweiterung bereits bestehender Formen der Supervisionspraxis und des damit einhergehenden Supervisionsverständnisses, wie wir es oben beschrieben haben, darstellt.

a) Ein kleiner Unterschied

Zur Entwicklung dieser Form der Praxis wurden wir erstmals angeregt durch Vergleiche der systemischen Beratungspraxis im psychosozialen und im wirtschaftlichen Bereich. So ist es in den frühen Formen der systemischen Therapie üblich, „systemische Hypothesen" über die „pathologischen Beziehungsmuster" der Familie geheim zu halten bzw. nur strategisch aufbereitet als „Interventionen" mitzuteilen.

Im Wirtschaftsbereich hingegen gibt es eine Praxisform, in der der Berater seine „Hypothesen" bzw. Gedanken etwa zu einem betriebsinternen Konflikt offen legt und zur Disposition stellt. Diese Transparenz soll der gemeinsamen Entwicklung neuer konstruktiver Möglichkeiten dienen. Das aber heißt, dass der gleiche systemische Ansatz konform geht sowohl mit der klassischen Form der Geheimhaltung wie im Falle Therapeut / Klient als auch mit der Offenlegung, wie sie teilweise im Wirtschaftsbereich praktiziert wird.

In diesem Zusammenhang haben wir uns gefragt, wie diese unterschiedlichen Praktiken von Therapeuten und Wirtschaftsberateren sich erklären lassen. Die Antwort darauf könnte lauten: Der Wunsch nach Geheimhaltung im psychosozialen Bereich hat seine Ursache in der dort oftmals dominierenden expertenhaften Situation, welche zwischen Therapeut und Klient herrscht und die es dann nahe legt, dass der Therapeut eine gegenüber dem Klient überlegene Position bezieht, eine Position, welche dazu tendiert, die Gedanken, die zu den so genannten Interventionen führen, nicht in das Gespräch einfließen zu lassen. Die Situation des oben erwähnten Wirtschaftsberaters dagegen ist eine völlig andere. Er tritt in seiner Beratung nicht in einer (überlegenen) expertenhaften Weise auf und kann deshalb auf die Geheimhaltung verzichten und sich daher auf eine offene, gleichberechtigte Gesprächssituation einlassen.

Die Überlegung, die sich uns an dieser Stelle aufdrängte, war nun folgende: Weshalb sollte das, was im Wirtschaftsbereich teilweise üblich ist – Verzicht auf Geheimhaltung –, nicht auch im psychsozialen Bereich möglich sein? Das Ergebnis unserer Überlegungen war nun, dass wir das Modell der expertenhaften Geheimhaltung von Hypothesen und die darauf aufbauenden Interventionen aufgegeben haben. Stattdessen haben wir begonnen, unsere Gedanken und Erwägungen sofort in Anwesenheit der Klienten auszusprechen. Dies führte dazu, dass diese ihrerseits diese Gedanken kommentierten und um eigene Gedanken und Ideen ergänzten. Es entstand eine Atmosphäre, in der kollaborativ verhandelt, gemeinsam reflektiert und gemeinsam neue Bedeutungen erzeugt bzw. erfunden werden konnten. Damit war der Prozess, Hypothesen und Interventionen in Abwesenheit der Klienten zu konstruieren, aufgelöst.[5]

Verbunden mit der Aufgabe von Hypothesenbildung und Interventionen in Abwesenheit des Klienten war, dass der therapeutische Prozess nicht mehr wie in klassisch-systemischen Therapieformen im Zwei-Kammer-System mit Einwegscheibe und Teamreflexion hinter der Scheibe, sondern im Ein-Kammer-System mit der Teamreflexion in Anwesenheit der Klienten stattfindet. Dabei hat sich der Stil unserer Arbeit ebenfalls verändert. Wir haben uns von der Haltung des aus einer hierarchisch überlegenen Metaposition heraus intervenierenden Experten zur *kollaborationsfördernden Haltung eines Gesprächsmoderators* entwickelt. Ziel ist nun nicht mehr, als Therapeut Interventionen zur Lösung von Problemen von Klienten zu finden, sondern das gemeinsame Konstruieren bzw. Erfinden von Handlungsmöglichkeiten und das kommunikative Auf-Lösen des „Problems" (Deissler 1996). Dabei nimmt der Gesprächsmoderator eine *lernende, nichtwissende Haltung* ein (vgl. Anderson u. Goolishian 1992).

5 Hier waren mir die Ideen von Tom Andersen (1990) äußerst hilfreich.

b) Die Entwicklung kollaborationsorientierter Systeme

Thema des folgenden Abschnittes bildet zunächst die Frage, mit welchen Personengruppen wir im Hinblick auf die Entwicklung kollaborativer Systeme, wie wir sie oben angesprochen haben, beratend tätig werden wollen. Diesbezüglich finden wir folgende Konstellationen therapeutischer bzw. beratender Praxis vor:

1. Die Einzelperson, die sich mit ihren spezifischen „persönlichen" Problemen an uns wendet. Das bedeutet, dass im Mittelpunkt der Gespräche eine private Person und deren psychische Problematik steht; in diesem Fall spricht man von „Einzeltherapie".
2. Mehrere Einzelpersonen mit ihren jeweiligen „Problematiken" bilden eine Gruppe, um in dieser mit uns über ihre persönlichen Probleme zu sprechen; in diesem Fall spricht man von „Gruppentherapie" oder auch „Selbsterfahrungsgruppe".
3. Eine Familie tritt an uns heran, um über in ihr auftretende Problematiken zu sprechen; dies nennen wir „Familientherapie".
4. Eine weitere Personengruppe, auf die wir uns beratend beziehen, ist die der professionellen Partner bzw. unsere Kollegen. Wie oben bereits erwähnt, ist hier das Ziel der Beratung die Verbesserung der Beratungstätigkeit von Kollegen und Patienten bzw. der Kollaboration innerhalb eines Teams. Diesen Beratungskontext nennt man klassischerweise „Supervision". Die Supervision kann aber, wie ebenfalls bereits erwähnt, auch von Personen angefordert werden, die nicht im psychosozialen Feld arbeiten, so von Personen aus der Wirtschaft, aus Organisationen, um dort die Zusammenarbeit zu verbessern.

Die geschilderten Beratungskonstellationen bilden für uns Traditionen oder Kulturen der Zusammenarbeit. Sie zeichnen sich alle dadurch aus, dass immer nur zu einer Personengruppe Kontakt aufgenommen wird: Es werden entweder die Klienten bzw. Patienten oder die professionellen Partneren bzw. Kollegen beraten.

Unser Ansatz besteht nun darin, keine Vorentscheidungen darüber zu treffen, wer jeweils in das Beratungs- bzw. Therapiesystem mit einbezogen wird. Vielmehr ist es unsere Absicht, alle am „Problem“ Beteiligten einzuladen und diese zu einem Beratungs-/Therapiesystem zu organisieren. Dabei ist die noch bis vor ca. 15 Jahren von einigen Schulen der Familientherapie verlangte Vollständigkeit, die beinhaltet, dass die Familie vollständig zur Therapiesitzung zu erscheinen habe, andernfalls keine Sitzung stattfinden könne, nicht erforderlich. Wir gehen davon aus, dass diejenigen, die unserer Einladung folgen, auch bereit sind, sich zu einem therapeutischen System zusammenzuschließen. Dieses System basiert somit auf Kollaboration in Gestalt von Kommunikation aller Beteiligten. Die Verfahrensweise eines solches System ist nach Anderson und Goolishian (1992) problemorganisierend/problemauflösend.

Auf die Supervision bezogen, hat dieses System zur Folge, dass die klassische Gegenüberstellung von Supervision und Therapie entfällt, da in die Therapie auch die Supervision einbezogen werden kann. Ein solches für alle Beteiligten offenes System bezeichnen wir mit dem Begriff der Konsultation. Die Konsultation beinhaltet demgemäß die Suspendierung der hierarchischen Struktur von Supervisioren/Therapeuten/Kunden, wie sie oben geschildert wurde. Alle drei Personenkreise treffen sich vielmehr in gleichberechtigter Weise, zur selben Zeit am selben Ort, um gemeinsam über Auflösungen bzw. über die Konstruktion neuer Möglichkeiten zur Auflösung der „Probleme“ zu sprechen. Dadurch erzeugen sie ein *gemeinsames Drittes*, nämlich ihre Kollaboration und Kommunikation, zu der sie sich zusammengefunden haben.[6]

Das gemeinsame Dritte: Kollaboration und Kommunikation

In unserer Praxis der Konsultation kommen, wie oben angesprochen, Supervisor, Supervisand, Klienten, deren „Problem“-Angehörige und Kollegen zusammen. Daher sprechen wir von „reflexiver Konsultation“ (bzw. von „Kooperationsstudien“, vgl. Deissler, Keller u. Schug 1997). Das in der Praxis der reflexiven Konsultation erzeugte Dritte, die *Kollaboration und Kommunikation* aller, bildet nun genau die Schnittmenge derjenigen, die an der reflexiven Konsultation teilnehmen (vgl. Abb.).

6 Vgl. Shotter (2000, S. 120 ff. in diesem Buch).

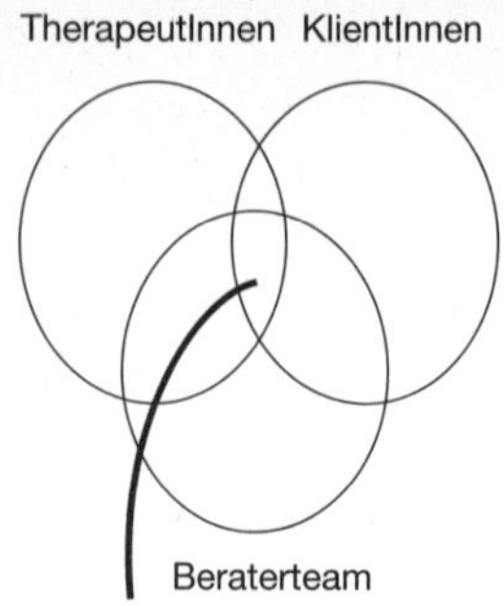

KlientInnen, TherapeutInnen, Beraterteam
und das gemeinsam erzeugte Dritte:
Zusammenarbeit und Gespräche

Das gemeinsame Dritte: Zusammenarbeit und Gespräche

Im Folgenden wollen wir unsere Praxis der reflexiven Konsultation am Beispiel des Filmes *Don Juan de Marco* verdeutlichen. Der Film erzählt eine Geschichte, in der ein junger Mann wegen eines Selbstmordversuchs in eine psychiatrische Klinik eingewiesen wird. Dieser Selbstmordversuch steht im Zusammenhang mit dem unauflösbar scheinenden Widerspruch zwischen seiner Selbstdefintion, „Ich bin Don Juan de Marco", und der Aussage seiner relevanten Lebens- bzw. Gesprächspartner, dass er sich nur einbilde, „Don Juan de Marco" zu sein, aber in Wahrheit ein anderer sei.

Es werden die Gespräche zwischen Don Juan und seinem Psychiater gezeigt, die Konferenzen des Psychiaters mit seinen Vorgesetzten und seinen Kollegen, die Gespräche des Psychiaters mit der Großmutter und der Mutter des jungen Mannes usw. Diese Gespräche finden isoliert voneinander an verschieden Orten und zu verschiedenen Zeiten statt. Dies führt sowohl zu Missverständnissen und Konflikten der beteiligten Personen untereinander als auch zu unvereinbaren Wirklichkeitskonstruktionen. Es stellt sich daher die Frage, ob diese Missverständnisse, Konflikte und unüberbrückbaren Wirklichkeitskonstruktionen hätten vermieden werden können, wenn alle Personen – ein oder mehrere Male – zur selben Zeit zum selben Gespräch am selben Ort zusammengekommen wären, um gemeinsam an der Auf-Lösung der problematischen Situation zu arbeiten, wie dies nach unserer Praxis vorgesehen ist.

Bevor wir uns dieser Frage zuwenden, möchten wir zunächst die Praxis der reflexiven Konsultation weiter spezifizieren, indem wir eine mögliche Variante beschreiben. Als Erstes würden wir vorschlagen, ein Moderatorenteam zu bilden. Dieses hätte die Aufgabe, die Sitzung nach bestimmten Regeln mit den Anwesenden zusammen vorzubereiten und einen Gesprächsrahmen zu organisieren bzw. zu konstruieren, der gemeinsames Lernen ermöglicht (vgl. Deissler, Keller u. Schug 1997). Ein gewählter Moderator würde das anschließende Gespräch moderieren; er würde dabei durch Reflexionen seiner Teamkollegen unterstützt gemäß einem Vorschlag von Tom Andersen (1990).

Auf das Beispiel des Filmes *Don Juan de Marco* bezogen, hieße das, dass der Moderator zunächst den Psychiater mit seinen Kollegen nach deren Sicht des „Problems" und deren Zielen für das Gespräch befragt. Anschließend hätten die Familienmitglieder die Möglichkeit, ihre Sicht und ihre Ziele zu schildern. Als dritten Schritt könnte das Beraterteam das von beiden Gruppen Vorgebrachte reflektieren.

Danach könnten zunächst der Psychiater und seine Kollegen das Gesagte kommentieren. Bevor eine Vereinbarung über das weitere Vorgehen getroffen würde, hätten die Familienmitglieder die Möglichkeit, den Gesamtprozess abschließend zu reflektieren.

Wenn es nun gelingt, einen Prozess der Zusammenarbeit zwischen den drei Gruppen zu organisieren, dann lässt sich von reflexiver Konsultation sprechen, die deutlich von anderen Vorstellungen der Supervision abzugrenzen ist, da der Supervisor selbst ein Element der Kommunikation und Kollaboration innerhalb der reflexiven Konsultation bildet.

Im Zentrum der reflexiven Konsultation steht nun nicht eine Person oder Personen mit ihren Problemen, sondern das von mehreren Personen gemeinsam erzeugte Dritte, nämlich die Zusammenarbeit und die Gespräche aller am „Problem" Beteiligten – das heißt abstrakt gesagt, die Beziehungen aller Beteiligtern (einschließlich Therapeut) zueinander.

Das Ziel der reflexiven Konsultation besteht darin, mit den beteiligten Personengruppen einen Rahmen zu konstruieren, der gemeinsame Gespräche, gemeinsames Lernen ermöglicht. Dabei ist zu betonen, dass diejenigen, die in der Rolle der Konsultanden bzw. Konsulenten sind, mit den anderen gemeinsam lernen.

Das reflexive Konsultation ist also kollaborationsorientiert. Es sieht vor, dass die unterschiedlichen Personengruppen mit ihren unterschiedlichen Perspektiven zusammenarbeiten, indem sie das Gesagte einer wechselseitigen Reflexion zugänglich machen, und zwar am selben Ort und zur selben Zeit. Dadurch wird eine *verdichtete Gegenwart* erzeugt, die sich durch die drei folgenden Komponenten konstituiert:

- *Beziehungen*: Die betroffenen Personen beziehen sich aufeinander, indem sie in wechselseitiger Gegenwart miteinander sprechen (verhandeln) und reflektieren.
- *Ort*: Der Prozess dieser Verhandlung findet lokal-gebunden (am Ort der Konsultation) statt.
- *Zeit*: In dieser zweifachen Gegenwart (Personen, Ort werden gemeinsam die Bedeutungen der Vergangenheiten für die „Problem“Geschichten vergegenwärtigt. Ebenso werden die gegenwärtigen Bedeutungen verhandelt. Und schließlich werden die zukünftigen Möglichkeiten der Auf-Lösung der „Probleme“ entworfen und neue Handlungsmöglichkeiten eröffnet.

Dieser Prozess der Konstruktion von Vergangenheit, Gegenwart und Zukunft findet in der Gegenwart statt.

Das klassische Hier und Jetzt erhält also in diesem Zusammenhang eine andere und erweiterte Bedeutung: Für die Vergangenheit, Gegenwart und Zukunft werden in der gemeinsamen Gegenwart von Personen, Ort und Zeit Bedeutungen erzeugt, die nützlich sind für Auflösungen der „Problemgeschichten“ und Konstruktionen neuer Handlungsmöglichkeiten. Man könnte daher von einem „Hier und Jetzt und Miteinander“ sprechen.

Nur durch dieses „Hier und Jetzt und Miteinander“ ist es möglich, das „gemeinsame Dritte“, die sprachliche Zusammenarbeit aller beteiligten Personen, zu erzeugen, die das Ziel der reflexiven Konsultation bildet. Diese, das sei abschließend noch einmal betont, unterscheidet sich von der klassischen Supervision dadurch, dass sie die Klienten bzw. Patienten der Kollegen, die zur Supervision kommen, mit einbezieht. Diesen Unterschied könnte man in dem Satz verdichten:

In der Supervision sprechen Supervisoren und Supervisanden *über* Klienten, in der reflexiven Konsultation sprechen Berater, Kollegen und Klienten *miteinander*.[7]

Literatur

Anderson, H. u. H. Goolishian (1992): Der Klient ist Experte. *Zeitschrift für systemische Therapie* 10: 176–209.

Anderson, T. (1990): Das reflektierende Team. Dortmund (Modernes Lernen).

Deissler, K. G. (1987): Von der systemischen Therapie zur systemischen Konsultation. (Unveröffentl. Manuskript. Forum der Internationalen Gesellschaft für Systemische Therapie (IGST e.V.), Marburg, 13.–14. März 1987).

Deissler, K. G. (1996): Psychiatrische Sprachspiele. In: T. Keller u. N. Greve (Hrsg.): Systemische Praxis in der Psychotherapie. Bonn (Psychiatrieverlag).

Deissler, K. G., T. Keller u. R. Schug (1997): Kooperative Gesprächsmoderation. In: K. G. Deissler: Sich selbst erfinden? Von systemischen Interventionen zu selbstreflexiven Gesprächen. Münster (Waxmann).

Hargens, J. (1987): Jenseits von „Jenseits von ...". Ein Gespräch mit Harold A. Goolishian. *Zeitschrift für Systemische Therapie* 5: 105–111.

Schlippe, A. von u. J. Schweitzer (1996): Lehrbuch der Systemischen Therapie. Göttingen (Vandenhoek & Ruprecht).

Shotter, J. (2000): Wittgenstein und die Wurzeln der sozialen Poesie in spontanen Körperreaktionen: Der dritte Bereich. In diesem Buch, S. 120–129.

Stierlin, H. (1995): Ich und die anderen. Stuttgart (Klett-Clotta).

Wynne. L., S. H. McDaniel a. T. Weber (1986): Systems Consultation. New York (Guilford).

7 Ein ähnlicher Zusammenhang wurde von einem vierzehnjährigen Jungen beschrieben: „Mein Vater tut alles für seine Familie, aber nichts mit seiner Familie."

II. Handeln, Sprechen und Erkennen? Reflexive therapeutische und philosophische Positionen

Verständnishintergrund

Kennt nicht jeder das Gebot, dass man erst nachdenken soll, bevor man spricht? Dieses Gebot, sich als Erstes der Ordnung der inneren Gedanken zu widmen, scheint wichtig zu sein, um unser Verständnis der Welt aufrechtzuerhalten: Erst wenn die innere Welt klar und widerspruchsfrei ist, wendet man sich an seine Mitmenschen und schafft die *äußere Ordnung* – z. B.: das, was man sich ausgedacht hat.

Aber was sind Gedanken? Plato soll Gedanken als das *Gespräch der Seele mit sich selbst* definiert haben. Wenn man das so akzeptiert, kann man sagen, Gedanken sind *innere Dialoge* bzw. Denken heißt innere Dialoge führen, innerlich mit sich selbst im Gespräch sein. Es ist klar, wenn man (innerlich) mit sich selbst sprechen kann, sollte man auch mit anderen sprechen können – und wenn es innere Dialoge gibt, muss es auch *äußere Dialoge* geben. Zu sagen „Denk nach, bevor du sprichst!" legt aber eindeutig den Vorrang auf das innere Gespräch. Ob man diese Haltung als Ausdruck der Teilhabe an der Tradition der Romantik, der Teilnahme an tiefenpsychologischen Diskursen oder als Erziehungsrepressalie einschätzt, kommt wahrscheinlich eher auf den aktuellen Gesprächspartner an und ist weniger mit einem Anspruch auf „Wahrheit" verbunden.

Wie auch immer – ist es Ihnen nicht auch schon passiert, dass Sie z. B. einen Brief schreiben wollen und noch gar nicht wissen, was Sie schreiben werden?[1] Oder Sie haben einen noch unklaren Gedanken und fangen an, mit jemanden zu sprechen, und erst im Laufe des Gesprächs klären sich Ihre Gedanken? Heinrich von Kleist hat das beschrieben und das französische Sprichwort „l'appétit vient en mangant"[2] paraphrasierend genutzt, um zu sagen, „der Gedanke kommt beim Sprechen". Auch Harry Goolishian, den viele der Autoren dieses Buches als ihren geistigen Mentor betrachten, sagte:

1 So geht es mir zumindest gerade: Ich weiß, was ich geschrieben habe, weiß aber noch nicht, was ich schreiben werde – außer dass diese Zeilen in einem Bezug zu den folgenden Kapiteln des zweiten Teiles in diesem Buch stehen und zu ihnen hinführen sollen ...

2 „Der Appetit kommt beim Essen."

„Wenn ich wissen will, was ich denke, muss ich (mit jemanden) sprechen.“[3]

Was fangen wir nun an mit all diesen klugen Gedanken? Eines scheint sicher: Die Sätze „Denk nach, bevor du sprichst!“ und „Der Gedanke kommt beim Sprechen“ scheinen sich zu widersprechen. Es gibt nun eine Auffassung, die besagt, Gedankengebäude (Theorien) usw. müssen, damit sie (in den Wissenschaften) anerkannt werden, (logisch) widerspruchsfrei sein. Diese Auffassung wird von den Autoren der folgenden Aufsätze als *modernistisch* aufgefasst. Als modernistisch wird u. a. die Auffassung gekennzeichnet, die keine Widersprüche innerhalb und zwischen verschiedenen Weltbildern zulassen möchte, um Stimmenvielfalt und Unterschiede zugunsten eines einheitlichen Weltbildes zu vermieden.

Um die Sache abzukürzen: Die Beiträge des folgenden Teils dieses Buches haben eine Gemeinsamkeit, die sich in ihrer dialogischen und multivokalen Orientierung äußert.

Und vielleicht schließt sich folgende kleine Warnung nahtlos an die bisher gemachten Ausführungen an: Die folgenden Aufsätze verstehen sich nicht als psychotherapeutisches Fastfood. Sie sind eher geeignet, die philosophischen Zusammenhänge eines Teiles der derzeitigen Transformation der Psychotherapieszene zu verstehen, und sie bieten anspruchsvollen Lesern ein intellektuell reizvolles und abwechslungsreiches Menü.

Kollaborative Sprachsysteme und Beziehungen

Harlene Anderson war bis zum Tod von Harry Goolishian dessen langjährige Mitarbeiterin. Sie hat wie keine Zweite die systemische Therapieszene durch ihre Veröffentlichungen beeinflusst.[4] In ihrem Aufsatz *Kollaborative Sprachsysteme und Beziehungen* widmet sie sich ihrer Kernprämisse, dass die „... natürliche Konsequenz von Dialog oder dialogischem Gespräch Änderung oder Transformation ist“, das heißt, dass Änderung und Transformation eher beiläufig Produkte von therapeutischen Dialogen sind. Wenn man diese Annahme vertritt, muss man verstehen, was Dialoge sind und wie sie

3 Einen ähnlichen Gedanken mit etwas anderer Akzentuierung drückt Heinz von Foerster mit seinem ästhetischer Imperativ aus: „Willst du erkennen, handle!“

4 Vgl. ihr 1999 in Deutsch erschienenes Buch *Das therapeutische Gespräch*. Stuttgart (Klett-Cotta).

transformieren. Anhand ihrer Kernprämisse entwirft Anderson Fragen, die sie in diesem Aufsatz zu beantworten versucht. Dabei erläutert sie u. a., was sie unter Dialogen versteht und warum sie therapeutisch wirken, was Erzählungen im therapeutischen Kontext darstellen und was sie z. B. unter therapeutischer Beziehung versteht. Nicht umsonst bezeichnet sie schließlich ihre therapeutische Haltung als „philosophische Haltung".

Die poetische Dimension

Ken Gergen, der Begründer und prominenteste Vertreter des *Sozialen Konstruktionismus*, beschreibt in seinem Kapitel die therapeutischen Möglichkeiten, die in der poetischen Dimension liegen. Er grenzt sich von traditionellen Auffassungen von Poesie ab: von der Tradition des poetischen Schreibens sowie von den individualistischen, mechanistischen und rhetorischen Konzeptionen von Poesie. Innerhalb seines konstruktionistischen und relationalen Denkens weist er der poetischen Dimension zunächst drei Qualitäten zu – die katalytische, die imaginative und die ästhetische. Im Zentrum seiner Überlegungen steht Poesie als relationale Tätigkeit, in der ein *Schweben* bisheriger Bedeutungen erzielt wird und durch eine *Vielfalt* (innerer und äußerer) *Stimmen* neue Beziehungen und dadurch neue Bedeutungen hergestellt werden. Als eigenen Beitrag für eine ästhetische Praxis innerhalb der poetischen Dimension stellt Gergen die *metonymische Reflexion* vor; dabei werden „die Handlungen der einen Person ein partieller, vorläufiger und zweideutiger Widerhall der anderen sein".

Ein Satz in fünf Zeilen

Der Erfinder des „reflektierenden Teams", Tom Andersen, widmet sich der Frage, wie Bedeutung erzeugt wird und welchen Einfluss dabei Sprache hat. Er reflektiert den Prozess der Bedeutungserzeugung auf dem Hintergrund von Beziehung und Vorverstehen und ist darüber hinaus besonders fasziniert von der Idee Wittgensteins, dass die Sprache uns verhext. Dabei entwickelt er seine Überlegungen so weit, dass er aufzeigen kann, wie man ein und dieselbe Verhaltensweise unterschiedlich verstehen kann und wie diese unterschiedlichen Verständnisse uns unterschiedlich verhexen. Diese Ideenentwicklung kulminiert in einem *Satz in fünf Zeilen*.

Abschließend reflektiert er, wie Fachsprachen uns durch ihre impliziten Vorurteile verhexen und welche Möglichkeiten in der normalen, alltäglichen Sprache liegen. Die Aktivitäten, die in *dem Satz in fünf Zeilen* beinhaltet sind, sieht er als Schlüssel für das Verständnis der Frage an: „Wie kann ich weitermachen", wenn ich das Gefühl habe festzustecken?

Wittgenstein und die Wurzeln der sozialen Poesie

Der spannenden Frage, wie sich soziale Poesie und spontane Körperreaktionen aufeinander beziehen und was das alles mit Wittgensteins Philosophie zu tun hat, widmet sich John Shotter. Verkürzt könnte man sagen, dass soziale Poesie sich realisiert, wenn wir durch Gesten, Worte und Metaphern bewegt werden und wenn sie uns sozusagen *anrühren*. Doch diese Reaktionen sind vorsprachlich und spontan, und sie werden durch unsere Beziehungen und Gespräche hervorgerufen. Der „dritte Bereich" ist also das Verhältnis zwischen der Art, wie wir uns aufeinander beziehen und wie wir spontan darauf reagieren.

Interessant bei Shotters Darstellung der Philosophie Wittgensteins ist, dass er nicht von dessen Gedanken oder Theorien spricht, sondern von dessen „Methoden", die er nutzt, um uns zu bewegen, uns bekannte und die gewöhnlichen, uns dominierenden Gespräche zu verlassen und neue Wege und Möglichkeiten zu entwickeln. Shotter verdeutlicht *Wittgensteins poetischen Sprachgebrauch,* indem er insbesondere drei dieser Methoden beschreibt.

Michail Bachtins Beitrag zur sozialen Poesie

Das Abschlusskapitel des zweiten Teils dieses Buches widmet Walter Zitterbarth Michail Bachtin, einem russischen Literaturwissenschaftler. Der erste Teil seines Beitrags bezieht sich auf biographische Daten Bachtins. Im Zentrum des zweiten Teils widmet er sich den Dialogen und der Erzeugung von Bedeutung. Dabei kann vielleicht als wichtigster Gedanke festgehalten werden, dass Bachtin die Lokalisierung von Verstehen und Bedeutung weder im Sprecher noch im Empfänger einer Botschaft sieht, sondern in beider Beziehung bzw. in ihrem Dialog.

Mit „Heteroglossia" und „Polyphonie" entwickelte Bachtin zwei weitere Begriffe, die Vorläufer sozialkonstruktionistischer bzw. sozialpoetischer Ideen sind. Mit „Heteroglossia“ könnte man eine Vielzahl kontingenter kontextueller Rahmenbedingungen bezeichnen, die einem Wort eine bestimmte situative Bedeutung zuweisen. „Polyphonie“ bezeichnet eine Vielzahl von Stimmen, die miteinander im Dialog sind und bei dem keine Stimme die andere dominiert – für Bachtin beispielhaft in den Romanen Dostojewskis verwirklicht.

Zitterbarth schließt sein Kapitel ab, indem er Beispiele nennt, in denen Bachtins Ideen bereits praktisch angewandt wurden.

kd

Kollaborative Sprachsysteme und Beziehungen
Ein postmoderner Ansatz für Therapie und Beratungspraxis

Harlene Anderson

Every good poetry is therapeutic.
Every good therapy is poetic.[1]
B. F. Maiz

Einleitung

Konventionelle Psychotherapieprämissen und die Praxis, die daraus abgeleitet wird, haben ihre Relevanz in unserer Welt der schnellen sozialen und technologischen Transformation verloren. Dieses Phänomen ist begleitet von einer wachsenden Skepsis gegenüber dem modernen empirisch-wissenschaftlichen Diskurs als konzeptuelle Basis für die Sozialtheorie und menschliches Verstehen, auf die Psychotherapietheorien, -praktiken, -forschung und die Ausbildung der Therapeuten gegründet wurden. Postmoderne Ideologien inklusive des *Sozialem Konstruktionismus* – unter Betonung der relational[2]-abhängigen und generativen Natur von Wissen und Sprache – fordern die Kultur und die Traditionen von Psychotherapie heraus, einschließlich der Dichotomie von Experte/Nichtexperte und der hierarchischen Strukturen, die diese mit sich bringen. Alternativ erlauben sie eine Philosophie von Psychotherapie, eine Konzeptualisierung von menschlichem Wesen und seinem Verhalten sowie einer Klient-Therapeut-Beziehung, die zur Kollaboration einlädt. Das macht Therapie zu einem kollaborativen Prozess. Im Einklang damit besteht die Essenz meiner postmodernen Praxis darin, Gesprächsräume und Beziehungen zu schaffen, in denen sich Dialoge vollziehen können und in denen Änderungen und Transformationen die natürliche Folge sind. Aus diesen Prämissen erwachsen wichtige Fragen. Meine Kommentare sind eine partielle Antwort insbesondere auf folgende Frage: Wie können Therapeuten solche Gespräche und Beziehungen mit ihren Klienten herstellen, die beiden Seiten dort den Zugang zu ihrer Kreativität erlauben und neue

1 Deutsch: Jede gute Poesie ist therapeutisch, jede gute Therapie ist poetisch.
2 Unter „relational“ versteht man im sozialkonstruktionistischen Diskurs so viel wie „in und durch Beziehungen gestaltet“ (Anm. d. Hrsg.).

Möglichkeiten eröffnen, wo zuvor keine solchen zu existieren schienen?

So kann z. B. eine Eröffnungsplenarsitzung den atmosphärischen Rahmen für eine Tagung darstellen und einen historischen, kulturellen und psychotherapiepraktischen Kontext liefern. Ich möchte herausstellen, dass ein solches Zusammensein oft als „Symposium" bezeichnet wird. „Symposium" im klassischen griechischen Sinne meint literarisch „zusammen trinken". Die Definition hat sich über die Zeit verändert; heute versteht man darunter ein „Zusammensein", bei dem die Mitglieder sich in ausgedehnten „intellektuellen" Gesprächen dafür engagieren, die soziale Natur des Symposiums zu erhalten. Hier benutzen wir „Symposium" im Sinne eines Zusammenbringens von Menschen, wodurch Hoffnung, Raum für Beziehungen und Gespräche geschaffen werden und sich neues Lernen und neue Möglichkeiten für jeden von uns ergeben können.

Dies ähnelt Friedrich Paffs Ausführungen (Paff 2000) über die Arten von Räumen, in denen reflektierende Gespräche stattfinden können. Diese Räume erlauben es, dass jemand, ein Ausländer etwa fremd sein darf und dass man Neues bei ihm erfahren und sehen kann. Paffs Kommentare umfassen das Wesen von Maiz' (1998) Worten über Therapie und Poesie, wenn er ein poetisches Paradigma für die Familientherapie fordert. Therapie als Poesie ist ein Prozess, bei dem Klient und Therapeut in ihrer Beziehung zueinander als eine Gemeinschaft der Stimmen verstanden werden. Indem wir in dieser Gemeinschaft Gedanken und Gefühle in Worte fassen, erschaffen wir Bedeutungen, die neue Möglichkeiten eröffnen.

Soziale Gesprächsprozesse – wie etwa ein Symposium, das sich der sozialen Poesie widmet – fordern die Kultur, Tradition und die Relevanz von Psychotherapieprämissen heraus – einschließlich Individual-, Ehe- und Familientherapie und der Praktiken, der Forschung und der Ausbildung, die auf diesen Prämissen basieren. – Diese Praktiken gründen sich auf der Dichotomie von Experte/Nichtexperte und auf hierarchischen Strukturen, die daraus hervorgehen. Hier möchte ich einen Gedanken für eine postmoderne Therapie darlegen, der sozialkonstruktionistische sowie narrative und zeitgenössische hermeneutische Konzepte nach sich zieht (Anderson 1995, 1997; Anderson a. Goolishian 1988). Mein Therapieansatz wurde beeinflusst von Kollegen, die Beiträge zu diesem Buch geschrieben haben. Uns verbindet das Interesse Wissen als sozial konstruiert aufzufassen. Dies schließt das Wissen darüber ein, wie wir menschliches Wesen und unser Verhalten entwickeln – insbesondere wie wir die Sprache dabei nutzen. Und letztlich ist Therapie, die auf einer sozialkonstruktionistischen Philosophie gegründet ist, eine „Therapie als Poesie in und durch Gespräche" (Deissler 1997).

Mein Ansatz hat sich über die Jahre entwickelt. Er ist auf meinen klinischen Erfahrungen und meinen Überlegungen, die ich zusammen mit Klienten, Kollegen und Studenten über erfolgreiche und erfolglose Therapiegespräche angestellt habe, gegründet. Er ist eine Antwort auf die wachsende Skepsis gegenüber dem modernen empirisch-wissenschaftlichen Diskurs. Er bildet deshalb einen Ausgangspunkt für die Konzeption einer Sozialtheorie für menschliches Verstehen und für Psychotherapie in unserer sich schnell ändernden zeitgenössischen Welt. Er handelt von Veränderung im Allgemeinen und von der *Änderung* der Kultur von Therapie.

Wenn ich die relationale und generative Natur von Wissen und Sprache betone, besteht die Essenz meiner postmodernen Praxis in dialogischen Gesprächen. Dialogische Gespräche sind solche Gespräche, in denen und durch die menschliches Leben und menschliche Beziehungen sowie die Kreation von Wissen neu geformt und umgestaltet werden. Das Potenzial für Transformation und Änderung ist so unendlich in Variation und Ausdruck, wie es Individuen gibt, die sie realisieren. Bezieht man diesen Begriff des dialogischen Gesprächs auf das Thema der sozialen Poesie, sind Gespräche Produkte von Beziehungen. Sie sind die Art, wie wir miteinander kreativ sind und unsere Vorstellungen erschaffen. Dabei produzieren wir gemeinsam sich wechselseitig beeinflussende Verständnisse, Bedeutungen, Handlungen und Ergebnisse. Mein Ziel in der Psychotherapie, im Unterrichten, in der Konsultation oder in der Forschung ist nicht, das Gewusste zu entdecken und vorauszusagen, sondern die unbekannten Möglichkeiten durch Gespräche zugänglich zu machen und zu erweitern.

Zunächst möchte ich meine Kernprämisse hervorheben; danach möchte ich über die Herausforderung sprechen, die eine postmoderne Kritik in Relation zur Modernität anbietet, und die Implikationen entwerfen, die die postmodernen Prämissen für die Veränderung der Therapiekultur haben.

Kernprämisse

Meine Kernprämisse ist, dass die natürliche Konsequenz von Dialog oder dialogischem Gespräch Änderung oder Transformation ist. Unter dieser Prämisse wird die Frage wichtig: Wie können Therapeuten solche Gespräche und Beziehungen mit ihren Klienten herstellen, die beiden Seiten dort den Zugang zu ihrer Kreativität erlauben und neue Möglichkeiten eröffnen, wo zuvor keine solchen zu existieren schienen?

Das sind die Arten von Gesprächen, über die Paff sagt: „Wenn alle Gespräche erfolgreich wären, gäbe es keinen Bedarf für Therapeuten" (Paff 2000).

Die postmoderne Herausforderung

Von der Einstimmigkeit zur Vielstimmigkeit

„Modern" und „postmodern" sind allgemeine epistemologische und philosophische Positionen. Beide haben gemeinsame und unterscheidende Merkmale, obwohl es eine Diversität innerhalb der Reihen ihrer Fürsprecher gibt. Zwei essenzielle Charakteristika für Kontrast und Vergleich sind die Konzepte von Wissen und Sprache. Im Allgemeinen betrachtet die Moderne die objektive Realität als eine da draußen wartende und zu entdeckende Welt und die menschliche Natur als ein universelles Phänomen. Von diesem Standpunkt aus gesehen, ist Wissen unabhängig vom Wissenden, kumulativ und statisch. Wissen legitimiert, es privilegiert den Wissenden und erschafft soziale Strukturen, die Autorität und Macht garantieren. Das wissende Subjekt ist zentral, und das Subjekt oder das Selbst ist wissensfähig. Weiterhin sammelt sich Wissen in großen, umfassenden Erzählungen an, die umgekehrt als einstimmige Metadiskurse in Umlauf kommen. Diese werden wichtiger als persönliche Erfahrungen, Erzählungen und das alltägliche Wissen der individuellen Person.

Sprache (gesprochen und ungesprochen, verbal und nonverbal) ist darstellerisch; sie reflektiert Wirklichkeit, gegebene Fakten und die natürliche Ordnung der Dinge – eher Dinge, die schon sind, – als Dinge, wie sie sein könnten. Soziale Systeme (zum Beispiel politische, ökonomische, regierende, Gemeinschafts- und Familiensysteme) innerhalb dieser Oben-unten-Tradition sind hierarchisch und dualistisch strukturiert und organisiert. Solche professionellen Beschreibungen sind vorherbestimmt und statisch.

Therapien innerhalb dieser modernen Tradition sind geformt durch und durchdrungen von Hierarchie und Dualismus. Sie werten und erschaffen Wissende / Nichtwissende- und Experten / Nichtexperten-Beziehungen. In solchen Beziehungen ist ein Therapeut ein Metawissender für Normalität und Pathologie, eine Autorität dafür, wie Menschen ihr Leben leben sollten, und ein Reparateur von defekten menschlichen Maschinen. Therapieergebnisse oder -möglichkeiten sind in dieser Gewissheit bekannt und deshalb vorausbestimmt. So wie Therapeuten professionell und kulturell legitimierte Psychotherapieerzählungen bzw. Wissen nachzeichnen, wird der Stimme und dem Wissen eines Klienten wenig Bedeutung und Gelegenheit zugestanden. Diese Kritik mag hart klingen, es bleibt jedoch Tatsache, dass in den meisten Psychotherapiepraktiken die professionelle Stimme und das professionelle Wissen der Vielstimmigkeit der Klienten vorgezogen wird.

Veränderung der Therapiekultur

Die Postmoderne bietet eine breite philosophische und pragmatische Herausforderung für diese als Heiligtum bewahrten Traditionen und Werte. Obwohl „postmodern" lange mit Kunst und Literaturkritik identifiziert wurde, war der französische Philosoph Jean-Francois Lyotard (1984) einer der Ersten, die den Ausdruck benutzten, um auf Sozialtheorie und ihre Kritik zu verweisen. Im weitesten Sinne befragt und verwirft der Begriff „postmodern" in radikaler Weise das, wofür die Moderne steht: Legitimierung autoritärer, universeller wissenschaftlicher, sozialer und kultureller Erzählungen. Was postmodern ist, ist nicht eine Erweiterung dessen, was jenseits von „modern" kommt, sondern es ist eine bedeutsame, eigenständige epistemologische und philosophische Tradition, die ganz anders als die Moderne ist und sich von ihr wegbewegt. Werte sind nicht an die Wertschätzung der objektiven Realität, sondern an den Begriff der sozial geschaffenen Realitäten gebunden. Die Wirklichkeit und somit das Wissen werden in dieser Sichtweise relational beeinflusst durch die koordinierte Sprache und die koordinierten Handlungen der Menschen. Die Wirklichkeit wird dynamisch, kontinuierlich erschaffen und ist deshalb fließend und immerzu wechselnd. Die Idee von Sprache als kreativer und deshalb generativer ist zentral für eine postmoderne Sichtweise. Die Sprache begrenzt und liefert die Möglichkeiten für die Art und Weise, in der wir Erfahrungen machen und einen Sinn von der Welt und den Ereignissen in unserem Leben herstellen (Wittgenstein 1984).

Erzählungen und Geschichten erzählende Metaphern sind zentral organisierende Deskriptoren in modernen und postmodern abgeleiteten Therapietheorien und Praktiken. Wir leben, organisieren und geben unserem Leben einen Sinn durch sozial konstruierte Erzählungen. Unsere Geschichten bilden sich nicht in Isolation; sie sind relational. Bedeutungen und Verständnisse, die wir den Ereignissen und den Erfahrungen unseres Lebens zuschreiben, einschließlich unserer Selbstidentitäten, werden geschaffen, erfahren und geteilt von Individuen, die sich in Beziehungen und im Gespräch miteinander befinden. Auf diese Weise nehmen sie eine erzählende Form an. Jede Person ist Erzähler/in seiner oder ihrer eigenen Geschichte, ist Experte oder Expertin für sein oder ihr Leben und Wissende oder Wissender von ihrer oder seiner Erfahrung, die sie oder er erzählt. Gleichzeitig werden Geschichten genutzt, um Erfahrungen zu übermitteln; so gestalten und transformieren sie potenziell diese Erfahrungen. Dies alles hängt ab vom Kontext und dem Zweck des Geschichtenerzählens.

Was eine erzählte Metapher innerhalb verschiedener Therapietheorien oder Praxiskulturen voneinander unterscheidet, ist die Absicht, mit der ein Therapeut sie benutzt, und wie ein Therapeut oder eine Therapeutin sich gegenüber der Erzählung eines Klienten positioniert. Ich benutze den Begriff Erzählung einfach, um mich auf die Art zu beziehen, in der wir das Sortiment der Inhalte, Tatsachen und Beschreibungen unserer Erfahrungen und Gedanken in Worte kleiden. Ich denke nicht an die Erzählung eines Klienten als Objekt der Änderung. Ich betrachte mich selbst nicht als eine Expertin für die Erzählungen anderer Menschen, zum Beispiel, ob diese fehlerbehaftet sind oder wie sie korrekt konstruiert sein sollten.

Kritiker postmoderner Therapie werfen ihr eine „Anything goes"-Einstellung[3] vor. Was die Postmoderne unterbreitet, ist, dass es keine einzige – korrekte oder korrektere – direkte Beziehung zu dem gibt, von dem wir glauben, dass es die objektive Wahrheit *da draußen* sei. Wenn man zum Beispiel Kenneth Gergen (1994a, b) folgt, ist das Leben eines Klienten überhaupt sozial konstruiert –

3 Nach Paul Feyerabend (Anm. d. Hrsg.).

mehr noch: Alle Wahrheiten werden durch soziale Diskurse transformiert. Die Postmoderne beansprucht nicht die Wahrheit der Wahrheiten – also eine Metawahrheit – zu sein. Eingebettet in postmodernes Denken und Kritik, ist es wichtiger, dass die Postmoderne selbst offen für Analyse ist und sie sich damit unvermeidbar selbst transformiert. Wenn man zum Beispiel den Autoren der Beiträge dieses Buches folgt, wird man sehen, dass sie offen sind für Herausforderungen, für ihre Vorurteile, und man kann nachvollziehen, wie sich ihr Denken kontinuierlich entwickelt hat.

Implikationen für die therapeutische Praxis

Diese postmodernen Prämissen bleiben in gleicher Weise für die Therapie anwendbar, egal ob es sich um Individual-, Ehe- oder Familientherapie handelt. Ich möchte einige der Implikationen näher betrachten, die diese Prämissen nach meiner Meinung für Therapie in Bezug auf drei Fragen haben. Sie beziehen sich darauf, wie Therapie aus einer postmodernen Perspektive entworfen werden kann. Diese drei Fragen bilden ein Schema für Vergleiche und Gegenüberstellungen, das im Hinblick auf eine Therapietheorie und -praxis ein therapeutisches System begrifflich fassbar macht. Dieses Schema zeigt ferner Prozesse und Beziehungen zwischen den Menschen auf, die im therapeutischen System involviert sind. Ich gebrauche das Wort Therapie jedoch nur zögernd, weil ich glaube, dass eine weitere Implikation dieser Perspektive das Erlöschen der Therapie ist, wie wir sie kennen.

Therapeutische Systeme

1. Wie kann man die Mitgliedschaft in einem therapeutischen System verstehen? Und, wie Tom Andersen sagen würde, wer entscheidet, wer sich mit wem unterhalten sollte, wann, wo und über was?

Denken wir an menschliche Systeme und Beziehungen in Begriffen der Sprache, veranlasst uns das, menschliche Systeme als Sprachsysteme zu konstruieren (Anderson 1995, 1997; Anderson a. Goolishian 1988). Ein Therapiesystem ist einfach eine Art von Sprachsystem, in dem Menschen sich miteinander um etwas Bedeutsames herum organisieren, das sie zusammengebracht hat. Das Bedeutsame ist normalerweise gedacht als „Problem“ auf der Suche nach einer „Lösung“. Dieser Konstruktion folgend, *bestimmt das Problem das System*, das in einer Therapie zusammenkommt; das System bestimmt nicht das Problem. Weil das System nicht durch soziale Rollen und Strukturen unterschieden wird, wie Individuum, Paar oder Familie, wird die normale Unterscheidung zwischen Einzel-, Paar- oder Familientherapie deshalb aufgelöst. Mit wem sich ein Therapeut trifft, wird von denen entschieden, die am Gespräch beteiligt sind, und durch die Bedeutungen, die in diesem Gespräch erzeugt werden. Wen ein Therapeut anfangs in die Mitgliedschaft eines Therapiesystems und zu irgendeinem Treffen einbezieht, wird von Sitzung zu Sitzung entschieden. Die Mitgliedschaft kann sich von Mal zu Mal ändern, um zu jedem beliebigen Zeitpunkt eine Person oder viele Personen mit einzuschließen zu können.

Jedes therapeutische System und jedes therapeutische Gespräch wird als einzigartiges Ereignis angesehen. Jedes „Problem" und die vielen Versionen einer Lebenssituation werden als einzigartig verstanden. „Probleme" haben nur innerhalb ihrer Kontexte des sozialen Austauschs, der Beziehungen und der Umstände, in die sie eingebettet sind, ihre Bedeutung. Das heißt nicht, dass wir keine Ähnlichkeiten finden könnten, wenn wir danach Ausschau halten – zum Beispiel zwischen Problemen, Dilemmata oder zwischen menschlichen Gruppen. Wir können es. Der Fokus liegt jedoch hier auf der Einzigartigkeit und den Unterschieden zwischen und unter Menschen, den Problemen und Dilemmata oder Lebenssituationen, wie ich sie lieber nenne.

Der Inhalt des Gesprächs ist wie die Mitgliedschaft in einem System nicht vorherbestimmt, sondern wird von Moment zu Moment durch Austauschhandlungen der darin involvierten Teilnehmer entwickelt. Deshalb kann ebenfalls das Ergebnis nicht vorherbestimmt oder vorausgesagt werden.

Zwei schwedische Therapeutinnen, die das *Houston Galveston Institute* besuchten, Britta Lodgo und Gunilla Strom, beschrieben ihre Erfahrung mit dieser Art therapeutischer Systeme als „das Beobachten eines Flusses und der Flexibilität und der konstanten Bewegung von kommenden und gehenden Menschen. So werden Ideen geschaffen; dies geschieht nicht in einer Ordnung oder innerhalb von Regeln oder strikten Strukturen, sondern in konstanter Bewegung, im Sichtreffen und im Sich-miteinander-Kreuzen" (Anderson 1996).

2. Was ereignet sich im Therapieprozess? Wie ist Änderung oder Transformation konzeptualisiert?

Therapie wird als linguistische[4] Aktivität angesehen, die durch eine besondere Art von Gespräch charakterisiert ist – das dialogische Gespräch. Sie bezieht sich auf einen kollaborativen Befragungsprozess, in dem Klient und Therapeut Gesprächspartner werden, die wechselseitig familiale Erzählungen ko-explorieren und neue gemeinsam entwickeln. Geteilte oder wechselseitige Befragung involviert ein Darin-zusammen-Sein, ein Zurück-und-vor, ein Nehmen-und-Geben und ein Unterhalten in einem Prozess. Therapeut und Klient werden *konversationale Partner* (Anderson 1995, 1997). „Unterhalten", wie Tom Andersen betont, beinhaltet ein inneres Gespräch und ein äußeres Gespräch – stille Gedanken und gesprochene Worte.

Als Therapeutin möchte ich einen dialogischen Raum erschaffen und einen Prozess, der Menschen hilft, in Andersens Worten, „sich miteinander zu unterhalten in einer Art, in der sie mit sich selbst oder miteinander zuvor nicht gesprochen haben" – Wege, die zu Freiheit führen, zu Hoffnung, Eigenständigkeit, Möglichkeiten und kontinuierlichen Gesprächen. Mit den Worten von Lodgo und Strom ausgedrückt könnte man sagen: „Es gibt in einem Dilemma kaum jemals eine „gute" Lösung, aber eine Vielzahl von verschiedenen Arten zu denken; das Denken von verschiedenen Standpunkten aus gibt neue Perspektiven und neue Perspektiven, können verschiedene Arten von Denken ergeben ... jede mit ihren eigenen Konsequenzen."

Im Dialog zu sein erfordert, dass jede Person fähig ist, ihre eigene Geschichte zu erzählen und ihre eigenen Sichtweisen auszudrükken. Es erfordert, dass es Raum für vertraute Sichtweisen, verwirrende Zweideutigkeiten und nachdrückliche Einstellungen gibt, die Seite an Seite existieren. Dialoge laden ein zu Möglichkeiten der Exploration, Erweiterung, Klärung, dem Erlöschen und der Erstmaligkeit. Dialoge laden ein zur Möglichkeit, zuzuhören und anders zu hören. Ich habe zum Beispiel herausgefunden, dass dann, wenn ich mich zeitweise auf die Geschichte einer Person konzentriere, andere in unserer Gegenwart konzentriert zuhören und die Geschichte

4 Sprachliche und nichtsprachliche Prozesse umfassend (Anm. d. Hrsg.).

unterschiedlich hören. Indem ich mein Interesse an der Geschichte jeder Person demonstriere, sind die Zuhörer weniger dazu geneigt, uns zu unterbrechen oder das Gefühl zu haben, eine inkorrekte Version korrigieren zu müssen. Sie wissen oder empfinden, dass ich auch ihre Geschichte hören will.

Dialogische oder zweiwegige Gespräche unterscheiden sich von monologischen oder einwegigen Gesprächen. Letztere sind jene, in denen eine oder mehrere Ideen sich monopolisieren oder den gesamten Raum einnehmen. Monolog ist Sprechen zu jemandem; Dialog ist Sprechen mit jemandem. Wenn der Dialog zusammenbricht und zu einem Monolog wird, ist der Zugang zu Kreativität und Neuem begrenzt.

Therapeutische Beziehungen

3. Wie ist ein Therapeut/eine Therapeutin in einer Beziehung mit anderen Menschen positioniert? Worin besteht sein oder ihr Expertentum und seine oder ihre Verantwortlichkeit?

Das Expertentum eines Therapeuten besteht in seiner Fähigkeit, dialogischen Raum und Prozesse zu erschaffen und zu erleichtern. Der Fokus der Verantwortlichkeit liegt in den Arten von Beziehungen, die zu diesen Prozessen einladen und sie vergrößern. Der Fokus liegt nicht auf dem Inhalt. Entscheidend bei diesem Expertentum ist die Weise, wie sich Therapeut oder Therapeutin positionieren. Diese Position wird am besten als *philosophische Haltung* beschrieben – eine Weise des Zusammenseins, des gemeinsamen Nachdenkens und Sprechens mit den Menschen, mit denen ein Therapeut zusammenarbeitet. Es ist eine Haltung, die durch authentische, spontane und natürliche Art charakterisiert wird. Durch diese Einstellung, die Haltung und den Ton wird dem anderen mitgeteilt: „Ich respektiere dich", „Du hast etwas Wertvolles zu sagen" und „Ich möchte es hören". Ich werde wieder an Paffs Geschichte über die Menschen auf der Straße erinnert. Er sprach mit ihnen und bezog sich auf sie als menschliche Wesen, nicht als Kategorien von Menschen. Aus dieser Perspektive ist der Therapeut in einer *lernenden* oder *nichtwissenden* Position und lädt den Klienten ein, den Therapeuten zu unterrichten. Das Nichtwissen wird zur natürlichen Einladung zum Dialog, zu einem Gespräch, in dem man, um die Worte von John Shotter (1993) zu benutzen, „fühlt, dass man dazugehört". Das heißt, Menschen fühlen, dass sie etwas können oder etwas beigetragen haben und dass sie gehört werden oder wurden.

Um zu einem Dialog und zur kollaborativen Befragung einzuladen und sie aufrechtzuerhalten, müssen die Handlungen eines Therapeuten sich kohärent auf die Geschichte einer Person beziehen. Ich möchte ihnen zuhören und hören, was Sie wollen, dass ich höre. Ich möchte ausprobieren; damit meine ich, dass ich Raum für die andere Person lassen möchte, an dem Gespräch teilzunehmen, an dem er oder sie teilnehmen möchte, nicht an einem, das ich wähle. In meiner Erfahrung führt diese Art des Gesprächsprozesses und der Beziehung zu einer geteilten Verantwortlichkeit zwischen Therapeut und Klient für den Entwurf und das Ergebnis einer Therapie.

Eine oft gestellte Frage ist: „Aber erwarten die Menschen nicht, dass du eine Expertin für sie bist? Sie bezahlen dich dafür, eine zu sein." Ja, natürlich tun sie das. Aber in der Art des Systems, im Prozess und in der Beziehung, über die ich rede, lösen sich diese Arten von Fragen, wie Lodgo und Strom illustrieren, auf. Am Ende des Tages verließen die Klienten häufig das Institut mit „vielen Fragen und Verwirrungen". Sie „hofften" am nächsten Tag darüber zu reden. Sie hatten sie jedoch beantwortet, als sie am nächsten Tag zurückkehrten.

„Meist verbrachten wir die Nachmittage damit, miteinander zu diskutieren und verschiedene Möglichkeiten zu überlegen. Häufig fanden wir am folgenden Morgen, wenn man fragte, ob es irgend etwas besonderes an unseren Gedanken gab, dass die Verwirrungen mehr oder weniger verschwunden waren, die wir am Tag zuvor noch hatten. Wir hatten kein Problem ‚gelöst', aber unsere Reflexionen miteinander hatten die Antwort, von der wir sicher waren, dass wir sie am Tag zuvor gebraucht hatten, überflüssig gemacht. Die Eröffnungen und die Möglichkeiten, die wir (in ihren Gesprächen miteinander) sahen, waren genug für den Moment. Das gegenwärtige Problem hatte sich *aufgelöst*."

Wie die beiden vertraue ich darauf, dass die Fragen, mit denen wir uns konfrontieren, beginnen werden, sich aufzulösen; und ich vertraue darauf, dass neue Fragen auftauchen werden, die als Sprungbrett für weitere Gespräche dienen. Ich habe versucht, Ideen für Praktiken hervorzuheben, die für Situationen über den Therapieraum und die Klient-Therapeut-Beziehungen hinaus geklärt, erweitert, kritisiert und angewandt werden können.

Therapiesysteme

Von Therapiesystemen als

- sozialen Strukturbereichen, in denen Menschen Mitglieder sozialer Systeme sind, die durch Rollen und Strukturen definiert sind und als kybernetische, geschichtete soziale Einheiten angesehen werden (z. B. Individuum, Paare, Familien oder größere Systeme),
- Systemen, deren Mitglieder von außen und einseitig von vornherein festgelegt sind (durch Theorien und Modelle von Therapeuten),
- Systemen mit stabiler Mitgliedschaft

… hin zu Therapiesystemen als

- Sprache und Bedeutungen generierenden soziokulturellen Systemen, die Produkte von Diskursen sind und zu einer Relevanz verschmelzen, die gewöhnlich als ein „Problem" auf der Suche nach einer „Lösung" gedacht wird,
- Systemen, deren Mitglieder intern und durch multiple Mitgliedschaften bestimmt sind,
- Systemen, bei denen die Mitgliedschaft fließend ist und die sich ändern, wie das Gespräch sich ändert.

Therapieprozess

Vom Therapieprozess als

- einem hierarchisch und dualistisch organisierten Prozess, in dem Therapie durch vorausbestimmtes, therapeutengeleitetes Wissen und Möglichkeiten beeinflusst wird, (diese kommen von außen und sind Einfluss eines universellen, generalisierbaren Wissens, einschließlich großer, übergreifender Psychotherapieerzählungen),
- etwas, in dem Sprache das Medium von Wissen ist und benutzt wird als ein rhetorisches intervenierendes und strategisches Werkzeug, um zu Kollaboration in Hinsicht auf Einverständnis und Änderung einzuladen,
- „Finden und Entdecken" (wie Shotter sagen würde) vorausbestimmten Wissens durch Diagnostik und informationssam-

melnde Fragen, Inhalte und Tatsachen, die einem sagen, was *ist* und was sein *sollte*

… hin zum Therapieprozess als

- einer klientenbetriebenen, kollaborativen Organisation und einem relationalen Prozess, in dem die Stimme des Klienten priviligiert ist (der Klient, dessen Wesen den Dialog bestätigt, fördert und aufrechterhält, bestimmt das Tempo),
- etwas, das die Betonung auf Dialog als kollaborative Befragung und die kreativen und anspornenden Aspekte von Sprache und Transformation als inhärent in diesem Dialog setzt: eine geteilte Ko-Exploration des „Problems" und die gemeinsame Entwicklung der „Erstmaligkeit" und damit *Problem-auf-lösung*,
- einer erzählenden Sichtweise, in der die Aufgabe der Therapie darin besteht, Menschen zu helfen, Zugang zu gewinnen zu Ich-Erzählungen, die befreiend und hoffnungsvoll sind, die es ihnen erlauben, zu Eigenständigkeit zu gelangen oder einfach zu einem Gefühl von Eigenständigkeit.

Therapeutische Beziehungen

Von der therapeutischen Beziehung als

- einer Beziehung zwischen einem Experten und einem Nichtexperten, in der ein Therapeut ein Metawissender für ein Wissen (Inhalte) ist, wie andere Menschen ihre Leben leben sollten (er hat über das normale Maß hinausgehende Fähigkeiten und Techniken),
- etwas, in dem der Therapeut bevorzugte Informationen, private Vermutungen und Gedanken hat, die überwacht werden und dem Klienten nicht verfügbar sind,
- Gewissheit

… hin zur therapeutischen Beziehung als

- einer kollaborativen Beziehung, die das verschiedene Expertentum, das Klient und Therapeut mitbringen, würdigt (in dieser Beziehung nimmt der Therapeut eine philosophische Haltung an, die einzigartig für jede Beziehung und jeden Diskurs ist),

- teilnehmendem Wissen, in dem es ein geteiltes Expertentum von Klient und Therapeut gibt (Student und Lehrender werden zu Gesprächspartnern in einem mächtigen Prozess von Transformation und Änderung),
- Ungewissheit.

Literatur

Anderson, H. (1995): Collaborative language systems: Toward a postmodern therapy. In: R. Mikesell, D. D. Lusterman a. S. H. McDaniel (eds.): Integrating family therapy: Handbook for family psychology and systems theory. Washington, DC (American Psychological Association).

Anderson, H. (1996): Chocolate, cake, and coke. *Houston Galveston Institute Newsletter*: Fall 1996.

Anderson, H. (1997): Conversation, language, and possibilities: A postmodern approach to therapy. New York (Harper Collins).

Anderson, H. a. H. Goolishian (1988): Human systems as linguistic systems: Evolving ideas about the implications for theory and practice. *Family Process* 27: 271–303.

Anderson, H. a. H. Goolishian (1992): Der Klient ist Experte: Ein therapeutischer Ansatz des Nicht-Wissens. *Zeitschrift für Systemische Therapie* 10 (3): 176–199.

Deissler, K. G. (1997): KoMentieren – Einladung zu einer Systemischen Poietologie. In: K. G. Deissler (Hrsg.): Sich selbst erfinden? Von systemischen Interventionen zu selbstreflexiven therapeutischen Gesprächen. Münster (Waxmann).

Gergen, K. J. (1994a): Realities and relationships: Soundings in social construction. Cambridge, MA (Harvard University Press).

Gergen, K. J. (1994b): Toward transformation in social knowledge. London (Sage).

Maiz, B. F. (1988): The creative use of poetry in family therapy. Presentation at the Annual Conference of the Texas Association for Marriage and Family Therapy. Dallas, TX, January 1998.

Paff, F. G. (2000): Marburger Gespräche und Geschichten. *Zeitschrift für Systemische Therapie*. 18: 107–114.

Shotter, J. (1993): Conversational realities: Constructing life through language. London (Sage).

Wittgenstein, L. (1984): Tractatus logico-philosophicus. Frankfurt a. M. (Suhrkamp).

Die poetische Dimension: therapeutische Möglichkeiten

Kenneth. J. Gergen

Einleitung

Innerhalb der andauernden Dialoge über soziale Konstruktion ist Sprache eine Form der menschlichen Koordination. Man kann sogar sagen, dass gesprochene und geschriebene Sprache den am höchsten nuancierten, am höchsten entwickelten und mit vielfältigem Potenzial versehenen Modus der Koordination repräsentieren, der für die Entwicklung von Beziehungen, Kultur und einer lebensfähigen Gesellschaft verfügbar ist. Sprache repräsentiert darüber hinaus eines der Hauptmittel, durch die Bedeutung erzeugt wird und durch die die Welt artikuliert und bewertet wird. Durch Sprache werden wir als individuelle menschliche Wesen konstruiert – mit besonderen Qualitäten des Geistes und des Herzens und als gut oder schlecht bewertet. Oder weiter gefasst, findet alles, was wir als Realität erachten und als wertvoll für das fortschreitende Leben zu halten lernen, seine Wurzeln innerhalb unserer gemeinsam geschaffenen Formen der Sprache (Gergen 1994). Dem „Haus der Sprache" zu entkommen würde, in Heideggers Begriffen, das Herausgehen aus Beziehung, Kultur und Bedeutung darstellen. Außerhalb davon gibt keine Lichtung, in der wir uns äußere Beziehungen, Kulturen und Bedeutungen erdenken könnten; es gibt einfach nichts.

Wie wir aus diesen einführenden Bemerkungen sehen, kann Sprache selbst auf viele Arten konstruiert werden, als ein Haus, als Koordination und als Bedeutung. Mit jeder Charakterisierung öffnen wir auch neue Ausblicke für Verstehen und damit neue Möglichkeiten für Handeln. Diese Tatsache hat tief greifende Implikationen für therapeutisches Unterfangen. Denn Therapie ist primär ein Ausflug in Bedeutung, ein Prozess der menschlichen Koordination, durch den Vergangenheit, Gegenwart und Zukunft konstruiert und rekonstruiert werden. Und es ist die Hoffnung und das Versprechen dieses Prozesses, dass aus der wirbelnden Verkettung der Bedeutungen auf irgendeine Weise Möglichkeiten für ein neues Leben Gestalt annehmen werden. Doch ist dieses „auf irgendeine Weise" nie gänzlich klar; nie können wir gewiss oder präzise sagen, wo und wie – wenn überhaupt – die Tür zu einer geänderten (und von einem Standpunkt „besseren") Erscheinungsform geöffnet wurde. Denn was wir aus einem therapeutischen Prozess machen, ist selbst ein Nebenprodukt von unserem Prozess des Bedeutungsschaffens. So ist es wahrscheinlich nützlich, den therapeutischen Prozess für eine Vielfalt von Charakterisierungen zu öffnen, indem ihm mit jeder neuen Sehweise neue Verständnisse und Handlungsformen verliehen werden.

Von zentralem Interesse in dem vorliegenden Aufsatz ist, was man als *poetische Dimension der Sprache* bezeichnen kann. Wenn wir von Sprache als Poesie sprechen, meinen wir typischerweise, dass wir die Aufmerksamkeit auf verfeinerte und hoch geschätzte Qualitäten lenken. Lassen Sie mich drei davon in den Mittelpunkt rücken:

Wenn wir Sprache mit der Eigenschaft „poetisch" versehen, beziehen wir uns dabei oft auf ihre verwirrenden Inhalte – auf die Arten, wie wir bewegt, gefesselt oder erregt werden. Es ist dieses ungewöhnliche Nebeneinanderstellen von Worten und Sätzen, die in den Schleier des Gewöhnlichen einzudringen und uns in verschiedene Positionen des Verstehens zu bewegen scheint.

Zweitens sprechen wir oft von Sprache als poetisch, wenn sie dem Imaginativen Glauben schenkt – dies verleiht dem Einfallsreichtum Flügel oder bringt dem Leben Phantasie. Poetische Sprache nimmt sich die Freiheit heraus, das Gewöhnliche zu verlassen, und lädt uns in Räume der Wünsche und Wunder ein.

Schließlich sprechen wir von der poetischen Dimension, wenn Sprache einen Sinn der Ästhetik hervorbringt – sie fesselt uns mit ihren Symmetrien, Harmonien oder honigsüßen Rhythmen. Es liegt in der Poesie, dass wir irgendwie das Pöbelhafte und oft unvernünftige Nebeneinanderstellen von Alltagsunterhaltungen transzendieren, um einen Sinn des Erhabenen zu erreichen.

Mit diesen drei Qualitäten der poetischen Dimension im Fokus – der *katalytischen, imaginativen und ästhetischen* – können wir die zentrale Frage dieses Aufsatzes ansprechen. Wenn Therapie ein Ausflug in Bedeutung ist, wie können wir dann ihre poetische Dimensionen beleben? Hoffen wir nicht oft, dass die therapeutische Erfahrung die allgemeinen Gewohnheiten des Geistes und der Handlung, mit denen der Klient eintritt, aus dem Sattel hebt? Hoffen wir nicht auch oft, dass sie die Vorstellungskraft in solch einer Weise herausfordert, dass neue, gute Quellen der Motivation angezapft werden können und den Klienten in den Stand versetzen, auf Weisen zu leben, die in voller Harmonie mit anderen sind? Wie kann die

Metapher der Poesie Aspekte des therapeutischen Prozesses in den Vordergrund bringen, die auf andere Weise unbeachtet bleiben könnten? Was würde es für uns bedeuten als Therapeuten oder als Teilnehmer in unserer normalen Welt der täglichen Handlungen, die poetische Dimension in unserer Kommunikation miteinander fruchtbar zu machen?

Um diese Fragen zu beantworten, wollen wir zunächst einige allgemeine Annahmen über Poesie begründen. Wie ich darlegen werde, werden wir als Therapeuten durch das Abschütteln einiger traditioneller Ideen hinsichtlich der Poesie und das Erforschen neu aufkommender Konzeptionen dieser Kunst profitieren. Mit einer neu konzeptualisierten Poesie positionieren wir uns in der Weise, dass wir auf die Frage zurückkommen können, wie die poetische Dimension innerhalb der therapeutischen Praxis verwirklicht werden kann.

Poesie einer postmodernen Tonart

Wir können Poesie auf viele Arten definieren. Die Wahl der Definition wird weithin bestimmen, welche Art von Ressourcen für die therapeutische Praxis aufgeboten werden wird. Aus meiner Sicht besitzt die Konzeption von Poesie, die wir von früheren Generationen geerbt haben, schädliche Implikationen für eine solche Praxis. Allgemein gesprochen, entspringen die traditionellen Annahmen hinsichtlich der Poesie aus dem kulturellen Kontext der Romantik des 19. und der Moderne des 20. Jahrhunderts. Für die Gegenwart ist eine Rekonstruktion dieser Annahmen in Begriffen postmoderner bzw. sozialkonstruktionistischer Ideen erforderlich. Die traditionellen Annahmen, mit denen ich mich hauptsächlich beschäftige, können als individualistisch, mechanistisch und rhetorisch bezeichnet werden.

Die individualistische Annahme besteht darin, dass Poesie einen Erguss des Geistes des Poeten repräsentiert (Emotionen, Intellekt, Gefühle, Geist, Seele etc.). Hier können wir festhalten, dass der Poet oder die Poetin jemand ist, dessen oder deren spezielle Empfindsamkeit, scharfe Wahrnehmungen oder zugeschriebene Vorstellung ihm oder ihr ermöglicht, ein poetisches Werk zu erschaffen. Kurzum, der Poet ist die ursprüngliche Quelle des Gedichts. Bedenken Sie die Probleme, die durch diese besondere Sicht der Poesie für die therapeutische Beziehung gestellt werden. Im Besonderen wird einem Therapeuten, der in der poetischen Dimension arbeitet, die Rolle einer speziellen Art von Person übertragen, lassen Sie es mich folgendermaßen ausdrücken: Er oder sie ist preisgekrönt für seine oder ihre Leistungsfähigkeit, Worte raffiniert zu setzen, sodass sie verwirrend sind, die Vorstellungskraft anregen oder wunderschön sind. Es ist der Therapeut, dessen Tiefgründigkeit, Leidenschaft oder Empfindsamkeit der Poesie Flügel verleiht. Im Gegensatz dazu wird der Klient zu der Rolle einer sanften und passiven Zuhörerschaft reduziert. Er oder sie kann applaudieren, bewegt sein, würdigen oder furchtdurchdrungen sein. Jedenfalls favorisiert das Ergebnis der Konzeptualisierung des Therapeuten als Poeten im Grunde genommen eine Hierarchie, in der der Klient die niedere Position besetzt.

Das Problem wird dadurch verschärft, wenn wir bedenken, dass die individualistische Auffassung dazu einlädt, den Poeten bzw. Therapeuten als einen unabhängigen Akteur anzusehen, als Taufbecken der Inspiration, in gewisser Weise verschieden von der umgebenden Menschenmasse, höher im Vergleich zu ihr und von ihr entfesselt. Der Poet ist dabei, mit seiner eigenen kreativen Stimme zu sprechen, nämlich der des einsamen Visionärs. Durch diese Implikation wird der Klient dazu eingeladen, sich zu identifizieren, nachzuahmen instand gesetzt zu werden, die Poesie innerhalb seiner selbst zu lokalisieren. Auf diese Weise begünstigt Therapie eine Welt von isolierten, selbstgenügsamen und sich selbst vergrößernden Individuen.

Es gibt eine Alternative zu dieser Sicht des Poeten, die postmodernen/konstruktionistischen Dialogen entspringt. Wie zeitgenössische Literaturtheorie – von Barthes bis zu Derrida – klargemacht hat, ist ein Autor niemals eine unabhängige, ursprüngliche Quelle. Als Poesie wird das Werk eines Autors nur aufgrund seiner Existenz innerhalb einer Tradition des poetischen Schreibens anerkannt. Es kann wegen seiner Ähnlichkeit und seinem inneren Bezug zu seiner Tradition als Poesie verstanden werden. Der Poet entkommt niemals der Beziehung, denn er verdankt seine ureigene Existenz der Teilnahme an einer Beziehung.

Diese Abhängigkeit des Verstehens von einer Beziehung ist gleichzeitig ein Kennzeichen der sozialkonstruktionistischen Theorie. Für Konstruktionisten erlangt Sprache nur innerhalb relationaler Aktivität ihre Bedeutung. Allein ist man von der Fähigkeit, etwas auszudrücken, ausgeschlossen; die ureigenen Worte würden so für irgendjemand anders keine Bedeutung haben können. In der Tat, sie würden bedeutungslos sein. In diesem Kontext müssen die Handlungen des Therapeuten als tief innerhalb einer Tradition eingebettet angesehen werden, einer Tradition, die die meisten der höheren Ressourcen für das Teilnehmen an einem Prozess der Bedeutungserzeugung innerhalb einer Therapie zur Verfügung stellt. Die Sprache des Therapeuten ist nicht als Ergebnis der therapeutischen Tradition als überlegen einzuschätzen; sie erwirbt ihre Eigenschaft zur Bedeutungserzeugung nur aufgrund der zustimmenden Teilnahme des Klienten. Gleichzeitig ermöglicht uns dies, nicht die Isolation des Klienten von anderen (z. B. verstanden als „Selbstgenügsamkeit"), sondern sein Engagement in Prozessen der Bedeutungserzeugung zu werten.

Denken wir des Weiteren an die *mechanistische Voraussetzung*, das unser Verständnis von Poesie am heutigen Tage formt. Hier wird vorausgesetzt, dass die Arbeit des Poeten Effekte auf die Zuhörerschaft hat. Das gute Gedicht wird seine Zuhörerschaft bewegen, es dazu bringen, Dinge differenziert zu sehen oder zu fühlen oder ihr Tiefen zu enthüllen, von denen es vorher nichts wusste. Die Wirkung eines Gedichts entfaltet sich innerhalb eines mechanistischen Systems von Ursache und Wirkung. Im Grunde genommen reproduziert solch eine Darstellung das mechanistische Modell der Medizin, das die Einrichtung der Psychotherapie gebar. Hier ist der Therapeut der Arzt, der auf den Patienten wirkt, um Heilung hervorzubringen. In diesem Sinne wirkt der Poet bzw. Therapeut und produziert Wandel im Klienten. Wir sind uns jedoch in den letzten Jahrzehnten der problematischen Implikationen der mechanistischen Orientierung sehr bewusst geworden. Es ist nicht nur so, dass man dazu neigt, das Wissen des Klienten als Mangel an Sachkenntnis zu diskreditieren, sondern der Therapeut wird in die Rolle eines manipulierenden Strategen gehievt; er objektiviert und experimentiert mit dem Klienten als Studienobjekt. Noch schlimmer ist, dass die privaten Sichtweisen des Therapeuten bezüglich des *Guten* für ein Befragen wenig offen sind, da sie durch die neutrale, sachkundige Sprache des *Heilens* mystifiziert sind. Zum Beispiel kann mit den Worten von Experten die ungestüme Neugier des Kindes *poetisch* mit ein paar Fragen in ein Aufmerksamkeitsdefizit oder Aufmerksamkeitsstörung transformiert werden.

Wiederum dient in dem Bereich der Poesie die postmoderne Literaturtheorie dazu, die mechanistische Sichtweise in Bezug auf Poesie und Literatur zu provozieren und dabei neue Ausblicke zu eröffnen. Insbesondere schenken die Literaturtheoretiker der Rolle *der aktiven Zuhörerschaft* oder der *interpretierenden Gemeinschaft* bei der Einschätzung der Bedeutung einer Arbeit Aufmerksamkeit. Man geht davon aus, dass die Zuhörerschaften eher einen aktiven Anteil bei der Entscheidung innehaben, wie die Arbeit interpretiert wird, als dass ein Gedicht oder eine Literaturarbeit auf eine Zuhörerschaft wirkt. Die so genannte Leser-Reaktions-Theorie, demonstriert die vielfältige und unbestimmte Ordnung der Bedeutungen, die einer gegebenen Literatur oder poetischen Arbeit zugeschrieben werden können. Diese Zuschreibungen hängen ab von den Interessen, Werten, Ideologien und dergleichen des Lesers. Es gibt kein *Gedicht in sich selbst*. Dies ist auch eine Argumentationslinie, die zentral für viele konstruktionistische Dialoge ist. Denn die konstruktionistische Bedeutung ist nicht der Besitz einzelner Köpfe und wird wirksam (oder auch nicht) durch Worte kommuniziert. Vielmehr wird Bedeutung immer innerhalb einer Beziehung und innerhalb des Prozesses einer wechselseitigen Koordination zwischen Personen erzeugt.

Schließlich haben wir eine *rhetorische Konzeption* von Poesie übernommen. Das heißt, von Longinus bis zur Gegenwart sind wir davon ausgegangen, dass das Potenzial des Gedichts, Effekte zu erzielen, in seinem besonderen Arrangement der Worte liegt. Im Unterschied zu anderen haben gewisse Worte oder Sätze die Fähigkeit, Schönheit, Leidenschaft, Pathos, Humor und so weiter zu kreieren. Demgemäß ist der Dichter ein Rhetoriker, dessen Macht über die Zuhörerschaft von seinem linguistisch-handwerklichen Können abhängt. Sobald aber die rhetorische Metapher in den therapeutischen Bereich ausgedehnt wird, finden wir auch Gründe, dieser Auffassung zu widerstehen.

Innerhalb dieser Metapher ist es wieder der Therapeut, dem die Macht zugestanden wird: Durch Sprache bewirkt er Änderungen beim Klienten. Der Klient ist lediglich ein Objekt, das durch die rhetorischen Fähigkeiten des Therapeuten transformiert wird. Tatsächlich werden die meisten therapeutischen Fallstudien auf diese Art konzipiert. Dies geschieht mit besonderer Betonung der Art, wie der Therapeut seine Worte geschickt einsetzt, um die erwünschten

Wirkungen zu erzielen. Vergleichsweise selten findet man, wie Klienten ihrerseits Worte (geschickt?) einsetzen. Es scheint so, als hätten Therapeuten eine Lizenz für ihren Beitrag, und tatsächlich wird dem Klienten der Status eines wirksamen Rhetorikers verweigert.

Von einem postmodernen oder konstruktionistischen Standpunkt aus gesehen, haben Worte in sich selbst keine Macht. So viel sollte in der vorhergehenden Analyse der Zuhörereffekte klar geworden sein. Vielmehr leitet sich Konstruktionisten die *Macht der Worte* von ihrer Funktion innerhalb aktueller Beziehungen ab. Denken wir beispielsweise an fortdauernden Augenkontakt. Vielfach wird ein solches Verhalten als negativ oder schädlich eingeschätzt: „Er starrt mich immer an", „Ich habe das Gefühl, ins Verhör genommen zu werden", „Ich frage mich, was zum Teufel denkt er gerade". Dies sind mögliche Reaktionen. Wird jedoch das gleiche Verhalten in einer Unterhaltung bei Kerzenlicht, das auf eine Romanze hinweist, gezeigt, wird fortdauernder Augenkontakt zu einem viel versprechenden Blick, und seine Macht wirkt intensiver als irgendwelche Worte. Poesie, genauso wie Augenkontakt, erwirbt ihre rhetorische Wirksamkeit nicht durch das besondere Arrangement der Worte und Sätze, sondern durch die Art, wie sie in relationale Räume eingebettet ist.

Therapie in der poetischen Dimension

Unsere Analyse der poetischen Dimension hat eine starke Betonung auf katalytische Erschütterung, Vorstellungskraft und Ästhetik gelegt. Wie ich jedoch argumentiert habe, hat das Arbeiten in einer poetischen Dimension eine Reihe von unglücklichen Konsequenzen, wenn wir die traditionelle Auffassung von Poesie in ihrem individualistischen, mechanistischen und rhetorischen Klischee akzeptieren. Wir haben die zusammenfassenden Traditionen des Narzissmus, der Macht, der Manipulation und der Teilung innerhalb der therapeutischen Beziehung nachvollzogen.

Wenn wir jedoch die Konzeption der Poesie entlang postmodernern bzw. konstruktionistischern Leitlinien neu konfigurieren, können wir die poetische Dimension auf andere Arten und mit unterschiedlichen Ergebnissen nähren. In diesem Fall lokalisieren wir die poetische Dimension innerhalb von Beziehungen anstatt in Individuen. Dann liegt der Fokus auf Bedeutung und Bewegung durch koordinierte Handlung. Wir werden angezogen von den Möglichkeiten wechselseitig verhandelter Bedeutung und der Bedeutsamkeit von Worten und Handlung innerhalb eines besonderen Beziehungskontexts. Poesie kann deswegen nicht durch Sie oder mich erschaffen werden, sondern wächst aus dem, was wir zusammen tun. *Wir verwirklichen die poetische Dimension in Handlungen der Gemeinschaft.*

Diese Darstellung bleibt jedoch viel zu abstrakt. Auf welche Weise können wir die poetische Dimension innerhalb von Therapie erreichen – und in der Tat innerhalb all unserer Beziehungen? Bedenken Sie zunächst die beunruhigenden, außergewöhnlichen und/oder katalytischen Aspekte von Poesie von einem konstruktionistischen Standpunkt aus. Wenn unser Sinn für das Reale und Gute – und so unser Sinn für Freude, Ärger, Depression und dergleichen – innerhalb von Beziehungen erzeugt wird, dann können wir irgendein „Problem", dem wir als Therapeut gegenüberstehen, als den verdichteten Rest einer relationalen Konfiguration ansehen. „Mein schlimmes Leben" ist das Ergebnis irgendeiner Form von lokaler Übereinstimmung. Die poetische Herausforderung besteht darin, eine Beziehung einzugehen, die das existierende Gleichgewicht erschüttern und alternative Wirklichkeiten erzeugen kann – Arten, sich selbst und andere zu verstehen, die andernfalls durch die „offensichtliche furchtbare Wahrheit" verdunkelt wären. Unter Therapeuten, die konstruktionistisch sensibilisiert wurden, bestand die Antwort auf diese Herausforderung darin, zahllose Praktiken zu entwickeln. So gibt es zum Beispiel vielfältige Möglichkeiten im Hinblick auf die Ko-Konstruktion neuer Erzählungen („Neuerzählen von Geschichten"), oder vergleiche Whites und Epstons (1990) bahnbrechende Arbeit über „Externalisation" bis hin zu Harlene Andersons (1997) Therapie im „postmodernen Stil". Ich finde Begriffe wie „poetisches Schweben" und die Einführung „vielfältiger Stimmen" besonders nützlich. Wenn neue Stimmen friedfertig ins Gespräch kommen, so verändert sich in der Tat ihre Ausrichtung. Eine neue Stimme kann nicht nur die Mischung der Bedeutungen in die Schwebe bringen, sondern Kommunikation ist immer auch auf jemanden bezogen: So werden Inhalt und die Form eigener Wirklichkeiten dadurch geändert, dass sie durch neue Rezipienten empfangen werden. Die neuen Stimmen können innerhalb von einem selbst liegen – gleichsam als Reste von Beziehungen, die auf andere Weise unerkannt innerhalb der fließenden Wirklichkeit geblieben wären. Hier sind zum Beispiel zu nennen Karl Tomms (1999) Erforschung von vielfältigen „inneren Anderen") und Penns und Frankfurts (1994) Prozess des vielfältigen „Briefeschreibens"; beide Ansätze schaffen neue Gesprächsräume.

Andere Stimmen können ebenfalls hinzukommen, über den Weg des „reflektierenden Teams" (Andersen 1991) oder durch „kollektive Mittel des Nachdenkens". Zum Beispiel betreten Seikkula (1994) und seine finnischen Kollegen die poetische Dimension, wenn sie Psychiater, Sozialarbeiter, Familien, Freunde und andere Gemeindemitglieder mit dem Indexpatienten zusammenbringen, um den viel versprechenden Kurs der Verhandlungen zu bestimmen.

Wir wollen uns nun dem zweiten Aspekt der poetischen Dimension zuwenden, nämlich dem der Betonung der Stimulation der Vorstellungskraft. Wie kann das Imaginative aussehen, um innerhalb der konstruktionistischen Konzeption der Poesie sinnvoll zu werden? Bei dem Versuch, abgelagerte Wirklichkeiten, mit denen Klienten zur Therapie kommen, zu erschüttern, setzen wir uns mit der Herausforderung des Imaginativen auseinander. Irgendein Gespräch, das sich in neue Bedeutungsräume hineinbewegt, wird notwendigerweise ein Anreiz für die Vorstellungskraft sein. Das Problem des Imaginativen hat jedoch noch eine andere Dimension. Es ist nicht einfach ein Auftauen des Festgelegten, das auf dem Spiele steht, sondern die Erzeugung eines Diskurses für Verlangen. Das heißt, der Diskurs erschafft Bilder der Zukunft, regt an, verlockt und begeistert.

Welche Arten von therapeutischen Beziehungen können nun solche notwendigen Alternativen hervorbringen? Wieder waren es Therapeuten, die, durch konstruktionistische Gedanken bewegt, ziemlich innovativ in ihrer Suche nach Pfaden zum Imaginativen wurden. Lösungsorientierte Therapie (O'Hanlon a. Weiner-Davis 1989) und das Ersetzen problemorientierter Diskurse durch Lösungsgespräche sind offensichtlich solche Fälle. Die Funktion der „Wunderfrage" (de Shazer 1994), wenn auch mit all ihrer Zweideutigkeit, geht in die Richtung des Imaginativen. Überlegungen aus der Alltagssprache nutzend, bewegen sich ressourcenorientierte Therapeuten in Richtung positiver Konzeptionen der Zukunft. Meine Kollegen am Taos-Institut, David Cooperrider und Diana Whitney, arbeiten in einem weit abgesteckten Praxisbereich mit einem Prozess, den sie „wertschätzende Befragung" nennen. Hier werden Gespräche über Probleme in die Schwebe gebracht, und Teilnehmer erzählen ausführlich über positive Ereignisse aus der Vergangenheit (positive Erzählungen). Vermittels dieser Ressourcen lassen sie sich auf Diskussionen darüber ein, wie man zusammen eine Zukunft erschaffen kann. In allen Fällen sind dies poetische Schritte in Richtung auf das Imaginative.

Wie kann schließlich die therapeutische Beziehung die ästhetische Dimension des Poetischen fördern? Wie können sich Beziehungen in Richtung des Sinns für Schönheit bewegen? Es kann keine einzige Antwort auf diese Frage geben, weil es keinen einzelnen Standard oder kein einzelnes Kriterium für Schönheit geben kann. Sogar im konstruktionistischen Rahmen muss irgendeine Konzeption des Ästhetischen ein Nebenprodukt einer Beziehung sein. Die Idee von Schönheit an sich ist eine Konstruktion der Kultur; ihre Artikulation wird durch Zeit, Umstände und in täglichen Beziehungen hervorgebracht. Wir erzeugen Kriterien für das Schöne, welches auf Harmonie oder Kakophonie, Einfachheit oder Komplexität etc. gerichtet sein kann. Aber die Kriterien hängen unvermeidlich von unserem Zustand der Bezogenheit ab. Zur gleichen Zeit können wir fragen: Gibt es nicht sichere Prozesse der Beziehung, aus denen wahrscheinlich Visionen des Ästhetischen entspringen, und wenn es so ist, können wir nicht sagen, dass solche Prozesse eine Form der erzeugenden Schönheit bilden? Ohne diese ursprüngliche Ästhetik kann keine andere gedeihen. Um noch konkreter zu werden: bedenken Sie eine Beziehung, in der gegenseitige Negation vorherrscht: Sie können nichts sagen, das ich annehmbar finde, und alles, was ich erkläre, ist für Sie der reine Unsinn. Es gibt innerhalb dieser Beziehung wenig, das uns befähigen würde, uns in die Richtung der gemeinsamen Kreation des Wirklichen und Guten zu bewegen; nichts in unserer Beziehung wird die Entwicklung einer Ästhetik fördern. Erforderlich sind Formen der Beziehung, die nicht unterdrücken und verneinen, sondern Bedeutung gebären.

Viel könnte über die erzeugenden Bedingungen von Bedeutung innerhalb einer Beziehung gesagt werden (siehe zum Beispiel Riikonen a. Smith 1997). Jedoch ist einer meiner Hauptkandidaten für eine ursprüngliche Ästhetik das, was man als *metonymische Reflexion* bezeichnen könnte (siehe Gergen, McNamee a. Barrett i. Vorb.).

Eines der wichtigsten Elemente im Prozess der Bedeutungserzeugung ist jenes der Ko-Konstitution. Hier werden die Handlungsanteile einer Person durch die Handlungsanteile der anderen Person im Gespräch für gültig erklärt, bestätigt oder reflektiert. Die Handlungen oder Äußerungen des einen werden helfen, die Handlungen der anderen in ihrem eigenen Sinne zu konstruieren und durch solches Tun auch sich selbst neu zu konstruieren. Dies bedeutet nicht Verdoppeln dessen oder volle Zustimmung zu dem, was der andere getan oder gesagt hat. Vielmehr werden die Handlungen der einen Person ein partieller, vorläufiger und zweideutiger Widerhall der anderen sein, indem der andere in einem selbst reflektiert wird. Tatsächlich ist der andere intensiver an einen selbst gebunden. Vielleicht nimmt die allgemeinste Form der ko-konstituierenden Koordination die Form der metonymischen Reflexion an. Metonymie bezieht sich auf den Gebrauch eines Bruchstücks, das für ein Ganzes steht, von dem es ein Teil ist. So werden „die goldenen Bögen" dafür benutzt, die McDonald's-Restaurants zu bezeichnen, oder die britische Flagge, um das Vereinigte Königreich zu symbolisieren. Im vorliegenden Fall tritt metonymische Reflexion auf, wenn die Handlungen des einen ein Bruchstück der Handlungen des anderen enthalten, also ein Teil das Ganze repräsentiert.

Wenn ich jemandem gegenüber Zweifel an der Liebe meiner Eltern zu mir ausdrücke und er mit der Frage antwortet: „Wie ist der Wetterbericht für morgen?", ist er damit gescheitert, mein Wesen in seiner Antwort einzuschließen. Wenn seine Antwort den Sinn von dem, was ich gesagt habe, einschließt, möglicherweise Betroffenheit angesichts meiner Zweifel, dann finde ich mich selbst in ihm wieder. Ich lokalisiere das „Ich", das gerade gesprochen hat. Zur selben Zeit ist es nicht ganz meines, weil er es ist, der diesen Ausdruck erzeugt hat. Indem er in dieser Weise spricht, kommen wir uns näher, und ich werde dadurch eingeladen, ihm gegenüber metonymisch zu antworten. In der metonymischen Reflexion bauen wir auf das Gemeinsame, und in dieser Reflexion wird die poetische Dimension verwirklicht.

Literatur

Andersen, T. (1991): Das reflektierende Team. Dortmund (Borgmann).

Anderson, H. (1997): Conversation, language, and possibilities: A postmodern approach to therapy. New York (Basic Books).

de Shazer, S. (1994): Worte waren ursprünglich Magie. Dortmund (Borgmann).
Gergen, K. J. (1994): Realities and relationships. Cambridge (Harvard University Press).
Gergen, K. J., S. McNamee, a. F. Barrett (i. pr.): Toward transformative dialogue. *Journal of Organizational Development*.
McNamee, S. a. K. J. Gergen (eds.) (1993): Therapy as social construction. London (Sage).
O'Hanlon, W. H. a. M. Weiner-Davis (1989): In search for solutions: A new direction in psychotherapy. New York (Norton).
Penn, P. a. M. Frankfurt (1994): Creating a participant text: Writing, multiple voices, narrative multiplicity. *Family Process* 33: 217–231.
Riikonen, E. a. G. M. Smith (1997): Re-imagining therapy. London (Sage).
Seikkula, J. (1994): When the boundary opens: Family and hospital in coevolution. *Journal of Family Therapy* 16: 401–414.
Tomm, K. (1999): Co-constructing responsibility. In: S. McNamee a. K. J. Gergen (eds.): Relational responsibility, Thousand Oaks, CA/London (Sage).
White, M. a. D. Epston (1990): Narrative means to therapeutic ends. New York (Norton). [dt. (1998): Die Zähmung der Monster. Der narrative Ansatz in der Familientherapie. 3., korr. u. überarb. Aufl. Heidelberg (Carl-Auer-Systeme).

Ein Satz in fünf Zeilen
Über das Erzeugen von Bedeutung in der Perspektive von Beziehung, Vorurteil und Verhexung[1]

Tom Andersen

Einleitung

Der Vorgang der Erzeugung von Bedeutung ist eine Aktivität, die verschiedene Beziehungen beinhaltet. Diese Beziehungen, z. B. Kontext und Zeit des Kreierens von Bedeutung, sollen beim Formulieren von Bedeutung beschrieben werden. Es soll auch beschrieben werden, was fokussiert wurde, z. B. was gesehen und gehört wurde. Und der Hintergrund (die Perspektive), vor dem das Gehörte oder Gesehene dem Prozess der Bedeutungserzeugung gegenübergestellt wird, soll beschrieben werden.

Auf diejenigen, die das Formulieren von Bedeutung hören oder lesen lehren, wird nicht fokussiert.

Da das Formulieren von Bedeutung an sich ein formativer Vorgang ist, sollen diejenigen, die das Formulieren von Bedeutung hören und lesen, über den Grund der Auswahl der Sprache, die ausgewählt wurde, informiert werden.

Dies ist ein Versuch, verschiedene Aspekte des Prozesses der Bedeutungserzeugung, des Formulierens von Bedeutung und des Aussprechens derselben im täglichen, klinischen und wissenschaftlichen Leben zu diskutieren. Insbesondere wird der Einfluss von Sprache auf diesen Vorgang erwähnt werden.

Ruhender und lebendiger Teil der Welt

Donald Polkinghorne illustriert auf einfache Weise, wie sich unsere Welt entwickelt hat:

„Obwohl der Prozess des Entstehens kumulativ ist, erreicht er einen gewissen Schwellenwert der strukturellen Komplexität, an denen sich die Eigenschaften, die durch die neue Ordnung hervorgebracht wurden, dramatisch von den vorigen unterscheiden. Zwei höchst

1 Vorläufige Versuche, einige Gedanken zu erläutern, die jeder schon einmal in irgendeiner Form gedacht hat.

dramatische Schwellenwerte für die Entstehung der menschlichen Existenz zeigen sich am Übergang von Materie zum Leben und am Übergang vom Leben zum Bewusstsein.

Die Entsehung des Menschen aus dem allgemeinen Leben hin zum reflektierenden Bewusstsein und zur Sprache ist ein Grenzübergang, der von einer einzigartigen Ebene der Wirklichkeit hervorgebracht wurde, die ich ‚Ordnung von Bedeutung' nennen möchte" (Polkinghorne 1988, S. 3).[2]

Dem zufolge könnte man sagen:

1. Materie sei der *ruhende Teil der Welt*, er stellt weder Fragen, noch gibt er Antworten. Diese Ebene ist eine Ebene von Tatsachen.
2. *Leben ohne Bewusstsein* stellt keine Fragen, aber gibt Antworten.
3. *Leben mit Bewusstsein* tut beides, stellt Fragen und gibt Antworten. Diese Ebene ist eine Ebene der Tatsachen plus Werten.

Dieser Text handelt von letzterer Ebene (3.).

Vorverstehen auf Basis dessen, was wir bereits verstanden haben

Bevor ich zu den Kernfragen komme, die ich in der Einführung erwähnte, muss ich mich mit den Beziehungen zwischen Basisannahmen und Bedeutungen, die gestaltet werden, befassen.

Donald Polkinghorne fasst dies zusammen, indem er sich auf Ludwig Wittgenstein, Peter Winch, Benjamin Lee Whorf und Hans Georg Gadamer bezieht:

„... alle oben Zitierten schlagen vor, dass apodiktisches (objektives, wahres, korrektes) Wissen unmöglich ist, weil Menschen nicht ausserhalb ihrer sprachlichen Systeme und Kulturen stehen und keinen absoluten Standpunkt einnehmen können. All unser Wissen ist bedingtes Wissen, welches innerhalb unseres begrifflichen Systems konstruiert wurde, und dieses Wissen ist eine gemeinschaftliche Errungenschaft und ist relativ in Zeit und Raum" (Polkinghorne 1993, S. 13.).[3]

2 Übersetzung des englischen Originalzitats: Nina Ahlbrecht.
3 Siehe vorangegangene Fußnote.

Martin Heidegger weist auf unser Vorverstehen hin und Hans Georg Gadamer auf unser Vorurteil als Grundlage für das, was wir im Begriff sind zu verstehen, z. B. eine spezielle Person (Wachthauser 1986; Warncke 1987). Beide sagen, wir können einer anderen Person *nicht ohne* grundlegende und generelle Annahmen über das, was eine Person ist, begegnen. Diese Annahmen beeinflussen unser Verstehen von der speziellen Person in dem Moment, in dem wir sie treffen. Wenn wir bei dem Treffen mit diesem speziellen anderen etwas sehen oder hören, das wir nie vorher erfahren haben, wird dieses Neue unsere grundlegenden Annahmen umkehren, nuancieren oder einfach verändern. Dies nennt man den *hermeneutischen Zirkel.*

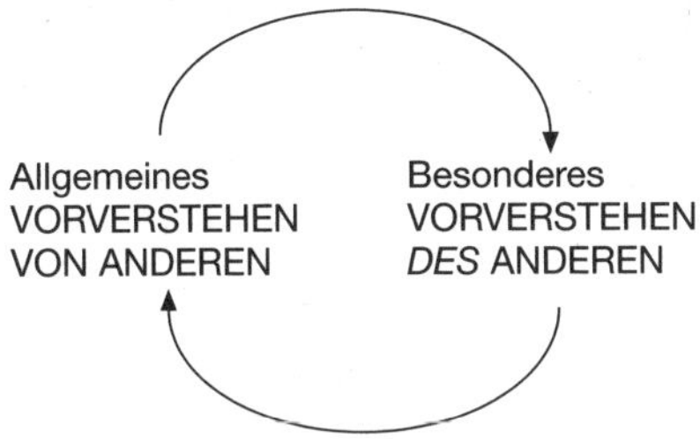

Ein gewöhnliches Vorurteil

Ein Beispiel für Vorverstehen: Sehr viele Menschen der westlichen Kultur haben die grundlegende Annahme, dass das, was eine Person ausdrückt, von einem inneren „Kern" angetrieben wird, der in der Person existiert. Es gibt Annahmen (Vorurteile) dieser Art über viele Bereiche – auch über Sprache.

Sieben Annahmen über Sprache und Stimmen

Äußerung, Sprache und Ausdruck sollten mehr oder weniger als drei Worte für ein und dasselbe angesehen werden.

Was ich im Folgenden schreibe, ist stark verdichtet, verglichen mit den Quellen, von denen es kommt. Die schriftlichen Quellen sind: Wittgenstein (Wittgenstein 1984, 1980; von Wright 1990; Grayling 1988; Shotter 1996), Vygotsky (Vygotsky 1988; Morson 1986; Shotter 1996), Derrida (Sampson 1989) und Bachtin (Bachtin 1993; Morson 1986; Shotter 1996).

Bei den Quellen handelt es sich auch um meine eigenen Erfahrungen mit der Nützlichkeit dieser Annahmen, wenn sie in der praktischen Arbeit angewendet werden. Tatsächlich wurde das praktische Fokussieren darauf, was andere ausdrücken, mehr oder weniger „von selbst" sichtbar, in den so genannten reflektierenden Prozessen. Diese Prozesse sind offene therapeutische Gespräche, in denen Fragen und Antworten aus den Perspektiven aller mitwirkenden Teile kommen.

1. Sprache umfasst alle Arten von Äußerungen. Das beinhaltet sowohl Worte (Laute), als auch körperliche Aktivitäten; Sprache ist Aktivitäten.

2. Sprache ist ein Vehikel, mit dem wir Bedeutung erzeugen. Die Sprache wird auf der einen Seite Möglichkeiten eröffnen, aber auf der anderen Seite wird sie das, was wir im Begriff sind zu verstehen, begrenzen; Sprache begrenzt unsere Realitäten.

3. Es gibt nichts „hinter" oder „unter" dem, was ausgedrückt wird. Was ist, ist das, was ausgedrückt wird, und nur in dem, was ausgedrückt wird.

4. Die Aktivität der Sprache kommt zuerst, dann der Gedanke. Man sucht in seinem Repertoire an Sprache nach Ausdrücken. Mit den Ausdrücken, nachdem diese gefunden wurden, kommt der Gedanke (die Bedeutung). Wie Harry Goolishian, ein berühmter armenisch-amerikanischer Familientherapeut, der 1991 starb, zu sagen pflegte: „Wir müssen sprechen, um herauszufinden, was wir denken!"

5. Sprache kommt als Erstes von aussen. Das kleine Kind (im Alter bis zu zwei oder drei Jahren) lernt die Worte der Erwachsenen als Teil einer sozialen Aktivität. Das erste Repertoire an Worten eines Kindes kann angesehen werden als imitierte Laute. Dann, etwa zwischen drei und sieben Jahren, wenn das Kind allein mit sich selbst spielt und laut dabei spricht, macht es die Worte von sich aus. Die Sprache wird persönlich, kommt aber immer noch aus der Umgebung und wird niemals privat sein. Zu der Zeit, wenn das Spiel und das simultane, laute Sprechen dazu verschwinden, hat der innere Dialog des Kindes eingesetzt. Wenn das passiert, hat das Kind sowohl eine äußere als auch eine innere Stimme, die es in die Worte seiner Sprache übertragen kann. Lev Vygotsky nimmt an: „Wir *sind* die Stimmen, die uns bewohnen" (nach Morson 1986, S. 8), und „für Mikhail Bachtin bedeutet die Schöpfung eines Selbst die Selektion einer inneren, überredenden Stimme aus den vielen Stim-

men, die du gelernt hast, und diese Stimme verändert sich jedes Mal, wenn du etwas sagst“ (ebd.). Ich würde hinzufügen, dass die Auswahl einer inneren Stimme in *diesem* Moment passiert. Im nächsten Moment könnte eine andere Stimme ausgewählt werden.

6. Die Äußerung einer Person, z. B. ein Wort, wird die Person, wenn sie es wieder erkennt (erfährt), an etwas erinnern, das sie schon einmal erfahren hat. Dasselbe Wort kann deshalb viele verschiedene Bedeutungen für verschiedene Personen in sich tragen, und das Wort repräsentiert nicht das, was es beschreibt, es hat Bezug zu anderen Worten in unserer Sprache.

7. Die Äußerungen einer Person sind *informativ*, da sie anderen und der Person selbst etwas über sie erzählen.

Zusätzlich sind Äußerungen *formativ*, da die Aktivitäten der Äußerungen nicht nur die Gedanken und Bedeutungen der Person formen, sondern die ganze Person. Das bedeutet, dass in dem Moment, in dem sich die Äußerung ereignet, das In-der-Welt-Sein der Person gleichsam kreiert wird.

Wenn Worte in der Öffentlichkeit gesprochen werden, werden sie außerordentlich wirksam. Eine Phantasie oder eine Fiktion könnte anfangen, als Tatsache zu existieren, wenn lange genug darüber gesprochen wird.

Stimmen und Worte

Die äußeren und inneren Stimmen werden, wenn sie die Worte und dabei unser Vorverstehen (Vorurteile) tragen, unsere Bedeutungen und somit unser In-der-Welt-Sein formen. Wir sind nicht davor geschützt, was Wittgenstein die *Verhexung* durch unsere Sprache nannte, weder als normale Personen noch als Kliniker, noch als Forscher.

Der Inhalt der letzten Zeilen kann als *die* große Annahme bezeichnet werden.

Man könnte sagen, eine Person zu sein besteht teilweise darin, verhext und voreingenommen zu sein.

Wir können weder nicht verhext noch nicht voreingenommen sein.

Hermeneutischer Zirkel und Gemeinschaft

Unsere inneren Gespräche korrespondieren mit unseren äußeren Gesprächen, und die äußeren Gespräche sind Teil der Gespräche der

Gemeinschaft, zu der wir gehören. Diese Gespräche sind bedeutsam, da sie die Kraft haben, bestimmte Sprachen zu zentralisieren und andere zu marginalisieren. Welche Art von Sprache ist verfügbar, um unsere Grundannahmen zu formen?

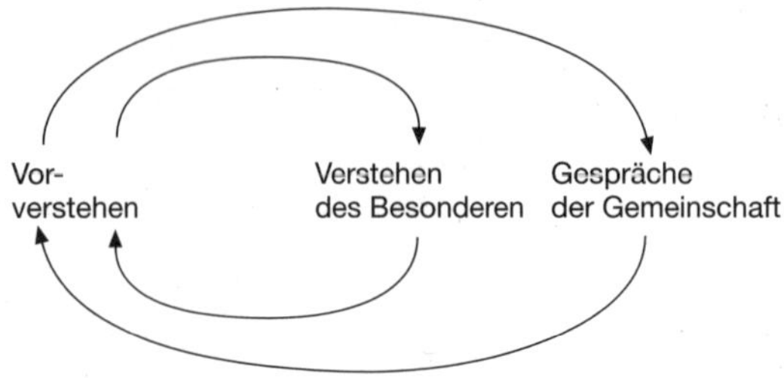

Der Akt, das Besondere zu verstehen

Der Vorgang, dass jemand etwas versteht und dieses Verstandene mit anderen teilt, umfasst mindestens fünf Elemente:

1. eine Beziehung zwischen dem, der verstanden werden soll, und dem Besonderen (z. B. einer Situation oder einer Person), das verstanden werden soll;
2. man macht Unterscheidungen (definiert den Vordergrund); plus
3. man wählt die Perspektive (definiert den Hintergrund), 2. plus 3. „produziert" eine Beschreibung; Vordergrund gegen Hintergrund;
4. man formuliert einen gesprochenen oder geschriebenen Text; und
5. man teilt das, was formuliert wurde, mit der Gemeinschaft. Eine der Annahmen dieses Textes besagt, dass unsere *andauernden täglichen inneren und äußeren Gespräche* bestimmen, wie wir mit den fünf erwähnten Elementen in Beziehung stehen.

Der Einfachheit halber habe ich es vorgezogen, die Vorurteile (innere und äußere Gespräche) der fünf Elemente zu diskutieren, indem ich zwei gegensätzliche Standpunkte für jedes als Beispiel gebe.

1. Man könnte z. B. sagen: „Er hat starke Aggressionen" oder „Sein zorniges Verhalten liegt an seinem Charakter". Solche andauernden

täglichen inneren und äußeren Gespräche verhexen uns zu denken, dass aggressiv zu sein ein individuelles Phänomen sei. Außerdem verhexen sie uns zu denken, dass das Beobachtete dem entspricht, was er ist unabhängig von Zeit und Kontext.

Dagegen könnten andere innere und äußere Gespräche sagen: „Er ist im Moment zornig bezogen auf das, was ein anderer gesagt hat." Solche andauernden täglichen Gespräche verhexen uns zu denken, dass sich die gegenwärtigen Teile gegenseitig beeinflussen und beide Beteiligte sind. Im weiteren Sinne verhexen uns solche Gespräche zu denken, dass menschliches Verhalten gemeinschaftlich ist und bezogen auf Zeit und Kontext.[4]

2. Andauernde tägliche innere und äußere Gespräche, die uns dahin gehend verhexen, dass wir denken, Verhalten sei ein individuelles Phänomen, lassen uns nach persönlichen Unterscheidungen von den anderen suchen, indem wir z. B. individuell orientierte Fragebogen und Ratingskalen ausfüllen.

Andere andauernde tägliche innere und äußere Gespräche, die die erstgenannten konstrastieren, lassen uns denken, dass Verhalten an Zeit und Kontext gebunden ist, und lassen uns nach Unterscheidungen relationaler Art suchen, z. B. wenn wir fragen: „Wer sprach mit wem in welcher Weise zu welchem Zeitpunkt?"

3. Andauernde tägliche, innere und äußere Gespräche in der Art von „Er ist zornig, weil seine Kindheit so schwierig war" oder „Er ist zornig, weil er nie Freundlichkeit erfahren hat" lassen uns leicht denken, dass Verhalten am besten aus der Perspektive der persönlichen Geschichte verstanden werden kann.

Gegensätzliche andauernde tägliche innere und äußere Gespräche der folgenden Art, „Er ist zornig, weil er in dem Zustand ist, sich beschützen zu müssen" oder „Er ist zornig, weil er in dem Zustand ist, in Gegenwart seiner Feinde seine Traurigkeit zu verstecken", neigen dazu, uns dahin gehend zu verhexen, dass wir an Verhalten in der Perspektive eines In-der-Welt-Seins denken, die sich auf momentan andauernde Umstände bezieht.

4. Unsere Formulierungen werden natürlich mit dem übereinstimmen, was wir in unseren inneren und äußeren Gesprächen

4 Ich selbst interessiere mich sehr dafür, den besonders stark verhexenden Effekt zu beachten, den die zwei Verben „sein" und „haben" besitzen können, wenn man vergisst, die Aspekte Zeit und Kontext hinzuzufügen.

sagen. Wir könnten formulieren: „Er ist zornig“ oder „Er ist sehr aggressiv“ oder „Er hat eine starke Aggression“.

Eine andere Art, zu formulieren, wäre: „Er war für einige Sekunden zornig, als er dachte ...“ oder „Er war zornig, als er hörte ...“ oder „Er war zornig, als von ihm gesprochen wurde wie von einem ...“.

Wie werden diese zwei Arten der Formulierung den Empfänger dieses Textes beeinflussen? Er könnte verhext werden – vielleicht ohne es zu realisieren (zu bemerken)?

5. Welche Gemeinschaft wird welche Art der Formulierung empfangen und akzeptieren?

Die Gemeinschaft wird wahrscheinlich die Sprache bevorzugen, an die sie bereits gewöhnt ist. Vielleicht wird eine Gemeinschaft eine bestimmte Sprache benötigen, um den Text in Erwägung zu ziehen.

Ich würde sagen, diese bestimmte Sprache verhext die Person (die sie trägt und äußert) in einer bestimmten Weise!

Ein Satz in fünf Zeilen

Ich werde jetzt einen Satz über fünf Zeilen schreiben, von dem alle fünf Zeilen fünf verschiedene Ebenen des Aktes der Bedeutungserzeugung repräsentieren. Alle Aktivitäten in jeder Zeile sind Aktivitäten in Sprache.

Gemeinschaft*en* regulieren die
Formulierung*en* (Sprache) von
Geschicht*en* (Bedeutungen) von
Unterscheidung*en* (was man hört und sieht) von
dem Ereignis (der Episode, dem Moment, dem Problem etc.).

Beachten Sie die kursiv gesetzten Endungen: Das „Ereignis“ steht im Singular, die anderen Substantive, „Unterscheidungen, Geschichten, Formulierungen und Gemeinschaften“, stehen im Plural. Ein Ereignis kann viele Unterscheidungen hervorrufen, ein und dieselbe Unterscheidung kann viele Geschichten kreieren, ein und dieselbe Geschichte kann in vielen Arten formuliert werden etc.

Wenn man das Ganze auf den Kopf stellt, könnte man sagen:

Der Text (die Episode)
kreiert Texte (Unterscheidungen) von dem Text, der die
Texte (Geschichten) von den Texten der Texte kreiert, die die

Texte (Formulierungen) von den Texten der Texte von den Texten kreieren.

Unsere andauernden inneren und äußeren Stimmen überbringen unsere Vorurteile so, dass unsere Unterscheidungen bereits getroffen wurden, bevor wir sie gemacht haben. Unsere Vorurteile „kriechen“ zwischen die Zeile der Ereignisse und die Zeile der Unterscheidungen und formen die tatsächliche Unterscheidung. Entsprechend sind die Perspektiven zuvor ausgewählt, so wie die Formulierungen, mit denen wir unsere Geschichten ausdrücken.

Monologische und dialogische Gespräche und korrespondierende Beziehungen

Der finnische Psychologe Jaakko Seikkula bezieht sich auf Vygotsky und Bachtin, wenn er von diesen zwei Arten der Gespräche spricht (Seikkula 1985). Die erste Art, die monologische, ist ein Gespräch in der Perspektive von nur einem der Teile. Ein Teil stellt die Fragen, und die anderen Teile sind nur da, um zu antworten. Die andere Art, die dialogische, ist ein Gespräch in allen Perspektiven der Teile, bei dem alle Anwesenden fragen und antworten können.

Die erste Art könnte als eine hierarchische Beziehung bezeichnet werden, mit einem höheren und einem niedrigeren Teil. Der obere wird üblicherweise Experte genannt.

Die zweite Art ist eine demokratische, in der alle Teile beeinflussen, wie die Teile zusammen sprechen und arbeiten. Die Teile sind nicht gleich, da sie verschiedenen Zusammenhängen entstammen und verschiedene Erfahrungen haben. Aber sie haben das gleiche Recht zu beeinflussen, *wie* sie zusammenarbeiten.

In Beziehungen mit einem Teil als Experten, findet man oft so etwas wie eine Expertensprache. Die in Expertensprache erzeugten Bedeutungen oder das Wissen, das in Expertensprache kreiert wurde, werden leicht nur für die Experten und ihren Expertengesellschaft nützlich sein.

Wie viele Experten sind sich bewusst, wie ihren Expertensprache sie verhext und ihre Vorurteile produziert? Wie viele Experten denken daran, wie diese Vorurteile zwischen die fünf Zeilen in dem obigen Satz „kriechen“? Wie viele Experten denken daran, wie ihren Vorurteile dabei mitwirken, aus den vielen Möglichkeiten von jeder der fünf Zeilen eine einzelne auszuwählen?

In Beziehungen, in denen alle Teile beeinflussen können, wie sie zusammen sprechen und arbeiten, findet man am häufigsten die normale, tägliche Sprache der Teile. Selbst wenn sich die Teile nicht ihrer Vorurteile bewusst sind, können dennoch alle Stimmen in dem Prozess des Unterscheidens, der Auswahl von Perspektiven und Formulierungen gehört werden. Wissen, welches in der eigenen täglichen Sprache kreiert wurde, wird in der täglichen Gemeinschaft zugänglich.

„Jetzt weiß ich!"

Ludwig Wittgenstein war sehr beschäftigt mit der Frage: „Wie fortsetzen?"[5] (Wittgenstein 1984, Nr. 154). Es ist eines der wichtigsten Anliegen aller Menschen, eine Antwort auf diese Frage zu bekommen, sodass wir sagen können: „Jetzt weiß ich, wie ich weitermachen kann!"

Die Aktivitäten in dem Satz über fünf Zeilen helfen uns, dieses Verstehen zu erreichen, einerlei ob wir Psychotherapeuten, Klienten, Wissenschaftler, Mütter, Väter, Präsidenten oder was auch immer sind.

Was könnte nützlich sein zu *wissen?*
ist die nächste große Frage.

Diese Frage wird in einem anderen Artikel bearbeitet werden. Dieser nächste Artikel wird teilweise auf *einem alternativen Vorurteil* basieren, nämlich dem, dass das Zentrum einer Person *nicht innerhalb* der Person *gefunden werden kann,* sondern außerhalb der Person; nämlich in den Gesprächen, in den Beziehungen, in der Sprache und in der Kultur.

Was wir eine Person tun sehen und was wir eine Person sagen hören, sind keine äußeren Zeichen, die etwas in der Person repräsentieren. Es ist nichts anderes als das, was wir sehen und hören!

5 Englische Version des Zitats: „How can I go on?" Tom Andersen meint hier die Frage: Wie kann ich weitermachen, wenn ich das Gefühl habe festzustecken? (Anm. d. Hrsg.)

Literatur

Bacthin, M. (1993): Toward a philosophy of the act. Austin (University of Texas Press).

Grayling, A. C. (1988): Wittgenstein. New York (Oxford University Press).

Morson, A. C. (1986): Bachtin. Essays and dialogues on his work. Chicago/ London (The University of Chicago Press).

Polkinghorne, D. (1983): Methodology for the human sciences. Systems of inquiry. Albany, NY (State University of New York Press).

Polkinghorne, D. (1988): Narrative knowing and the human sciences. Albany, NY (State University of New York Press).

Sampson, E. E. (1989): The deconstruction of the self. In: J. Shotter a. K. J. Gergen (eds.): Texts of identity. London (Sage).

Seikkula, J. (1996): Treating psychosis by means of open dialogue. In: S. Friedman (ed.): The reflecting team in action. New York (Guildford).

Shotter, J. (1996): Some useful quotations from Wittgenstein, Vygotsky, Bachtin, and Volosiov. Presented at the Sultijelma conference in North Norway, June 13th to 15th 1996.

Vygotsky, L. (1988): Denken und Sprache. Cambridge, MA (MIT Press).

Wachthauser, B. R. (1986): History and language in understanding. In: B. R. Wachthauser (ed.): Hermeneutics and modern philosophy. Albany, NY (State University of New York Press).

Warncke, G. (1987): Gadamer: Hermenties, Tradition and Reason. (Stanford/ Stanford UP).

Wittgenstein, L. v. (1984): Werkausgabe. Tractatus logico-philosophiens (1980): Culture and Value.

Wright, H. G. (1990): Wittgenstein and the Twentieth century. In: L. Haarparanta et al. (eds.): Language, Knowledge and Intentionality. Helsingfors (Acta philosophica fennica 49).

Wittgenstein und die Wurzeln der sozialen Poesie in spontanen Körperreaktionen: Der dritte Bereich

John Shotter

Nur in dem Fluß der Gedanken und des Lebens haben die Worte Bedeutung.

...

Philosophie dürfte man eigentlich nur dichten.

Ludwig Wittgenstein

Einleitung

Lassen Sie mich mit dem Ende beginnen, denn „das Ende all unseres Forschens wird sein, anzukommen, wo wir aufgebrochen sind, und den Ort zum ersten Mal zu erkennen" (Eliot 1944). Denn das Ende, das Ziel dieses Essays ist der Versuch zu erklären, was in unserer Erfahrung soziale Poesie ist, was sie für uns tut und warum sie für uns wichtig ist – nicht nur in der Psychotherapie, nicht nur in der Sozialtheorie, sondern für uns alle im Allgemeinen, wann immer wir uns der Aufgabe gegenübersehen, einem neuen Ereignis einen Sinn zu geben, einen bedeutungsvollen Kontakt zu jemandem herzustellen, der wirklich jemand anders ist, anders als wir selbst, oder wenn wir uns der Aufgabe gegenübersehen, etwas in seiner einzigartigen Welt zu erfassen. Es ist Teil der größeren Aufgabe, die Ereignisse in dem Bereich unserer verkörperten, gelebten und empfundenen Erfahrung zu untersuchen und zu versuchen, sie zu artikulieren. Jene Ereignisse können wir alle tatsächlich als gewöhnliche und alltägliche Ereignisse erkennen und bestätigen. Wir müssen eine Sprache finden, in der wir deutlich auf die *Formen* oder *Stile* verschiedenen *inneren Bewegtseins* hinweisen können, die in unserem täglichen Leben auftreten. Also lassen Sie mich mit Tom Andersen beginnen, der (während einer Teamreflexion in einer psychotherapeutischen Sitzung) zu einem buddhistisch-christlichen Ehepaar sagt: „Zwei schöne, lächelnde Sonnen … Lassen Sie die Sonne los, lassen Sie die Sonne aufgehen" (zitiert nach Hoffman 1992, S. 21). Oder, um ein Beispiel von Oliver Sacks' (1985) Darstellung des Dr. P. zu entnehmen *(The Man who Mistook his Wife for a Hat*[1]*)*: „… er betrachtete mich

1 Deutsch: *Der Mann, der seine Frau mit einem Hut verwechselte.*

mit seinen Ohren ... nicht mit seinen Augen" (S. 8). Oder, um wieder einige Zeilen von Wittgenstein (1984c)[2] zu entnehmen: „Um in die Tiefe zu steigen, braucht man nicht weit reisen; ja, Du brauchst dazu nicht Deine nächste und gewöhnliche Umgebung verlassen" (S. 520).

In diesen Beispielen wird Sprache mehr als nur metaphorisch verwendet. Wenn wir metaphorisch sprechen, *übertragen* wir verbal strukturierte Arten und Weisen, uns auf unsere Umgebung zu beziehen und auf sie zu reagieren, also *angenommene* Verhaltensweisen, die wir in einer Sphäre unseres Lebens gelernt haben, in eine andere Sphäre (Lakoff a. Johnson 1980). Aber indem wir dies tun, sehen und erleben wir nicht einfach immer nur etwas, das uns bereits bekannt ist, als etwas anderes, das uns ebenfalls bereits bekannt ist. Manchmal ereignet sich etwas völlig anderes: Unsere Worte lenken unsere Aufmerksamkeit auf Merkmale in unserer Umgebung, die uns gänzlich neu sind. Wir sehen diese neuen Merkmale sozusagen durch unsere Worte. Anstatt ein Bild zu liefern für etwas, das wir bereits sehr gut kennen, stellt die Metapher hier ein Bild zur Verfügung, das uns etwas zum ersten Mal sehen lässt.

Aber mehr als nur das geschieht beim poetischen Gebrauch von Worten. In allen oben genannten Beispielen werden einige wohl bekannte Worte, die unsere Aufmerksamkeit auf Aspekte unserer Welt zu lenken pflegten, in ungewöhnlichen oder ungewohnten Kombinationen verbunden oder nebeneinander gestellt. Die Folge ist, dass sich mehrere außergewöhnliche Ereignisse zuzutragen scheinen: Wir werden *beeindruckt* von der Wortkombination, die wir hören; der übliche, gewohnheitsmäßige Fluss unseres Denkens und Verstehens wird *zum Stillstand gebracht*; unsere alltäglichen, als selbstverständlich erachteten Handlungsweisen werden für einen Moment außer Kraft gesetzt; für einen Augenblick scheint der Tätigkeitsfluss, in den wir involviert sind, zum Stillstand zu kommen. Wir beginnen, die Bedeutung des momentanen *Standbildes* zu überprüfen, die auf diese Weise erschaffen wurde. Dies dient dazu, die gegenwärtigen Umstände im Licht der sich wandelnden und oszillierenden Beziehungen zwischen den nebeneinander gestellten Verwendungen der Worte zu betrachten, die uns beeindruckt haben.

2 Alle folgenden Zitate, bei denen nur eine Jahreszahl angegeben wurde, beziehen sich auf Arbeiten Wittgensteins (Anm. d. Hrsg.).

Die Kombinationen legen Verbindungen und Beziehungen zwischen den Zusammenhängen nahe, auf die sie angewendet werden, die vorher nicht ersichtlich waren. Und in den interaktiven oder bewegenden Momenten, die so erzeugt werden, bewegen wir uns zwischen Endpunkten und Anfängen; zwischen den Sonnen in unseren jeweiligen Umlaufbahnen; man *sieht mit seinen Ohren* oder *hört mit seinen Augen*; nah und fern, tiefgründig und oberflächlich, Veränderlichkeit und Beständigkeit und so weiter und so weiter. Wir beginnen sozusagen damit, alle Ereignisse, mit denen wir zufällig konfrontiert werden, in einen neuen Fluss des Denkens hereinzuholen, aus einem neuen Blickwinkel zu betrachten. Und während wir auf diese Weise unsere Umwelt prüfen und über sie nachdenken, sehen wir nicht über sie hinaus in eine ursprünglich verborgene Wirklichkeit, in eine vermeintlich *realere* Wirklichkeit, die nur durch Annahmen in der Begrifflichkeit einer Theorie zu verstehen ist. Wir sehen vielmehr die Vielgestaltigkeit der Wirklichkeit, die vor uns liegt. Von nun an prüfen wir mit größerer Sensibilität ihre alltägliche Komplexität, ihren verschlungenen Reichtum, ihre besonderen Einzelheiten. Wir beginnen, in alldem die vorher nicht ersichtlichen Andeutungen von außergewöhnlichen, aber möglichen neuen Wegen zu entdecken, auf denen wir weitergehen können. – Gegenüber diesen Andeutungen hat uns das Machtwissen dominierender Gespräche dieser oder jener ausgewählten Gruppe blind gemacht.

Unsere spontanen, dialogisch strukturierten alltäglichen Praktiken: der dritte Bereich

Der Schlüssel zum Verständnis dieses Bereichs, des Bereichs der poetischen Phänomene (gemeinsam mit all den anderen alltäglichen Dingen, die wir gewohnheitsgemäß und unreflektiert tun und die in der Regel unbeachtet im Hintergrund unseres Lebens bleiben), ist es meiner Meinung nach, zu akzeptieren, dass sich all diese Phänomene in einem unbekannten und unbestimmten dritten Bereich von spontan auftretender menschlicher Aktivität ereignen. Ein Bereich, der irgendwo zwischen den zwei getrennten Bereichen liegt, die allgemein üblich als *Verhalten* und *Handlung* bezeichnet werden. In diesem dritten Bereich der körperlich empfundenen, gelebten Erfahrung sieht alles anders aus: In ihm auftretende Vorkommnisse können weder als natürlich eintretende, sich einfach ergebende

Ereignisse verstanden werden, noch können sie als planmäßige, rationale Handlungen gesehen werden; sie sind teilweise das eine und teilweise das andere. Während wir zweifellos eine gewisse Verantwortung für ihr Auftreten haben, so ist es doch keine volle Verantwortung; sie ereignen sich als unmittelbare, unreflektierte, gelebte, kulturell spezifische, dialogisch organisierte körperliche Reaktionen auf Umweltereignisse. Als die basalen Reaktionen, in deren Begrifflichkeit wir selbstbewusst all unserem weiteren Tun einen Sinn geben, können sie selbst nicht erklärt werden – weder durch kausale Theorien als natürliche Vorkommnisse einerseits, noch hermeneutisch als rationale Handlungen, als individuelle Interpretationen oder als Motive für das Handeln der Menschen andererseits.

Geschehnisse in diesem Bereich haben ein Eigenleben. Zentral für sie ist das, was wir ihre *geordnete Offenheit* nennen könnten, ihre teilweise, aber nicht gänzlich spezifizierte Natur und somit ihre Offenheit dafür, von denen weiter spezifiziert zu werden, die in der Praxis in sie involviert sind. In der Vergangenheit, in der wir alldem in vertrauter Begrifflichkeit Sinn zu verleihen pflegten, was uns nicht vertraut war, haben wir diesen eigenen dritten Bereich der Aktivität an einen der beiden anderen Bereiche assimiliert. Wenn wir ihn gänzlich als Handlung verstehen, nehmen wir an, dass er unter unserer Kontrolle ist, oder wenn wir ihn durch und durch als Verhalten verstehen, nehmen wir an, dass er außerhalb der Wirksamkeit unserer Kontrolle ist. Obwohl wir in diesem Bereich nicht ohne Sensibilität und Bewußtsein handeln, handeln wir dennoch auch nicht mit Überlegung in ihm. Tatsächlich sind unsere Verwicklungen miteinander in diesem Bereich nicht nur zufällig oder spontan, wie Goffman (1967) ausführt – als ob die Dinge besser wären, wenn sie faktisch mehr unter unserer eigenen Kontrolle wären; sondern wir verlangen als moralische Notwendigkeit, dass die Mitwirkung der Menschen spontan sei. Wenn die Beteiligten die Erfordernisse eines Gespräches erfüllen sollen, beispielsweise

- den eigenen Beitrag zu den unmittelbar vorherigen Beiträgen in Bezug zu setzen,
- den eigenen Beitrag sowohl für das augenblickliche Thema als auch für das Gesamtthema des Gespräches relevant zu machen,

- angemessen mit Ablenkungen umzugehen,
- Schwerpunkte zu beurteilen und die emotionale Intensität der Äußerungen einer Person abzuschätzen usw.,

dann können sie dies nicht alles tun, indem sie mit Bedacht irgendwelche bestehenden allgemeinen Regeln befolgen. Es ist in der Tat so, dass wir jemanden, der versucht, etwas bereits Existierendes und Externales im Gespräch zu befolgen, als jemanden wahrnehmen, der einen geheimen Plan verfolgt und das Gespräch für seine eigenen Zwecke nutzt. Goffman (1967, S. 115) drückt es folgendermaßen aus: „Die Handlungen eines Individuums müssen den Verpflichtungen nachkommen, die sich aus seiner Beteiligung am Gespräch ergeben. Aber in gewissem Sinne kann es nicht so handeln, dass es diesen Verpflichtungen nachkommt, da solch ein Bestreben von ihm verlangen würde, seine Aufmerksamkeit von dem Thema des Gesprächs auf das Problem zu verlagern, unwillkürlich in dieses involviert zu sein. Hier, in einer Komponente der nicht-rationalen Impulsivität – nicht nur geduldete, sondern tatsächlich geforderte –, entdecken wir einen wichtigen Zugang, in dem sich diese Interaktionsordnung von anderen Arten sozialer Ordnung unterscheidet." Mit anderen Worten: Obwohl wir sensibel sind für das Versagen der Menschen bei der Befolgung ihrer Verpflichtungen in einem Gespräch und obwohl wir auf dieses Versagen reagieren, sind unsere bedeutsamen Reaktionen und Antworten in diesem Bereich unmittelbar und impulsiv und nicht im Geringsten *ausgearbeitet*.

Um es noch einmal zu sagen – in der Vergangenheit ist es uns misslungen, die eigenständige Natur dieses Bereichs der Aktivität, der Interaktionsordnung (wie es Goffman ausdrückt) zu erfassen. Wittgenstein lenkt unsere Aufmerksamkeit auf ihre spontane und reagierende Natur in den folgenden Bemerkungen: „Die Sprache ist nicht aus einem Raisonnement hervorgegangen" (1984b, Nr. 475). „Der Ursprung und die primitive Form des Sprachspiels ist eine Reaktion; erst auf dieser können die komplizierteren Formen wachsen. Die Sprache – will ich sagen – ist eine Verfeinerung, *im Anfang war die Tat*",[3] sagt er (1984c, S. 493), indem er Goethe zitiert. Unser Miteinanderkommunizieren ist nicht etwas, das wir *ausarbeiten* müssen. Die spontanen bedeutsamen primitiven Reaktionen, die

3 Goethe: *Faust I*, *Studierzimmer*.

neue Sprachspiele einleiten, können vielerlei Art sein: Ein Atemzug, eine Veränderung der Körperhaltung, ein Tonfall, sie können „ein Blick, eine Gebärde sein, aber auch ein Wort", führt er aus (1984a, S. 559). Gewöhnlich denken wir, dass wenn wir sprechen, unsere Gedanken, Gefühle oder Sinneswahrnehmungen zuerst in uns sind und dass wir sie dann in Worte fassen. Aber dies ist häufig nicht der Fall. Oft kommt etwas Neues aus unserer Umwelt zu uns und nimmt seinen *primitiven* Anfang in der Art, wie solche Ereignisse uns *bewegen, beeindrucken* oder *fesseln*. Das ist es, so betont Wittgenstein, was er meint, wenn er das Wort „primitiv" in diesem Kontext verwendet: „... daß die Verhaltungsweise *vorsprachlich* ist: daß ein Sprachspiel *auf ihr* beruht, daß sie das Prototyp einer Denkweise ist und nicht das Ergebnis des Denkens" (1984d, Nr. 541). Mit solch einer spontanen Ausdrucksweise „*endet* ja das Sprachspiel nicht: damit fängt es an" (1984a, Nr. 290). Unsere Reaktionen hängen nicht von unserem Verstehen ab, sondern unser Verstehen hängt von ihnen ab. In diesem dritten Bereich der Aktivität sind unsere Handlungsweisen grundlegend, nicht unsere Denkweisen. Vor jedem intellektuellen Verständnis, das wir sprachlich formulieren könnten, gibt es ein spontanes verkörpertes Verständnis der gestischen Bedeutung eines Ausdrucks – Bedeutung, die in einem Tonfall, einem Wink mit der Hand, einem Gesichtsausdruck erzielt wird; Bedeutung, die vor unseren Worten da ist, für die unsere Worte nur zur Verfeinerung und Vervollkommnung dienen. Das ist es, was für uns hierbei so schwer zu akzeptieren ist: dass es unsere spontan auftretenden einverleibten Praktiken sind, die die Wurzel für alles sind, was uns etwas bedeutet; dass keine Gründe oder Ursachen für unsere Praktiken gefunden werden können; – eine Handlungsweise ist einfach „da – wie unser Leben" (1984b, Nr. 559). Und sie ist da als eine Quelle unserer Bedeutungen, bevor jegliches Bewusstsein oder Wissen von einer Bedeutung zutage tritt.

Wittgensteins Methoden

In gewissem Sinn macht diese Schwierigkeit Wittgensteins Methoden für uns als akademische Intellektuelle, die in den objektiven Methoden der Wissenschaft ausgebildet wurden, schwer erfassbar. In einem anderen Sinn gibt sie uns jedoch einen ersten Hinweis auf ihre Natur. Denn obwohl sie so zahlreich und so verschieden sind wie jene Methoden, die wir im Leben selbst verwenden, sind sie alle in der Weise miteinander verbunden, dass sie auf die gleiche Art wirken, wie unsere *instruktiven, direktiven* und *organisierenden* Sprachformen im täglichen Leben in uns wirken, wenn wir neue Handlungsweisen lernen. Wir geben beispielsweise Befehle („Tu dies", „Tu das nicht"); wir machen andere auf etwas aufmerksam („Sieh dir das an"); erinnern sie („Denk daran, was das letzte Mal passiert ist"); ändern ihre Sichtweise („Betrachte es mal so"); ordnen ihre Erfahrungen ein oder geben ihnen eine Ordnung („Du warst sehr kühl ..." oder „Du hast wie ein Verrückter gehandelt"); organisieren ihr Verhalten („Erst nimm eins von rechts, dann ... frage wieder ..."); und so weiter. All diese instruktiven Sprachformen beeindrucken oder bewegen uns in der Praxis dahin gehend, etwas zu sehen, das wir sonst nicht bemerkt hätten, oder etwas zu tun, das wir sonst nicht tun würden: Indem andere gestikulieren oder auf etwas hinweisen, veranlassen sie uns dazu, uns selbst in einer anderen Art und Weise auf unsere Umwelt zu beziehen – als ob wir kontinuierlich in neuen Möglichkeiten *ausgebildet* würden. Indem sie jedoch unsere Aufmerksamkeit auf etwas lenken, das uns in gewissem Sinne bereits bekannt ist, wirken diese Bemerkungen, wie bereits erwähnt, als Erinnerungen; sie geben keinerlei neue Informationen, aber indem sie das angemessen arrangieren, was wir immer gewusst haben, lenken sie unsere Aufmerksamkeit explizit auf innere Verbindungen und Beziehungen, die wir vorher nicht bemerkt haben.

Dies liefert uns einige weitere Hinweise auf Wittgensteins Methoden. Tatsächlich gibt es ein Set von drei Methoden, die sich, wie man sehen kann, gegenseitig ergänzen, um ihr Ziel zu erreichen: „Erstens können seine Bemerkungen so wirken, daß sie den spontanen, unreflektierten Fluß unserer fortlaufenden, alltäglichen Aktivitäten anhalten oder unterbrechen (oder *dekonstruieren*) und daß sie *Unterscheidungen hervorheben,* die unsre gewöhnlichen Sprachformen leicht übersehen lassen" (1984a, Nr. 132). Folglich ist dieses Reden voll von solchen Ausdrücken wie: „Denk an ...", „Stell Dir vor ...", „Das ist genauso wie ...", „Man könnte also sagen ...", „Angenommen ...", „Denk nicht, sondern sieh hin!" und so weiter. In diesen Äußerungen konfrontiert er uns mit einer konkreten Szene und einem Bild, die einen besonderen und ausgeprägten Aspekt menschlichen Handelns charakterisieren. Dort sind all dies *beeindruckende* Bemerkungen, die entworfen wurden, um „Einen darauf aufmerksam [zu] machen, daß er imstande ist, sich dies vorzustellen … und seine *Anerkennung* dieses [neuen] Bildes besteht darin, daß er nun geneigt ist, einen gegebenen Fall anders zu betrachten: nämlich ihn mit *dieser* Bilderreihe zu vergleichen. Ich habe seine *Anschauungsweise* geändert" (1984a, Nr. 144). Indem er uns also veranlasst, neue Antworten auf unsere Worte und Handlungen ins Spiel zu bringen, zeigt er uns folglich neue Möglichkeiten, die wir vorher übersehen haben.

Für sich allein genommen, könnte solch eine Maßnahme jedoch eher verwirrend als aufklärend sein. Dies legt eine andere Methode nahe, die häufig von Bedeutung ist: Durch die erneute behutsame Verwendung *beeindruckender* Darstellungen, Gleichnisse, Analogien, Metaphern oder Bilder weist er auch auf neue Möglichkeiten zu sprechen hin. Diese bringen uns nicht nur dazu, ansonsten unbemerkte Unterschiede und Verbindungen zum ersten Mal wahrzunehmen, sondern sie weisen ebenfalls auf neue Beziehungen und Verknüpfungen mit unseren restlichen Handlungen hin.

Dies führt uns zu der dritten und vielleicht wichtigsten seiner Methoden im Zusammenhang mit dem poetischen Gebrauch von Sprache, den ich oben diskutiert habe: Durch den Gebrauch verschiedener Arten von Vergleichsobjekten, z. B. anderen Möglichkeiten des Redens, anderen „Sprachspielen" sowohl real als auch erfunden usw., versucht er, „durch Ähnlichkeit und Unähnlichkeit ein Licht in die Verhältnisse unsrer Sprache [zu] werfen" (1984a, Nr. 130). Denn indem sie anzeigen, wie sich ein Geschehnis deutlich von dem unterscheidet, was wir sonst erwarten würden, können solche Vergleiche wirken, um „in unsrem Wissen vom Gebrauch der Sprache eine Ordnung" aufzubauen: „eine Ordnung zu einem bestimmten Zweck; eine von vielen möglichen Ordnungen; nicht *die* Ordnung" (1984a, Nr. 132). Die Bedeutung der Verwendung von Vergleichen – häufig der Vergleich oder der lebendige Kontakt verschiedener Szenen miteinander – kann nicht genug betont werden. Solches dialogisches Nebeneinanderstellen wirkt auf eine sehr lebendige Weise, eine Umgebung schaffend, in der Unterschiede wahrgenommen und artikuliert werden: Hier verwenden wir unsere Worte auf diese Weise; da verwenden wir sie auf jene Weise.

Aber was bezweckt er mit all diesen Maßnahmen, diesen Methoden, mit der Verwendung beeindruckender Redewendungen und der langwierigen und sorgfältigen Erforschung der von ihnen erschaffenen Landschaften unseres Sprachgebrauchs? Das Ziel drückt sich in seiner Idee einer *übersichtlichen Darstellung* aus, einige mögen sie vielleicht einfach die Errungenschaft einer Vision nennen. „Es ist eine Hauptquelle unseres Unverständnisses", bemerkt er, „daß wir den Gebrauch unserer Wörter nicht *übersehen*. – Unserer Grammatik fehlt es an Übersichtlichkeit. Die übersichtliche Darstellung vermittelt das Verständnis, welches eben darin besteht, daß wir die *Zusammenhänge sehen*" (1984a, Nr. 122). Wenn wir innerhalb unserer eigenen sprachlich gestalteten Lebensformen *unseren Weg finden* sollen, ohne uns selbst zu verwirren, müssen wir sozusagen die *Landschaft* ihrer inneren Verbindungen oder ihre *grammatikalische Geographie* erfassen. Aber um erstens solch einen überblickenden Sinn für seine ungeheure Komplexität zu erlangen und um uns zweitens von den vielen Versuchungen fern zu halten, etwas als viel einfacher zu sehen, als es tatsächlich ist, müssen wir seine innere Geographie aus der Nähe und endlos untersuchen. Die Diskussion hier ist ein sehr kleiner Anfang dieser in der Tat riesigen Aufgabe.

Abschließende Bemerkungen

Um sowohl die Wirkungsweise poetischer Sprachformen in unserem Leben zu verstehen als auch den Bereich des spontanen, nichtrationalen, impulsiven Verhaltens, in der ihr Wesen liegt, müssen wir uns Wittgensteins poetischen Methoden zuwenden. Seine Methoden wirken nicht in den Grenzen von Konzepten oder Theorien, die im Laufe der Zeit in Seminarräumen oder Forschungslaboren von Experten ausgearbeitet wurden, sondern in den Grenzen bestimmter, praktisch sehr nützlicher, aber poetischer Verwendungen von sehr alltäglichen Worten an kritischen Punkten in der fortlaufenden Ausführung einer Praxis. Entscheidend ist, dass uns diese Art des Sprachgebrauchs veranlasst, uns nicht auf Regelmäßigkeiten, sondern auf Neuartigkeiten zu konzentrieren. Mit anderen Worten: Wir konzentrieren uns auf neue, aber unbemerkte Möglichkeiten, um *weiterzumachen* – Möglichkeiten, die für uns in unseren gegenwärtigen sozialen Umständen erreichbar sind, die uns aber in bestimmten Zeiten nur in flüchtigen Momenten präsent sind. Wenn wir durch den Gebrauch von *beeindruckenden* Worten dazu gebracht werden können, diese Neuartigkeiten zu bemerken, von ihnen derart *beeindruckt* zu werden, daß wir körperlich auf sie reagieren, dann können wir häufig fortfahren, nicht das zu lösen, was als Problem gesehen wurde, sondern aus unseren neuen Reaktionen neue gesellschaftlich verständliche Wege vorwärts zu entwickeln, auf denen die alten Probleme irrelevant werden.

Literatur

Eliot, T. S. (1944): Four quartets. London (Faber & Faber).

Foucault, M. (1980): Power Knowledge. Brighton (Harvester Press).

Goffmann, E. (1967): Interaction ritual. Chicago (Univ. of Chicago Press).

Hoffman, L. (1992): A reflexive stance for family therapy. In: S. McNamee a. K. J. Gergen (eds.): Therapy as social construction. London (Sage).

Lakoff, G. a. M. Johnson (1980): Metaphors we live by. Chicago (University of Chicago Press) [dt. (1998): Leben in Metaphern. Konstruktion und Gebrauch von Sprachbildern. Heidelberg (Carl-Auer-Systeme)].

Sacks, O. (1985): The man who mistook his wife for a hat. London (Duckworth) [dt. (1987): Der Mann, der seine Frau mit einem Hut verwechselte. Reinbek (Rowohlt)].

Wittgenstein, L. (1984a): Philosophische Untersuchungen. Frankfurt a. M. (Suhrkamp).

Wittgenstein, L. (1984b): Über Gewißheit. Frankfurt a. M. (Suhrkamp).

Wittgenstein, L. (1984c): Vermischte Bemerkungen. Frankfurt a. M. (Suhrkamp).

Wittgenstein, L. (1984d): Zettel. Frankfurt a. M. (Suhrkamp).

Michail Bachtins Beitrag zur sozialen Poesie

Walter Zitterbarth

Einleitung

Da die imaginäre Ruhmeshalle der geistigen Vorreiter der systemischen Therapie noch nicht unter Überbevölkerung leidet, erlaube ich mir, mit meinem Beitrag sozusagen den Antrag auf eine Neuaufnahme zu stellen und zu begründen. Der Antrag bezieht sich auf den russischen Literaturwissenschaftler Michail Bachtin, der in Deutschland – anders als im angelsächsischen Sprachraum – auch 20 Jahre nach seinem Tod noch weitgehend unbekannt und vor allem im psychotherapeutischen Umfeld erst zu entdecken ist. Das in vielerlei Hinsicht ansonsten vorzügliche *Lehrbuch der systemischen Therapie und Beratung* von Arist von Schlippe und Jochen Schweitzer (1996) scheint ihn nicht zu kennen, erwähnt ihn jedenfalls ebenso wenig wie Wittgenstein, obwohl Letzterer doch in den unterschiedlichsten systemischen Therapieansätzen von Tom Andersen bis Steve de Shazer als Inspirationsquelle und Referenzgröße längst geschätzt wird.

Der Vergleich mit Wittgenstein ist nicht zufällig gewählt, kreist doch beider Denken unablässig um die Sprache, ihren Gebrauch und ihre Funktionsweise, und zumindest für denjenigen Zweig der systemischen Therapie, der Konversation, Narration und sozialen Konstruktionismus in den Mittelpunkt seiner theoretischen Überlegungen stellt, sollte damit das Interesse an Bachtins Theorien geweckt sein. Da seine Hauptwerke durchweg Fragen der Poetik gewidmet sind und weil er eine besondere Sensibilität für die kollektiven Komponenten der Literatur entwickelt, ist „soziale Poesie" sein ureigenstes Thema.

Biographie

Doch lassen sie mich beginnen mit einigen biographischen Auskünften zur Person Michail Bachtins. Er wurde am 16. November 1895 in der Provinzstadt Orel südlich von Moskau geboren. Seine Familie war wohlhabend und von liberaler Einstellung, sein Vater leitender Angestellter einer Bank, die sein Großvater mitbegründet hatte. Die Eltern Bachtins versuchten ihren Kindern die beste Erziehung zukommen zu lassen und ermöglichten ihnen auch Zugang zur europäischen Kultur. Ansonsten war die Familie konventionell: Die Beziehungen zwischen Eltern und Kindern waren formal, was auch zeitlebens für Bachtins Beziehungen zu anderen Menschen galt und einen seltsamen Widerspruch zu seiner dezidiert dialogischen Denkweise darstellt. Auch in der Person Bachtins scheint sich somit der Ausspruch Max Schelers zu bestätigen, er kenne keinen Wegweiser, der den Weg, den er anzeigt, auch selber gegangen wäre.

Bemerkenswert aus der Familie ist Michails um ein Jahr älterer Bruder Nicolai, den Michail verehrte und der nach herkömmlichen Erfolgsmaßstäben die größere Karriere machte. Er schloss sich 1918 der weißrussischen Konterrevolution an, was zum Bruch mit Michail führte, verließ Russland und verbrachte einige Jahre in der Fremdenlegion. Schließlich brachte er es zu einer Professur für Neugriechisch in Cambridge und gehörte dort dem legendären Diskussionszirkel an, der Wittgensteins Kehre von der logizistischen Philosphie des *Tractatus* hin zu den hermeneutischen *Philosophischen Untersuchungen* bewirkte.

Bei Michail Bachtin konnte von einer Karriere eigentlich keine Rede sein. Während der Zwanzigerjahre war er eine marginale Figur der intellektuellen Szene Russlands, ohne feste Anstellung und nur einer kleinen Gruppe von Freunden bekannt. In der ersten Hälfte der Dreißigerjahre befand er sich im politischen Exil in Kasachstan. Für ein kurzes Zwischenspiel 1936/37 bekleidete er eine akademische Stelle an einem Lehrerausbildungsinstitut in Mordovia, weit weg von den intellektuellen Zentren Russlands. Danach zog er sich in eine Kleinstadt in der Nähe Moskaus zurück und entkam dort den Stalinschen Säuberungen. Nach dem Ende des Zweiten Weltkriegs nahm er seine Stelle in Mordavia wieder auf und blieb dort, bis er 1961 in den Ruhestand trat.

Während der ganzen Zeit schrieb Bachtin, aber nur weniges davon gelangte zur Veröffentlichung. Bis 1929 war unter seinem eigenen Namen nur ein kurzer Artikel in einer obskuren Provinzzeitung erschienen, alle anderen Werke hatte er aus bis heute nicht geklärten Gründen unter dem Namen von Freunden publiziert, sodass noch immer umstritten ist, wie viel dieser Werke tatsächlich von ihm stammen. 1929 dann schien sich sein Schicksal zu wenden: Erstmals sollte ein Buch von ihm über Dostojewski unter seinem eigenen Namen erscheinen, es erschien, kurz nachdem er gefangen gesetzt worden war während einer Säuberung unter den Leningrader Intellektuellen. Stalins Erziehungsminister Lunatscharski, der gleichzeitig einer der führenden Intellektuellen der kommunistischen Partei war, pries das Buch, was wohl zur Folge hatte, dass Bachtin dem Todesurteil entging und nur nach Sibirien verbannt wurde. Während der ganzen Stalin-Ära veröffentlichte er nur noch einen Artikel über die Buchführung in den Kolchosen, der auf seiner Tätigkeit in der Verbannung beruhte und in einer Handelszeitschrift erschien.

Er versuchte 1940, den Anschluss an das intellektuelle Leben zurückzugewinnen, indem er eine Dissertation über den französischen Renaissancedichter Rabelais schrieb. Doch in den Kriegswirren konnte eine Verteidigung seiner Thesen nicht stattfinden, und so verschob sich sein Promotionsvorhaben bis 1946. Dann kam es zu einer spektakulären Spaltung derer, die seine Arbeit begutachten sollten, und da keine Einigung herbeizuführen war, wurde von weiter oben in der Partei gegen Bachtin entschieden. Selbst nach Stalins Tod war es Bachtin nur möglich, ein oder zwei Artikel zu publizieren, und auch diese nur in Provinzzeitungen.

Somit war Bachtin in den Augen der Öffentlichkeit 1929 gestorben und nicht wieder auferstanden, bis er sich in den Ruhestand zurückgezogen hatte und sowjetische Literaturwissenschaftler neues Interesse an ihm zeigten. Diese Wiederbelebung führte zu einer zweiten Auflage des Dostojewski-Buches 1963, 34 Jahre nach seiner Erstveröffentlichung. Zusammen mit dem 1965 erschienenen Rabelais-Buch begründete es Bachtins verspäteten Weltruhm. Er konnte nach Moskau ziehen, und eine Sammlung seiner Werke aus dem Exil erschien 1975, in seinem Todesjahr. In der englischen Übersetzung trägt sie den Titel *The Dialogic Imagination*.

Dialog und Bedeutung

Dieser Titel macht gut die zentrale Themenstellung für Bachtins Gesamtwerk deutlich: Es geht ihm um die fundamentale Stellung der Sprache für das gesamte soziale Leben. Und da er die Sprache als wesentlich dialogisch in ihrem Aufbau ansieht, erweist sich die Dialogizität aller gesellschaftlichen Tatbestände, von der Literatur bis hin zum psychosozialen Selbst, als Bachtins grundlegende Einsicht, die ich nun ein wenig genauer ins Auge fassen möchte.

Bachtin kritisiert den Ausgangspunkt aller sprachtheoretischen Überlegungen seit Saussure, dass nämlich die kleinste sprachliche Einheit, der ein abgeschlossener Sinn zukomme, der elementare Aussagesatz sei. Für Bachtin hat alle bisherige Linguistik und Sprachphilosophie sozusagen durch das falsche Ende des Fernrohrs geschaut, weil sie ein strenges System nach naturwissenschaftlichem Vorbild wollte. Indem dabei Wörter und Sätze so aufgefasst wurden, als hätte sie nie jemand gesprochen oder als sei das Sprechen zumindest ein irrelevanter Umstand, wurde der prinzipiell dialogische Charakter der Sprache verkannt und aus ihr etwas monologisch Versteinertes gemacht. Für Bachtin können Wörter nur Bedeutungen haben, wenn sie verstanden werden. Und verstanden werden können sie nur, wenn es konkrete Sprecher und Hörer in konkreten Situationen gibt. Auf diese lenkt Bachtin sein Augenmerk und nicht auf die Worte an und für sich. Die Aufmerksamkeit des Sprechers ist auf die einzelne konkrete Äußerung gerichtet, die er macht. Wichtig für ihn ist nicht, dass ein Wort ein stabiles und immer identisch bleibendes Signal ist, sondern dass es ein immer veränderbares und anpassungsfähiges Zeichen ist.

Damit in engem Zusammenhang steht, dass Äußerungen nicht ohne einen sie einrahmenden Dialog gedacht werden können. Äußerungen antworten auf vorausgehende Äußerungen, die ihren Kontext bilden, und antizipieren weitere Äußerungen, die sie nach sich ziehen werden. Jede konkrete Äußerung muss daher in einer Kette sprachlicher Kommunikationsakte gesehen werden. Die Einheit einer Äußerung lässt sich nicht formal grammatikalisch bestimmen wie die Einheit eines Satzes, sondern nur pragmatisch durch Sprecherwechsel. Äußerungen können auch nicht wie Sätze beziehungslos in einer Ordnung des bloßen Nebeneinanders stehen. Sie sind wechselseitig aufeinander bezogen, sodass jede Äußerung andere Äußerungen bestätigt, bezweifelt, ihnen Nachdruck verleiht, sie bestreitet usw. Äußerungen sind gleichsam angefüllt mit Antwort gebenden Reaktionen auf andere Äußerungen und mit Erwartungen von Antworten, die Zustimmung, Kritik, Herausforderung, Sympathie usw. ausdrücken. Das Verstehen von Äußerungen im Dialog unterscheidet sich daher vom Verstehen, das der Leser eines Textes vollbringt, wenn er erfasst, worüber der Text spricht. Sich aktuell verständigende Menschen müssen anders als Leser fortwährend empfänglich sein für das Eindringen einer anderen Stimme.

Der Gedanke des Eindringens einer anderen Stimme wird klarer, wenn wir uns fragen, wie sich die Bedeutung von Äußerungen bestimmen lässt. Wer oder was entscheidet über die Bedeutung von Äußerungen? Hier wendet sich Bachtin gegen zwei andere gängige Sprachauffassungen. Man könnte die erste „personalistisch" nennen und neben vielen anderen den Psychologen Wilhelm Wundt zu ihren Vertretern zählen. Nach deren Überzeugung ist die Bedeutungsgebung jeweils *meine* Angelegenheit, als Sprecher bin ich im Besitz der Bedeutung und verfüge über sie. Hier besteht eine enge Verbindung zwischen dem Selbstverständnis, das ich von mir als einem einzigartigen Wesen habe, und dem Wesen meiner Sprache. Diese Sichtweise, die einen Schwerpunkt setzt auf die Person- und Subjekthaftigkeit von Individuen, ist tief verwurzelt in der humanistischen Tradition des Westens. Sie steht im extremen Gegensatz zu einer anderen moderneren Auffassung, die wir „dekonstruktionistisch" nennen können und der zufolge die Bedeutung überhaupt keinen Besitzer oder Träger hat. Hier gilt die bloße Vorstellung der Existenz von Bedeutung und erst recht von Personensubjekten als anrüchig und überholt, seitdem Nietzsche den Tod Gottes verlautbart hat.

Gegen beide Auffassungen behauptet Bachtin, dass wir Bedeutung wenn schon nicht besitzen, so doch immer wieder aufs Neue vorübergehend pachten können. Die Vertreter des Personalismus sehen als Quelle von Bedeutung das einzigartige Individuum an. Dekonstruktionisten meinen allenfalls noch einen schwachen Schimmer davon in der generellen Möglichkeitsbedingung von Differenz erblicken zu können, und über der Lobpreisung der Unterschiede an und für sich vergessen sie bisweilen, dass es keinen Unterschied ohne Unterschiedenes als Träger geben kann. Bachtin dagegen verankert die Bedeutung im Sozialen und weist somit einen Weg aus der Sackgasse der sich widersprechenden Extreme eines allzu selbstherrlichen Monologs auf der einen Seite und eines asketischen Schweigens auf der anderen. Für Bachtin liegt es durchaus im Bereich des Möglichen, dass ich meine, was ich sage, aber nur indirekt, indem ich mit meinen Worten sozusagen ein gemeinsames und geteiltes Territorium betrete, das weder mir noch dir gehört, das aber auch nicht einfach niemandem gehört oder gar nicht erst existiert. Es gehört vielmehr uns und verändert sich in einem Prozess wechselseitigen Gebens und Nehmens fortwährend. Meine

Stimme kann also Bedeutung haben, aber nur mit anderen Stimmen zusammen – manchmal im Chor, im günstigsten Fall aber im Dialog.

Heteroglossia und Polyphonie

Damit ist nun der Boden bereitet für einen der zentralen Begriffe im Bachtinschen Werk: Heteroglossia. Damit ist die Grundbedingung gemeint für die Operation der Bedeutungserzeugung in jeder Äußerung. Diese Heteroglossia genannte Grundbedingung ist es, die den Primat des Kontextes über den Text sichert. Zu jeder gegebenen Zeit, an jedem gegebenen Ort gibt es eine Vielzahl von Bedingungen – soziale, historische, metereologische, physiologische usw. –, die sicherstellen, dass einem Wort, das an diesem Ort und zu dieser Zeit geäußert wird, eine Bedeutung zukommt, die verschieden ist von der, die demselben Wort unter anderen Bedingungen zukäme. Alle Äußerungen sind insofern heteroglott, als ihre Bedeutungen nur als das Ergebnis eines vielschichtigen Kräfteeinflusses verstanden werden können, der nie mit letzter Gültigkeit aufgedröselt und entschlüsselt werden kann. Mit der begrifflichen Neuschöpfung „Heteroglossia" versucht Bachtin dasjenige zu erfassen, was in jeder systematischen Sprachwissenschaft unterdrückt werden muss.

Zählt Heteroglossia zur grundlegenden ontologischen Verfasstheit der Welt, so ist der erkenntnistheoretische Zugang zu ihr durch den Dialog bestimmt. Bedeutungen befinden sich in ständiger Interaktion, und jede einzelne hat die Möglichkeit, alle anderen zu beeinflussen. Welche dann tatsächlich eine andere beeinflusst, wie sie das tut und in welchem Ausmaß, zeigt sich konkret im Moment der Äußerung. Dieser dialogische Imperativ für die sprachliche und soziale Welt macht deutlich, dass es keinen authentischen Monolog in ihr geben kann, sondern immer nur den illusionären Anschein eines solchen.

Die literarische Reflexion dieses gesellschaftlichen Grundtatbestandes sieht Bachtin am besten verwirklicht in dem Romanwerk Dostojewskis. Für Bachtin ist er der Erfinder des polyphonen Romans, d. h. eines Romantypus, in dem sich die Vielzahl selbstständiger und unvermischter Stimmen nicht dem Diktat eines einheitlichen Autorenbewusstseins unterwirft, sondern sich als Vielfalt gleichberechtigter Bewusstseine mit ihren je eigenen Welten entfalten darf.

Im gewöhnlichen, monologischen Roman gibt es eine letzte, abschließende Beurteilung des Helden durch den Autor. Dem Helden selbst wird das letzte Wort verweigert. Er kann den festen Rahmen des in seiner Abwesenheit gefällten Autorenurteils nicht sprengen. Das Bewusstsein und Wort des Autors sind nirgends an den Helden gerichtet, fragen ihn nicht und erwarten keine Antwort von ihm. Der Autor streitet nicht mit seinem Helden und stimmt ihm nicht zu. Er spricht nicht mit ihm, sondern über ihn.

Dostojewski dagegen lässt nie etwas irgendwie Wesentliches außerhalb des Bewusstseins seiner führenden Helden. Sich selbst behält Dostojewski niemals ein wesentliches Mehr an bedeutungsvollem Wissen vor, sondern nur jenes Minimum an rein pragmatischer Information, das für den Gang der Erzählung notwendig ist. Denn verfügt der Autor über mehr bedeutungsvolles Wissen als seine Helden, erstarrt das dialogische Moment des Romans zur bloßen Rhetorik.

Damit ein menschlicher Gedanke zu einem echten Gedanken wird, und d. h. in Bachtins Sprache zu einer Idee, muss er in lebendigen Kontakt zu einem anderen fremden Gedanken treten, der in einer fremden Stimme verkörpert ist, in einem fremden, sich äußernden Bewusstsein. Für Dostojewski ist die Idee kein subjektives, individuell-psychologisches Gebilde, das im Kopf eines Menschen beheimatet ist; die Idee ist vielmehr interindividuell und intersubjektiv. Sie lebt nicht in einem isolierten Bewusstsein, sondern in der dialogischen Kommunikation zwischen den Bewusstseinen. Ebenso wie das Wort will die Idee gehört, verstanden und beantwortet werden von anderen Stimmen mit anderen Positionen. Ebenso wie das Wort ist die Idee ihrer Natur nach dialogisch.

Lassen Sie mich diesen Teil beschließen mit einem Zitat Bachtins aus seinem Werk über Dostojewski: „Sein bedeutet, sich dialogisch zueinander verhalten. Wenn der Dialog aufhört, hört alles auf. Deshalb kann und darf der Dialog im Grunde genommen nicht aufhören ... Alles in den Romanen Dostojewskis begenet sich im Dialog, in der dialogischen Opposition als seinem Zentrum. Alles ist Mittel, der Dialog allein ist das Ziel. Eine einzelne Stimme beendet nichts und entscheidet nichts. Zwei Stimmen sind das Minimum des Lebens, das Minimum des Seins“ (1971, S. 285).

Soziale Poesie und Praxis

Nachdem ich nun dem ersten Teil des Rahmenthemas – der „sozialen Poesie" – hinreichend Tribut gezollt habe, möchte ich mich zum Schluss noch kurz dem zweiten Teil zuwenden und an zwei Beispielen erläutern, wie Bachtins Gedanken Eingang gefunden haben in die theoretische Selbstdeutung systemisch-therapeutischer Praxis. Der finnische Psychologe Jaakko Seikkula (1993) beschreibt den Übergang von seiner eigenen Praxis als klassischer Familientherapeut in einer großen psychiatrischen Klinik, der das Verhalten der Familie kontrollieren möchte und systematische Behandlungspläne aufstellt, zu einer anderen Art der Praxis, bei der die Familie als Ressource und nicht als etwas instrumentell zu Beeinflussendes gesehen wird, mit den Bachtinschen Begriffen des Dialogs und der Polyphonie. Die polyphone Stimmenvielfalt in der Familie selbst wird ergänzt durch die reflektierenden Teamgespräche, sodass die Bilder aller Beteiligten, die sie von der Familie haben, gleichzeitig lebendig werden können. Dialogisch im Sinne Bachtins ist das Verhältnis zwischen Team und Familie dann, wenn das Team nicht beansprucht, mehr über die Familie und ihre Probleme zu wissen, als die Familie selbst, sodass das Team angewiesen ist, sowohl auf das interne Gespräch im Team zu achten, wie auf das Gespräch mit der Familie, wenn es sich ein Bild über das System machen möchte, dem es selbst als Teil angehört.

Peggy Penn und Marylin Frankfurt (1995) benutzen Bachtinsche Gedankengänge, um zu erklären, warum die Technik des „Reframing", also des Umdeutens, eigentlich funktionieren kann. Beim Reframing wird ja versucht, die Fixiertheit einer Person auf eine starre Perspektive aufzulösen – doch weshalb verändert sich damit häufig die gesamte familiäre Interaktion? Nun, Penn und Frankfurt verstehen die eingeschränkte Wahrnehmungsperspektive, die es therapeutisch zu verändern gilt, als inneren Monolog. Was dann beim Reframing passiert, ist, dass dieser innere Monolog einer Person dahin gehend verändert wird, dass eine Stimme des Selbst zum Gespräch mit einer anderen Stimme des Selbst aufgefordert wird. Den von Bachtin entlehnten Begriff der Stimme brauchen sie dabei, um unterschiedliche Wahrnehmungen des eigenen Selbst zu bezeichnen. Im Reframing wird also die monologische Erfahrung zu einer inneren dialogischen Erfahrung – einem Gespräch mit uns selbst – und bewirkt dann eine Veränderung unseres Gesprächs mit anderen.

Literatur

Bachtin, M. (1971): Probleme der Poetik Dostojewskis. München (Hanser).
Bachtin, M. (1981): The dialogic imagination. Austin (University of Texas Press).
Penn, P. u. M. Frankfurt (1995): Dialogische Räume. Schreiben, Vielstimmigkeit, narrative Vielfalt und Teilnehmertexte. *Familiendynamik* 22: 183–202.
Schlippe, A. von u. J. Schweitzer (1996): Lehrbuch der systemischen Therapie und Beratung. Göttingen (Vandenhoek & Ruprecht).
Seikkula, J. (1993): The aim of therapy is to generate dialogue: Bakhtin and Vygotsky in family session. *Human Systems* 4: 33–48.

III. Erkennen, Sprechen und Handeln? – Forschung und Ethik

Verständnishintergrund

Wenn ich mich selbst und die Äußerungen der meisten meiner therapeutischen Zeitgenossen richtig deute, entspricht die Reihenfolge der Teile dieses Buches etwa dem Interesse, mit dem sie Fachbücher lesen: Zuerst kommt das Interesse an der Praxis, danach das an philosophisch-therapeutischen Verständniszusammenhängen, und erst am Schluss folgt das Interesse an Fragen der Forschung und Ethik. Vielleicht liegt dies auch am Schwierigskeitsgrad der Fragestellungen, mit denen sich diese Bereiche beschäftigen.

Kommen wir also zuletzt zu der vergleichsweise schwierigen Frage, wie es mit der sozialen Poesie in Beziehung zu Forschung und Ethik aussieht. Bei herkömmlichen Forschungsfragen wird streng zwischen dem *beobachtenden Forscher* und *beobachtetem Forschungsgegenstand* unterschieden. Die Trennung zwischen Beobachter und dem zu Beobachtenden hat weit reichende Konsequenzen – z. B. genau die, dass man versucht, den Einfluss des Beobachters auf das, was er untersucht, so gering wie möglich zu halten. Des Weiteren impliziert diese Haltung, dass man das zu Beforschende zum Objekt macht bzw. es „objektiviert". Obwohl diese Idee selbst in der Welt der Wissenschaften „toter Gegenstände" nicht kritiklos akzeptiert wird, scheint das Bekenntnis zur Objektivität insbesondere in der naturwissenschaftlich orientierten psychologischen Forschung der Schlüssel für die Aufnahme in die Wissenschaftsgemeinschaft zu sein. Eine der wichtigsten Voraussetzungen für die Anerkennung eines Forschungsprojekts als wissenschaftliches ist also die Frage, wie Objektivität gewährleistet werden soll.

Sieht man einmal davon ab, dass diese Kritik nicht neu ist und relativ leicht zu üben ist, gibt es doch schon die etwas schwierigeren Bemühungen, alternative Wege aufzuzeigen. So hat Heinz von Foerster den Ideen der Kybernetik erster Ordnung (die Kybernetik beobach*teter* Systeme) die Kybernetik zweiter Ordnung (der Kybernetik beobach*tender* Systeme) gegenübergestellt.

Darüber hinaus ergibt sich jedoch die Frage, ob diese Ideen dem gerecht werden, was im ersten Teil dieses Buches entwickelt wurde und sich insbesondere in dem Satz, *alles, was beobachtet wird, wird von*

Gesprächsteilnehmern beobachtet, ausdrückt. Mit anderen Worten, wie kann Forschung aussehen, deren Thema das lebendige Gespräch ist und in der nicht nur ein „Beobachter" seinen „Gegenstand" untersucht, sondern auch der Gesprächspartner eine forschende Rolle innehat. In solchen Forschungen geraten Begriffe wie Wechselseitigkeit und Beziehung zwischen den beteiligten Gesprächspartnern ins Zentrum der Betrachtung und Beschreibung – und allem Anschein nach haben diese Begriffe in herkömmlichen Formen der Forschung keinen Platz. Deshalb kann man zu Recht sagen, die in den folgenden Kapiteln entwickelten Formen der Forschung sind *unwissenschaftlich im herkömmlichen Sinne*. Vielleicht kann man sogar so weit gehen und Folgendes behaupten: Es ist gar nicht das Ziel sozialpoetischer Forschungsformen, wissenschaftlich in dem Sinne zu sein, dass objektivierbares Wissen angehäuft wird; Ziel ist es vielmeh,r ethischen und ästhetischen Kriterien zur Qualität der Zusammenarbeit gerecht zu werden. Mit anderen Worten: Die Ziele sollen den beteiligten Kommunikationspartnern nützlich sein und ihnen in einer Weise dienen, dass sie Spaß an dem haben, was sie erforschen. Schließlich sollte im Zentrum dieser Forschungsformen die Frage stehen, wie Bedeutungen und Beziehungen zueinander im Verhältnis stehen, wie sie erzeugt werden und wie die verschiedenen Formen der Beziehungsgestaltungen auf die Erzeugung von Bedeutung zurückwirken. Dabei sollten diese Forschungsformen eher zu lokal gebundenen Aussagen führen, die der Einmaligkeit eines „Falles" gerecht werden, als dem Anspruch dienen, allgemein gültige Aussagen zu machen.

Wie sehen nun die Autorinnen und Autoren dieses dritten Teils des Buches ihre Möglichkeiten, sich den genannten Zielen zu nähern?

Die soziale Poesie beziehungsengagierter Forschung

Zu dem Verständnishintergrund, der im vorausgegangenen Abschnitt entwickelt wurde, passt Sheila McNamees Aufsatz mit dem radikalen Titel: *Die soziale Poesie beziehungsengagierter Forschung. Forschung als Gespräch*. McNamees Anliegen ist es dabei, die Grenze zwischen Therapie und Forschung zu durchbrechen und damit einzuladen zu einem teilhabenden, beziehungsengagierten Verständnis der Erzeugung von Wirklichkeit, deren Prozesse gleichzeitig untersucht und genutzt werden. Dabei spielen Forschungsfragestellungen eher die Rolle der Einladung (Herausforderung) zu sozialen Konstruktionen.

Diese beziehungsengagierten bzw. relationalen Prozesse erhalten ihre spezifische Bedeutung in den Gesprächen (diskursiven Formen), in denen sie stattfinden. Besonderes Gewicht misst die Autorin der Vielfalt der Stimmen zu, die im sozialpoetischen Prozess der Forschung engagiert sind. Dabei diskutiert sie z. B., wie man den Bereich der Teilnahme erweitern kann, wie man anderen inneren Stimmen Gehör verschafft, sich für reflexive Kritik engagiert und den Dialog selbst als Metapher nutzt. So verstanden wird Forschung selbst zu einer Gesprächsform, die die Eigenschaften transformativer Dialoge bzw. sozialpoetischer Prozesse hat.

Psychotherapieforschung als sozialer Diskurs

Im zweiten Aufsatz des dritten Teils dieses Buches haben mein Marburger Kollege Walter Zitterbarth und ich versucht darzustellen, wie wir uns psychotherapeutische Forschung vorstellen, die den Ideen qualitativer Forschung, dem sozialen Konstruktionismus und der sozialen Poesie verpflichtet ist. Wir betrachten dabei therapeutische Systeme als kollaborative Systeme. Wichtig erscheint uns dabei, dass Therapieschulen, verstanden als *Kunstschulen der Konstruktion der sozialen Wirklichkeit,* ihre Vorstellungen von therapeutischer Zusammenarbeit beschreiben und damit der Reflexion und dem Gespräch zugänglich machen.

Des Weiteren plädieren wir für eine *sanfte Methodologie,* um den einladenden Charakter sozialdiskursiver Psychotherapieforschung zu gewährleisten. Die partizipatorische Validierung, in der die Klienten ihre Stimme beim Bewerten des Forschungsprozesses erhalten, soll dafür sorgen, dass die Fragestellungen des Forschungsprozesses nicht an den Interessen der Klienten vorbeigehen.

Schließlich werden die Beziehungen zwischen Therapeuten, Klienten und Forschern näher betrachtet und ein Verständnis entwickelt, wie alle drei Gruppen miteinander im Gespräch sein können und die Regeln für diesen Gesprächsprozess immer neu entwickeln bzw. weiterentwickeln können.

Qualitative Evaluation von Beratungsprozessen

Ulrike Froschauer widmet ihren Aufsatz der *Qualitativen Evaluation von Beratungsprozessen aus sozialkonstruktionistischer Perspektive*. Dabei dient die qualitative Evaluation dem Verständnis sozialer Phänomene und der Entwicklung von Wissen für Veränderungsprozesse, z. B. in Psychotherapien. Froschauer geht von der Annahme aus, dass auch die Ergebnisse qualitativer Evaluation soziale Konstruktionen sind. Damit einher geht die Forderung, dass die Ergebnisse gemeinsam mit den Betroffenen konstruiert werden – aber auch die Auffassung, dass diese gemeinsamen Konstruktionen nur eine begrenzte Lebensdauer haben.

Die Autorin diskutiert im Hauptteil ihres Aufsatzes die wichtigsten Prinzipien qualitativer Sozialforschung (Kommunikation, Offenheit, Reflexivität) sowie Funktionen und Ziele von Evaluation (Einschätzung von Entwicklung, die Effizienz- und Effektivitätsprüfung, die Evaluation der Modellkonzeption). Bei der Durchführung unterscheidet die Autorin zwischen interner und externer qualitativer Evaluation und reflektiert darüber hinaus zeitliche Strukturierung, permanente Reflexion, Zusammensetzung und Form der Gespräche, Form der Interpretation und Rückkommunikation der Ergebnisse.

Wie die Autorin abschließend betont, sind bei der qualitativen Evaluation nicht nur die intendierten Effekte zu berücksichtigen, sondern auch die nichtintendierten Effekte, und bei der Unterscheidung von kurz-, mittel- und langfristigen Wirkungen kann qualitative Evaluation hilfreich sein.

Kollaboratives Interviewen von Frauen, die geprügelt wurden

In ihrem Aufsatz kritisiert Sue Levin, dass herkömmliche Forschungsprozesse häufig eine Einwegaktivität seien, in denen Forscher ihr Erkenntnisinteresse durch vorbestimmte Gesprächsinhalte und Materialien befriedigen. „Kollaboratives Befragen" hingegen ermöglicht nach Auffassung der Autorin die Zusammenarbeit zwischen befragten Personen und Forschern, in der auch Kreativität und unvorhergesehene Wendungen und damit soziale Poesie Platz haben. Dies setzt bei den Forschern eine lernende Haltung voraus, bei der besonders das Zuhören als wichtiger Bestandteil gefragt ist. Levin vergleicht die unterschiedlichen Forschungsansätze mit Reisen: Sie stellt der durchgeplanten (konventionellen) Reise mit Reisebegleiter, Tages- und Stundenplan usw. die offene, ungeplante Form des Reisens gegenüber, die Überraschungen und einzigartige, nicht vorhersehbare Ereignisse wahrscheinlicher macht.

Um ihren Forschungsansatz zu illustrieren, zitiert Levin aus verschiedenen Interviews, die sie mit Frauen durchführte, die von ihren männlichen Partnern misshandelt wurden. Durch die von ihr praktizierte Offenheit gelingt es, genau das zusammen mit ihren Gesprächspartnerinnen zu erzeugen, was diese in ihren vorangegangen therapeutischen Beziehungen vermissten: Dialoge, die sich durch Verbundensein in Sprache und Gehörtwerden auszeichnen. Levin schließt mit folgender Forderung: „Therapie und psychologische Forschung sind zwei von vielen Aktivitäten, in denen Menschen gehört werden müssen."

Diese letzte Forderung Levins erinnert uns daran, dass wir ohne Ethik – sei sie in Worte gefasst oder unausgesprochen verwirklicht – in unserer psychosozialen Praxis nicht auskommen. Wenn das Gespräch unsere Hauptaktivität in psychotherapeutischer, beraterischer oder allgemeinärztlicher Praxis ist, stellt sich die Frage, welche ethischen Prämissen wir erfüllen sollten, wenn wir nützlich handeln wollen. Dieser Frage sind die letzen beiden Kapitel dieses Buches gewidmet.

Gesprächsethische Erörterungen zur psychosozialen Praxis

Thomas Keller widmet seinen Aufsatz einer interessanten Fragestellung, die sich an soziale Poesie anlehnt: „Wie sollen wir mit unseren Klientinnen und Klienten sprechen, damit die Möglichkeiten zunehmen, dass sie mit uns Bedingungen für ihre bessere Zukunft gestalten?" Interessant und wichtig finde ich diese Fragestellung, weil sie impliziert, dass es verschiedene Arten gibt, mit Klientinnen und Klienten zu sprechen, und dass die Art, wie wir mit ihnen sprechen, mitbestimmt, ob diese Gespräche nützlich sind oder nicht.

Indem Thomas Keller anhand zweier persönlicher Erlebnisse einen Einstieg ins Thema findet, kommt er über die Diskussion der biologischen Verwurzelung, der soziokulturellen Funktion und der Verantwortung im Umgang mit der Sprache zu seiner zentralen Annahme: „Wir können nur dann ein gutes Verhältnis zu uns selbst entwickeln und unterhalten, wenn wir die erforderliche Anerkennung durch andere erfahren." Man könnte hier ergänzen, dass sich diese Anerkennung nur in Beziehung zu unseren Kommunikationspartnern verwirklichen lässt und dass sich diese insbesondere im Miteinandersprechen realisiert. Diesem Gedanken enstprechend, kommt Keller über die Diskussion der Habermasschen *Diskursethik* zu seiner *Ethik des Diskurses (Gesprächs).* Dabei entwickelt er zehn moralische Postulate, deren Einhaltung die Verantwortung von Beratern unterstützt und den Nutzen von Gesprächen mehrt.

Medizinethik und therapeutische Gespräche

Möglicherweise überraschend wird die eine Leserin oder der andere Leser den letzten Aufsatz dieses Buches empfinden. Gerd Richter beschreibt darin seine Auffassungen von *Medizinethik und therapeutische Gespräche.* Erstaunt könnte ein Leser diesen Aufsatz zur Kenntnis nehmen, da man ja oft dem ambivalenten Vorurteil begegnet: „Ärzte widmen sich selbstvergessen ihrer lebensfördernden Tätigkeit und haben keine Zeit, dabei über Ethik nachzudenken, geschweige denn darüber zu schreiben." Um so wichtiger scheint es mir, dass Gerd Richter einen Beitrag zu diesem Buch verfasst hat. Richter geht davon aus, dass angesichts moralischer Konflikte in der klinischen Praxis und medizinischen Wissenschaft die Aufgabe einer Medizinethik die kommunikationsfördernde Formulierung, Überprüfung und Rechtfertigung von Handlungsanweisungen sei. Dabei soll sich Medizinethik nicht auf Universalethik und Letztbegründungen beziehen, sondern auf vermittelnde Axiome (*axiomata media*), deren Inhalte sozial akzeptiert und gleichzeitig für subjektive Ausgestaltung offen sein sollen. So sollen z. B. die Autonomie des Individuums und seine subjektive Wirklichkeit respektiert werden.

Das Verhältnis von individueller und einer gemeinsamen (sozialen) Wirklichkeit wird im medizinisch-therapeutischen Gespräch konstruiert und erfahrbar. In diesem Gespräch wird die gemeinsam konstruierte Wirklichkeit als diagnostisch-therapeutischer Zirkel realisiert. Die Wahrung, Wiederherstellung bzw. Kreation von Autonomie vollzieht sich durch die Teilnehmer, indem sie wechselseitig ihr Expertentum anerkennen.

kd

Die soziale Poesie beziehungsengagierter Forschung
Forschung als Gespräch

Sheila McNamee

Einleitung

Über das Poetische sprechen heißt, dem Imaginativen Flügel zu verleihen. Es bedeutet, sich mit Worten auszudrücken, die tiefsinnig sind. Es ist, als ob man einen Text über den *Sinn für das Schöne* schreiben würde. Ebenfalls mit dem Poetischen verwandt ist die Freiheit von den Zwängen der traditionellen Formen der Praxis. Wenn man das Poetische nutzt, ist man genötigt, den Diskurs von *Tatsache* oder *Form* in die Schwebe zu bringen, und ist eingeladen, sich im Improvisieren zu engagieren, das heißt, *ohne Plan* zu arbeiten.

All diese Assoziationen mit Poesie oder mit dem Poetischen finden sich jedoch im Bildnis von den inneren Reflexionen eines Künstlers wieder. Es ist der Dichter, der mit Sprache, mit Interpretationen oder mit Vorstellungskraft spielt. Indem ich dieses Porträt des Dichters, des Gedichtes und des Poetischen erweitere, heiße ich die Bewegung in Richtung der sozialen Poesie willkommen. Hier bewegen wir uns rapide vom Inneren des Dichters oder dem besonderen poetischen Moment, hin zu der relationalen Verknüpfung, aus der alle Bedeutung hervorgeht. Wir sind nicht länger darin verstrickt, den einsamen Dichter oder dieses schwer zu fassende Moment zu sehen, das wir poetisch nennen. Vielmehr erkennen wir, dass das Genie des Dichters und die Unaussprechlichkeit des poetischen Moments in den diskursiven Ressourcen liegt, die in Beziehungen erzeugt werden. Unsere Ressourcen gehen aus unseren Gemeinschaften hervor, insbesondere aus den zwischen uns ausgehandelten Arten, unser Handeln, das an lokale Momente gebunden ist, zu koordinieren.

Beziehungsengagment als soziale Poesie

Indem wir den Begriff Poesie aus individualistischen Tradition lösen, ermöglichen wir die Erforschung der Arten, sich auf einander zu beziehen, in denen das Phantasievolle, das Beunruhigende und das Neue bei dem, was Menschen zusammen tun, erlangt wird. So zielt das Sprechen über die soziale Poesie der Forschung auf die Idee und die Praxis des Beziehungsengagements. Die Idee des Beziehungsengagements legt die Betonung auf die besonderen Arten der Interpretation und Handlung, mit welcher die Teilnehmer ihre Welten erzeugen. Forschung weicht dann dramatisch von der Tradition ab, innerhalb deren wir glauben, in der Lage zu sein, einige wichtige Aspekte bezüglich unserer Studienobjekte zu entdecken. In der traditionellen Psychotherapieforschung sind wir zum Beispiel daran interessiert zu entdecken, welches therapeutische Modell oder welche Theorie am erfolgreichsten darin ist, spezielle psychologische Probleme zu behandeln. Hier nehmen wir an, dass die Forschung, wenn sie – in unvoreingenommener Weise – kunstgerecht durchgeführt wird und die richtigen Techniken verwendet werden, auf ein korrektes Modell oder eine korrekte Theorie hinweist. Oder denken wir an die Forschung, die konzipiert wird, um festzustellen, an welcher Art von psychologischem Problem ein Klient tatsächlich leidet. In diesem Fall würden die ordnungsgemäßen Methoden und Werkzeuge das „wahre" Problem aufdecken. Diese Positionen ignorieren jedoch die soziale Poesie, das heißt das Beziehungsengagement, durch das Wirklichkeiten erzeugt werden.

Forschung als Beziehungsengagement: Soziale Poesie in Aktion

In meiner Arbeit habe ich versucht, die Grenze zwischen Forschung und Therapie absichtlich zu durchbrechen, um das Beziehungsengagement, das die Wirklichkeiten (z. B. Ergebnisse, Methoden, Werte etc.), die wir studieren und leben, erzeugt (McNamee 1996, 1997), lebendig zu machen. Wie ich erwähnt habe, heißt dem relationalen Nexus von Bedeutungserzeugung Priorität einzuräumen folgendes: das völlige Annehmen der Poesie mit einer sozialen Betonung, nämlich dem Erlangen neuer Bedeutung und Bilder.

Was würde passieren, wenn wir uns in Befragungen, die von unserem Interesse getragen wären, engagieren würden und die Idee akzeptierten, dass jede Tätigkeit einen Ort haben muss, innerhalb dessen sie Sinn macht? Anstatt sich mit Situationen auseinander zu setzen, in denen man versucht, die beste Lösung oder den besten Weg zu finden, lenken wir unsere Aufmerksamkeit auf die verschiedenen Wege, auf denen Teilnehmer ins Gespräch kommen, und darauf, wie diese verschiedenen Wege vielfältige Handlungsmöglichkeiten eröffnen.

Der Begriff des Beziehungsengagements legt seine Betonung auf genau diesen Prozess. Die Aufmerksamkeit ist auf die besonderen Arten der Interpretationen und Handlungen gerichtet, durch welche wir unsere Welten erzeugen. Wenn wir die diskursiven Formen, in denen wir uns mit anderen engagieren, ins Zentrum rücken, müssen wir bereit sein, die Ideen vielfältiger Begründungen, die Idee von durch Beziehungen erzeugten Wirklichkeiten sowie die der Unbestimmbarkeit schätzen zu lernen. Was als ethisch eingeschätzt wird und was pathologisiert wird, geht aus dem gemeinsamen Austauschprozess hervor. Indem wir also den Forschungsprozess (seinen Erfolg oder sein Versagen) als Beziehungsengagement positionieren, laden wir dazu ein, Sensibilität und Respekt gegenüber den variierenden Konstruktionen von Richtig / Falsch, Gut / Böse, Effektiv / Ineffektiv, Erfolgreich / Nichterfolgreich zu fördern, die in den sich unterscheidenden relationalen Gemeinschaften entstehen.

Jede Person, sei sie Forscher oder Erforschte, trägt ein riesiges Netzwerk von jeweils anderen Beziehungen, anderen Gemeinschaften und somit auch anderen Formen zu sprechen, zu handeln und der Sinnerzeugung mit sich. Die beziehungsengagierte Forschung nähert sich Fragen, Themen, Projekten und so weiter eher als Herausforderungen von Konstruktionen denn als Objekten oder Problemen, die geplant, gelöst und bewältigt werden sollen. Aus einer relationalen Orientierung heraus würden wir fragen: In welcher Weise hat das, was wir hier zusammen machen, die Chance auf Erfolg oder Misserfolg, und inwieweit gewinnt es Überlebensfähigkeit, Glaubwürdigkeit und Dauerhaftigkeit?

Es gibt verschiedene Implikationen dieser Orientierung.

Erstens: Wenn alle Handlungen situierte Handlungen sind (z. B. aus dem relationalen Engagement mit anderen heraus entstanden und sich folglich innerhalb von Gemeinschaften und Traditionen von Bedeutung befindend), gibt es nicht länger die Vorstellung einer ethischen oder professionellen Kompetenz, die sich außerhalb dieser Gemeinschaften und Traditionen befindet, noch einer, die sich außerhalb des interaktiven Moments befindet. Was wir mit anderen machen, schafft Leben für vollständige Seinsformen. Diese Prozesse können nicht von den vielfältigen diskursiven Gemeinschaften abstrahiert werden, in denen wir leben.

Es gibt keine speziellen Techniken oder Strategien, die eine valide Forschung *produzieren* würden. Bestimmte Methoden, Techniken oder Strategien herauszustellen würde bedeuten, die eine diskursive Form gegenüber der anderen zu privilegieren. Ich möchte damit jedoch nicht sagen, dass es keine Mittel gibt, mit denen wir evaluieren oder Auswahlen treffen können oder mit denen wir bestimmte Sprechweisen situationsbezogen als besser gegenüber einer anderen deklarieren können. Forschung ist, wie alle anderen Formen der Interaktion, situierte Praxis – sie ist sozialpoetisch. Die Entscheidungen, bestimmte Methoden zu privilegieren, können nur relational getroffen werden. Die Ethik, die Relevanz, der Wert und die Angemessenheit jeder Forschung wird unterschiedlich beurteilt werden, abhängig davon, wie jemand die Aktivitäten situiert.

Zweitens: Wenn wir das Beziehungsengagement ins Zentrum setzen, orientieren wir unser Verständnis von Forschungsaktivitäten anders. Wir beginnen Sprech- und Handlungsweisen zu untersuchen. Wir werden neugierig darauf, wie diese Formen an Lebensfähigkeit gewinnen und wie sie innerhalb spezieller Gemeinschaften aufrechterhalten werden – in der Tat, wie diese für wahr gehalten und als objektiv erachtet werden können. Unser Interesse an der Beurteilung dieser Sprech- und Handlungsweisen schwindet, weil jedes Urteil für sich genommen als etwas erkannt werden kann, das innerhalb einer besonderen, diskursiven Gemeinschaft entsteht. Das bedeutet, ein Urteil, welches innerhalb einer relationalen Wirklichkeit lokalisiert ist, müsste sich wesentlich in seiner Kohärenz und Rationalität von einem momentanen Urteil unterscheiden.

Urteile, Bewertungen, Beschlüsse und so weiter können (und müssen schließlich auch) gemacht werden. Wenn wir aber unsere Aufmerksamkeit auf die Situationen lenken, in denen die Teilnehmer beziehungsengagiert sind, setzen wir ein zu fällendes Urteil oder einen „finalen" Entscheidungsprozess so lange außer Kraft, bis wir Befragungen betrieben haben oder bis wir eine Unterhaltung über die Gemeinschaften veranlasst haben, die jeder Handlung ihre Kohärenz verleihen.

Dieser Ansatz hat zwei mögliche Resultate. Die Gespräche über *Urteile, Bewertungen, Entscheidungsprozesse* und so weiter werden anders gesehen, gehört und erfahren, weil sich die Handlungen der Teilnehmer in einem relationalen Netzwerk als kohärent erwiesen haben und folglich in mancher Hinsicht als logisch und relational *verstanden* wurden. Dadurch verschwinden die Gespräche, die wir gemeinhin als *Urteile, Bewertungen, Entscheidungsprozesse* kennen.

Wenn Mitglieder nämlich zusammenarbeiten, um ein Formen *relationaler Urteile, Bewertungen, Entscheidungsprozesse* zu erreichen, bekommen diese eine neue Bedeutung. Mit anderen Worten: Es entsteht ein transformativer Dialog aus dieser anderen Haltung, die wir in dem interaktiven Moment einnehmen. Bateson (1972) nennt dies „den Unterschied, der einen Unterschied macht".

Das Durchbrechen der Grenze zwischen therapeutischen und forschenden Gesprächen

Der therapeutische Kontext hat der Forschungsgemeinschaft viel zu bieten, insbesondere Therapie, die mit sozialkonstruktionistischer Sensibilität durchgeführt wird (Gergen 1994). Da therapeutische Gespräche innerhalb dieser Sensibilität als kollaborativ und als teilnehmende Praxis anerkannt werden, bei der sowohl Klienten als auch Therapeuten ihre Welten in Sprache neu erzeugen können, verschwindet das Bild vom objektiven Experten (Anderson 1997). Einige der kreativeren Formen der Therapie, in der Gemeinschaften von Helfern zusammenkommen, um mit Familien und deren wichtigen Beziehungspartner, zu arbeiten, dienen als außergewöhnliche Illustrationen der *Forschung als Gespräch* (siehe z. B. Seikkula et al. 1995). Diese Art von Therapie ist am erfolgreichsten darin, die strengste Unterscheidung, die in unserer modernistischen Tradition aufrechterhalten wird, die Unterscheidung zwischen Forschung und Therapie, zu durchbrechen. Die Unterscheidung, von der ich spreche, besagt, dass Forschung ein Prozess der Entdeckung und Therapie ein Prozess der Intervention sei. Wenn der Forschungsprozess als transformativ und generativ für neue diskursive Gemeinschaften angesehen werden kann, kann dieser Prozess therapeutische Qualitäten annehmen. Diese letztere Beschreibung von Forschung ist dann möglich, wenn wir uns die relationale Konstruktion von Bedeutung zu Eigen machen (Gergen 1994).

Ebenso nimmt der therapeutische Prozess Forschungsqualitäten an, wenn das therapeutische Gespräch als eine durchführbare Gestaltung der einschätzenden, evaluierenden und dokumentierenden Aspekte des menschlichen Austausches sowie der Identität usw. akzeptiert wird. Um diesen letzteren Standpunkt zu erreichen, bedarf es jedoch einer Neueinschätzung unserer generellen Überzeugung bezüglich der *Produkte* von Forschung. Allgemein gesprochen, attribuieren wir dem Produkt der Forschung solche Dinge wie Sicherheit, Glaubwürdigkeit, Generalisierbarkeit und Wiederholbarkeit. Unsere modernistische Tradition schreibt dem Forschungsprozess Vorstellungen von Rationalität, Wissenserzeugung, Objektivität, Fortschritt und Universalität zu. Die Konsequenzen dieser Annahmen sind, dass wir schnell den Fokus des Problemlösens ausschmücken und uns in Gesprächen engagieren, die mithilfe unseres Versuchs, Probleme zu lokalisieren, zu definieren und zu erklären, pathologisierend wirken. Zusätzlich legen wir eine sehr starke Betonung auf Quantifizieren anstatt auf Belange von Qualität.

In diesem Sinne ist Forschung als Gespräch sensibel für reflexive Kritik und für eine Vielfalt von Stimmen. Wenn Sprache unser Ausgangspunkt ist, dann sieht der gesamte Forschungsprozess anders aus. Dann gibt es nichts zu entdecken oder zu erklären, sondern es müssen eher gemeinsame sprachliche Wendungen erbracht werden.

Diese Orientierung hat mehrere Implikationen.

Wenn die Fragen, die ein Forscher stellt, eine Form situierten Handelns darstellt (z. B. geboren aus relationalem Engagement mit anderen und in bestimmten Gemeinschaften und Traditionen von Bedeutungen lokalisiert), gibt es keine Idee von ethischer oder professioneller Kompetenz mehr, die vom interaktiven Moment losgelöst wäre. Die Fragen, die wir stellen, formen die Ergebnisse, die wir bekommen, und diese Prozesse können nicht von den diskursiven Gemeinschaften getrennt werden, in denen wir leben. Zudem ist die Validität ein Ergebnis der Forschungspolitik bzw. der Rhetorik, innerhalb deren sie konstruiert ist. Forscher sind nicht einfach Reporter. Forscher engagieren sich mit Gemeinschaften, wenn sie ihre Untersuchungen durchführen. In diesem Maße können die Forscher Gespräche für diejenigen öffnen, die ein legitimes Interesse an dem Projekt haben, aber andernfalls nicht konsultiert würden, wie z. B. Nachbarn, entfernte Verwandte, Schulbeamte und geldgebende Geschäftsstellen der Gemeinde etc. Wenn wir das Netzwerk der Stimmen, die involviert sind, ausdehnen, erweitern wir das Potenzial für Ko-Konstruktionen innerhalb weiter gefasster Gemeinschaften. Wir können verschiedene Fragen stellen. Zum Beispiel: Für wen ist das ein Problem? Was würde als erfolgreiche Therapie gelten und für wen? In welcher Art, wenn überhaupt, hat Therapie andere über die Klienten, Patienten hinaus verändert? Wer aus dieser erweiterten Gruppe denkt, die Therapie war effektiv, transformativ und erfolgreich? Wer mag noch von diesen Gesprächen profitiert haben? Welche neuen Ressourcen (finanziell, emotional, praktisch) könnten sich als Ergebnis dieses Gesprächs entwickeln?

Forschung muss als konstruierender Prozess gesehen werden, der nahe legt, dass wir die Beschreibungen des sozialen Lebens konstruieren und rekonstruieren, während wir aktiv in den Forschungsprozess selbst eingebunden sind. Die Traditionen der Interpretation, die wir in den Forschungskontext einbringen, müssen zusammen mit den Menschen, die wir beobachten, und mit der intellektuellen Gemeinschaft, zu der wir sprechen, sowie mit unseren eigenen Familien und Freunden usw. koordiniert werden. Alle sind in irgendeiner Form bei unseren Forschungsanstrengungen gegenwärtig. Die Fragen, die wir stellen, und die Schlüsse, die wir ziehen, werden mit diesem komplexen Netzwerk von Beziehungen koordiniert. Aus diesem Koordinationsprozess werden sowohl einengende als auch Möglichkeiten eröffnende Beschreibungen entstehen. Konsequenterweise wird die politische Natur der Forschung eher hervorgehoben als verleugnet, und die Vielfalt der Stimmen wird betont.

Die soziale Poesie der Vielstimmigkeit

Schließlich müssten wir auf der pragmatischen Ebene versuchen, Verfahrensweisen anzuregen, die uns in Richtung eines beziehungsengagierten Forschungsprozesses bringen. Für mich geht die Forschung, die zur Vielfalt der Stimmen einlädt – sowohl für die Forscher als auch für die Forschungsteilnehmer und die *Zuhörerschaft,* für die die Forschung betrieben wurde –, einen langen Weg zum Erreichen der sozialen Poesie, über die wir hier sprechen. Diese Vielfalt kann auf verschiedene Arten realisiert werden.

Den Bereich der Teilnahme erweitern

Wie zuvor bereits vorgeschlagen, können wir *interessierte andere* zum Forschungsgespräch einladen. Diese anderen können sowohl zahlende Quellen und Politiker, Gesetztesvertreter, Verwandte aus dem Bereich der erweiterten Familie als auch soziale Gemeinschaften, Nachbarschaften, Schulvertreter und medizinische Fachleute sein. Typischerweise sind die Mitglieder all dieser Gruppen involviert und an der Effektivität von Psychotherapie interessiert. Die Tatsache, dass ihre Stimmen in die Erforschung der Psychotherapie mit eingeschlossen sind, bewirkt, dass sich gleichzeitig die Beschreibung, der Effekt und der Erfolg von Psychotherapie ausdehnt, und dadurch ein mächtiges Forum für die Reform der Gemeinschaft bereitgestellt wird. Oft müssen Juristen, Lehrer, medizinische Fachleute und Familienmitglieder bei dem, was als unterschiedliche Aspekte desselben Falles erscheint, zusammenarbeiten. Wir wissen, dass diese verschiedenen Vertreter es vorziehen, nicht miteinander übereinzustimmen, anstatt sich einig zu sein bezüglich der passenden Handlungen, die unternommen werden sollen, oder bezüglich dessen, was als Erfolg zählt und was als der wichtigste Aspekt der Situation/des Falles angesehen werden soll. Indem diese Stimmen im Forschungsgespräch zusammengebracht werden, kann die Gemeinschaft der involvierten Teilnehmer ein Verstehen der Situation ko-konstruieren, das die wichtigen Anliegen und Aufgaben der anderen Involvierten nicht bekämpft. Das kann jedoch nur erreicht werden, wenn das Forschungsgespräch innerhalb eines Kontextes erzeugt wird, der die Kohärenz dieser vielfältigen Gemeinschaften respektiert und Dialoge eher fördert als Debatten.

Die inneren Anderen einladen

Ein anderer Weg, Multivokalität entstehen zu lassen, ist, uns selbst als Forscher unserer eigenen Vielfalt zu ermutigen. Können wir Fragen stellen, Untersuchungen leiten, Daten analysieren und „Ergebnisse" interpretieren aus unseren vielfältigen Identitäten heraus, wie: Forscher, seltsame Person, Detektiv, Klatschmaul, Beschützer, Lehrer, Verteidiger des sozialen Konstruktionismus etc.? Können wir Vielfalt der Stimmen erreichen, wenn wir andere einladen, uns als Forscher zu assistieren oder wenn wir die einladen, die an der Forschung teilhaben und die sich als Forscher fühlen? Welche Information mögen sie haben wollen, welche Fragen würden sie stellen, oder besser, wie würden sie ihre Informationen sammeln? Und schließlich, würden wir Fragen stellen können, die die anderen Forschungsteilnehmer dazu einladen, ihre *internen Anderen* (die Stimmen ihrer anderen, offensichtlich weniger wichtigen Beziehungen) mit ins Gespräch zu bringen?

Sich für reflexive Kritik engagieren

Der oben erwähnten Praxis kann man sich annähern, indem man den Forschungsprozess aus einer Haltung der Neugier oder aus interessiertem Befragen heraus, unterstützt. Während wir eine professionelle Verantwortung dafür haben, fokussierte, bedeutungsvolle und valide Forschung zu betreiben, müssen wir realisieren, dass zu viel Sicherheit im Verstehen oder in der Methode das Argument für die beziehungsengagierte Forschung zunichte macht. Zusätzlich müssen wir respektieren, dass das, was valide Forschung in einer Gemeinschaft ausmacht, nicht auch in einer anderen gelten muss. Die rhetorische Kraft eines diskursiven Arguments kann sich dramatisch von einer Gemeinschaft zur anderen verändern. Mit anderen Worten wir müssen uns ständig selber fragen, welche diskursiven Traditionen gewährleisten diese speziellen Fragen, Untersuchungen und Schlussfolgerungen? Warum dieser Diskurs und kein anderer? Welche Gemeinschaft wird hier repräsentiert und welche Gemeinschaften werden aufgrund ihrer Vertretung ausradiert? Um diese Art von reflexiver Kritik geht es beim Beziehungsengagement. Es illustriert die soziale Poesie der Gespräche bis zu dem Maß, dass die Möglichkeit anderer diskursiver Gemeinschaften und Traditionen erkannt wird und durch ein solches Erkennen diesen eine Stimme gewähren kann.

Dialog als Metapher

Der beziehungsengagierte Forschungsprozess, für den ich einstehe, begrüßt den Ausdruck *Dialog* sowohl praktisch als auch metaphorisch. Während die praktischen Dimensionen schon skizziert wurden, lohnt es sich aufzuzeigen, dass man nicht notwendigerweise ein aktiver Teil der Unterhaltung sein muss, um in den Dialog, so wie wir diesen Ausdruck generell verstehen, einbezogen zu sein. Hier beziehe ich mich auf den Irrglauben vieler, der besagt, dass in einen Dialog einbezogen zu sein bedeutet, dass alle sprechen müssen. Häufig ist die *Stimme,* die jemand für seinen Beitrag auswählt, die Stimme einer Nicht-Beteiligung. Diese Stimmen sollten genauso respektiert werden, wie die, die „am Tisch versammelt“ sind. In einem Dialog engagiert sein bedeutet nicht, dass jeder in derselben Weise teilnimmt. Es bedeutet, dass sich die Teilnehmer in der Weise miteinander beschäftigen, in der sie es für angebracht halten – was ein Fehlen von *physischer* Teilnahme mit einschließen kann. Trotzdem kann auch das eine sehr aktive Form der Teilnahme sein. Es besteht ein bemerkenswerter Unterschied zwischen der Einladung zur Teilnahme und dem Beschluss, ihr nicht zu folgen auf der einen Seite und im Gegensatz dazu gar nicht eingeladen zu sein.

Dennoch dient der Dialog auch als Metapher für das Sprechen über Forschung. Als Metapher steht er im Kontrast zum Debattieren, der nicht versucht, Teilnehmer ein Forum zur Verfügung zu stellen, die Kohärenz ihrer Realitäten auszudrücken. Beim Debattieren versucht man nur den Gegner davon zu überzeugen, dass die eigene Position korrekt, wahr und richtig ist. Der Dialog versucht im Gegensatz dazu, eine Gesprächsarena zu erzeugen, in der die Teilnehmer neugierig bezüglich der Kohärenz und der Begründung alternativer Sichtweisen werden und authentischen Respekt gegenüber diesen Kohärenzen erwerben. Das impliziert nicht, dass die Teilnehmer die Weisen, wie andere über die Situation sprechen, gleich akzeptieren oder damit übereinstimmen. Es ist eine Anregung dafür, dass ihre Neugier und ihr Respekt signifikant andere Gespräche möglich machen. Ich würde annehmen, dass diese verschiedenen Gespräche potentiell transformativ sind, indem sie die Möglichkeit für eine Koordination zwischen ungleichen Gemeinschaften eröffnen.

Abschließende Kommentare

Die soziale Poesie beschreibt, wie sich Teilnehmer aufeinander beziehen, gemeinsam Bedeutung erzeugen und wie sie in diesem Sinne die Samen des transformativen Dialogs säen. Forschung hat auch das Potenzial, zum transformativen Dialog einzuladen, wenn sie als etwas sozialpoetisches angesehen wird. Diese Sichtweise, in der Forschung beziehungsengagiert ist, ist vollkommen anders als unser allgemeines Verständnis von Forschungsprozessen. Forschung ist also selbst eine weitere Form des Gesprächs und im Gespräch – in beziehungsengagierter Aktivität also – werden unsere Welten beschrieben. Die Welt kann man sich nur in Sprache *vorstellen,* das heißt, in dem, was wir gemeinsam tun. Forschung als poetische Aktivität entwerfen, bedeutet, Aufmerksamkeit auf die Forschung als Gespräch zu lenken – ein Gesprächs, das situationsspezifisch und relational ist und folglich das Spektrum der Möglichkeiten und Bilder für weitere Formen des sozialen Lebens erweitern kann.

Literatur

Anderson, H. (1997): Conversation, language, and possibilities. New York (Basic Books).

Bateson, G. (1972): Ökologie des Geistes. Frankfurt a. M. (Suhrkamp).

Gergen, K. J. (1994): Realities and relationships. Cambridge (Harvard University Press).

McNamee, S. (1995): Re-inscribing organisational wisdom and courage: The relationally engaged organisation. In: S. Srivasta (ed.): Organizational wisdom and courage. San Francisco (Jossey-Bass).

McNamee, S. (1997): Psychotherapy as social construktion. In: H. Rosen a. K. T. Kuehlwein (eds.): Constructing realities: Meaning-making perspectives for psychotherapists. New York (Jossey-Bass).

Seikkula, J., J. Aaltonen, B. Alakare, K. Haarakangas, J. Keranan a. M. Sutela (1995): Treating psychosis by means of open dialogue. In: S. Friedman (ed.): The reflecting team in action. New York (Guildford).

Psychotherapieforschung als sozialer Diskurs
Einladung zur qualitativen Erforschung therapeutischer Zusammenarbeit[1]

Klaus G. Deissler u. Walter Zitterbarth

Sache des Dichters ist es ja nicht, sich irgendeiner aktuellen Wirklichkeit anzupassen und sie zu verherrlichen, sondern über sie hinweg die Möglichkeit des Schönen, der Liebe und des Friedens zu zeigen.
Hermann Hesse

Einleitung

Die folgenden Ausführungen werden als ein Beitrag zu einer Kultur *von* Unterschieden verstanden, die sich in Vielstimmigkeit ausdrückt und innerhalb deren diese nicht nur hingenommen, sondern auch gepflegt, gefördert und als Voraussetzung für kreative therapeutische Zusammenarbeit und deren Erforschung angesehen werden. Konsens soll dabei nicht abgelehnt werden, muss aber eher als Ausnahme gelten, während die Regel ein Pluralismus an Meinungen und Positionen sein wird. Dies gilt auch für die Beschreibung der Praxis der Therapieformen. Die Autoren glauben nicht, dass es die eine oder die wahre Beschreibung der Praxis der Therapie gibt, sondern dass die Unterschiede in den Beschreibungen der Therapieformen erhaltenswert sind und unterschiedliche Therapieformen nicht auf eine einzige reduziert werden sollten. Das Plädoyer der Autoren für *qualitativ-diskursive Therapieforschung* soll daher nicht auf eine generelle Ablehnung oder Ersetzung quantitativer Forschungsbemühungen hinauslaufen, sondern bei prinzipieller Gleichberechtigung beider Forschungsrichtungen eine Diskussion über ihre jeweilige Angemessenheit für bestimmte Untersuchungen und Fragestellungen in Gang setzen.

Soziale (konversationale) Poesie

Der *soziale Konstruktionismus* (Gergen 1994; Shotter 1993) stellt für uns den Kontext unserer Überlegungen und Ideen dar. Er entwirft

1 Viele der in diesem Aufsatz entwickelten Gedanken verdanken wir der Auseinandersetzung mit den Ideen von Harlene Anderson und Sheila McNamee in persönlichen Gesprächen und der Beschäftigung ihren Arbeiten.

ein erweitertes Verständnis sozialer Prozesse: Wissen, Erkenntnis und Wirklichkeitskonstruktionen aller Art werden kommunikativ erzeugt – insbesondere in Gesprächen. Folgt man diesen Ideen, kann man Gespräche als wirklichkeitserzeugendes Miteinandersprechen verstehen – wir schlagen den Begriff *konversationale Poesie* vor. So gesehen, kann es keine Grundlagen oder Fundamente einer kommunikativen Praxis wie der Psychotherapie geben, die selbst der kommunikativen Erzeugung entzogen wären. Wir plädieren daher für eine Haltung, die scheinbar fest gefügte, letztlich nicht mehr hinterfragbare Fundamente (Grundlagen) des Wissens oder der Erkenntnis und „wahrer" Sachverhalte aufgibt. Stattdessen treten wir für eine Vielfalt von kohärenten Entwürfen und Beschreibungen der psychotherapeutischen Praxis ein. Diese Entwürfe und Beschreibungen werden gemeinsam konstruiert, indem durch wechselseitiges Verweisen auf Beschreibungen bzw. Geschichten über die Praxis der Therapie Zusammenhänge hergestellt werden. Dabei entfalten sich Netze von Verweisungszusammenhängen, die die Bedeutungen der Beschreibungen und Entwürfe mitbestimmen. Diese Verweisungszusammenhänge bzw. Kontexte lassen sich als *Kunstschulen der Konstruktion der sozialen Wirklichkeit* beschreiben. Innerhalb der Gespräche finden zwei sich ergänzende Prozesse statt, die wir als Bestätigung (Anerkennung) und Erfindung (Neuentwürfe) verstehen. Diesen Gesamtprozess bezeichnen wir als *konversationale Poesie* bzw. *poetisches Sprechen.*

Man kann demzufolge sagen, dass es sich bei der Erzeugung von Wissen und Erkenntnis im forschenden therapeutischen Bereich um Gespräche *im* Gespräch handelt, *Gespräche, die miteinander im Gespräch sind* und die – z. B. in therapeutischen Situationen – neue Konstruktionen erzeugen. Um Missverständnisse zu vermeiden, möchten wir ausdrücklich betonen, dass wir die Formulierung Gespräche *über* Gespräche vermieden haben, da wir keine Dialoge meinen, die den vorangegangenen *überlegen* wären. Sie schließen sich lediglich an die vorangegangenen Dialoge an, tauschen sich mit ihnen aus und sind ihrerseits für anschließende Dialoge offen.

Priorität der Praxis

Ob es so etwas wie eine eigenständige Wissenschaft vom therapeutischen Handeln geben kann und soll, kann hier dahingestellt bleiben, entscheidend scheint uns etwas anderes zu sein. Fast alle Ansätze, die bis jetzt in diese Richtung weisen, zeigen sich inspiriert von Systemtheorie, Kybernetik, Chaostheorie usw. Dagegen verfügen wir kaum über ein eigenständiges Verständnis psychotherapeutischer Praxis, welches diesen Prozess als gemeinsame kreative Praxis des Sprechens und Handelns ernst nimmt und nicht auf etwas dahinter Liegendes, das dann zumeist naturalistisch konzipiert wird, reduziert. D. h., wir wünschen uns in Zukunft für das Verständnis der Praxis von Psychotherapie weniger Theorien, die wir in therapiefremden und den Handlungsaspekt überspringenden Entstehungszusammenhängen kennen und z. T. schätzen gelernt haben.[2] Vielmehr wünschen wir uns umgekehrt die detaillierte Untersuchung von Verständnisbildung bezüglich unserer eigenen therapeutischen Praxis, als kreative soziale Diskurse. Wenn es denn so etwas wie eine psychotherapeutische Wissenschaft der Zukunft geben sollte, so wünschen wir uns, dass sie mehr davon handelt, was Klienten und Psychotherapeuten gemeinsam tatsächlich besprechen und tun, und weniger von Theorien, die aus therapiefremden Gebieten stammen und die man im Nachhinein auf die Psychotherapie anzuwenden versucht. Wissenschaftstheoretisch gesprochen, entspräche dies einem mehr induktiven als deduktiven Vorgehen in der Psychotherapieforschung.

Kollaborative Systeme und Besprechbar-Machen

Uns erscheint es so, als würden viele psychotherapeutische Praxiskulturen unausgesprochen der Metapher von Betriebssystemen[3] von Computern entsprechen. Verkürzt dargestellt, impliziert diese Metapher, dass Therapeuten in das Betriebssystem ihrer Klienten eingreifen können, sie also „operieren" bzw. ihre „Patienten ‚behandeln'". Andererseits gibt es die Betriebssysteme der Therapieschulen, die sich als Expertensysteme verstehen. Die Geheimnisse dieser Betriebssysteme zirkulieren im Kreis ihrer Anwender (Lehrer und Schüler), werden durch ihre Vertreter angewandt, untersucht, ver-

2 Beispiele wären etwa das energetische Denken und die Psychoanalyse oder die Systemtheorie und die systemische Therapie.

3 Engl.: *operating systems*.

feinert usw. Kurz gefaßt, könnte man sagen, dass Therapieschulen sich um ihre Betriebsgeheimnisse herum zu organisieren scheinen. So gehört man zu den in die Betriebsgeheimnisse Eingeweihten oder aber nicht.

Was passiert, wenn wir die Metapher von Betriebssystemen verlassen? Uns scheint, dass wir das Gebiet der therapeutischen Zusammenarbeit betreten. Das bedeutet, dass wir nicht länger Betriebssysteme und ihre Geheimnisse analysieren müssen, sondern dass die Art, wie Klienten und Therapeuten zusammenarbeiten, im Zentrum des Interesses steht. Konsequent erscheint uns daher, dass die Art der Zusammenarbeit nicht mehr unter dem Gebot der Geheimhaltung stehen kann: Jede Therapieschule sollte demgemäß offen legen bzw. beschreiben, wie sie ihre Form der Gestaltung der Zusammenarbeit mit den Klienten versteht, damit beispielsweise potenzielle Klienten sich entscheiden können, welche Art der Zusammenarbeit sie für ihre therapeutischen Ziele wünschen.

Ebenso sollten mögliche Inhalte der therapeutischen Arbeit dargelegt, die kontextuellen Bedingungen und der Stil der Arbeit beschrieben werden. Ziel dieser Beschreibungen sollte es sein, begründete Wahlmöglichkeiten in einer Vielfalt von Formen der Psychotherapie zu eröffnen.

Wir konnten in verschiedenen Versuchen, das systemische Feld nach „Betriebsgeheimnissen" zu sichten, feststellen, dass oftmals eine Entsprechung besteht zwischen einerseits der kokettierenden Geheimniskrämerei psychotherapeutischer Gurus und andererseits einer Geheimnisgläubigkeit der nach Erleuchtung strebenden Kunden. Sollte dieses Zusammenspiel im Sinne von gemeinsam zwischen Klienten und Therapeuten erzeugten Placeboeffekten ein wichtiger Bestandteil psychotherapeutischer Wirkungen sein, so wären diese sicher mithilfe qualitativer Untersuchungen weiter aufzuklären.

Forschung als sozialer Diskurs

Eine Erforschung der therapeutischen Zusammenarbeit ist für uns unabdingbar damit verbunden, dass die Validierung partizipatorisch erfolgt. Wir verstehen darunter, dass Klienten, Therapeuten und Forscher im Dialog miteinander den Wert, Nutzen und die Überlebensfähigkeit therapeutischer Verfahren bestimmen, wobei auch hier Unterschiede nicht nur als unvermeidlich, sondern auch als erwünscht betrachtet werden (Chenail 1994).

Lange Zeit war in systemischen Kreisen eine Einstellung vorherrschend, die der Wissenschaft im Sinne empirischer Forschung äußerst kritisch bis ablehnend gegenüberstand. Erst im Zuge der Verabschiedung des Psychotherapiegesetzes und einer damit einhergehenden Forderung nach Qualitätssicherung therapeutischer Arbeit wandelte sich diese Einstellung und machte einer bisweilen recht unkritischen Übernahme wissenschaftlicher Standards Platz, deren Herkunft und epistemologische Geltungsbedingungen nun gar nicht mehr zur Debatte standen. Gemessen an dieser unbefragten Akzeptanz eines aus sozialkonstruktionistischer Sicht eher problematischen Wissenschaftsverständnisses, mussten nun die Vorbehalte der ersten Generation systemischer Praktiker und Therapeuten wie läppische Vorurteile wirken, die von einer jüngeren Generation endlich erfolgreich überwunden wurden.

Wir glauben auch, dass die Vorbehalte gegen empirische Forschungen – auch wenn wir sie nicht mehr uneingeschränkt teilen können – durchaus einen vernünftigen Kern besaßen, der in der eher intuitiv geahnten als explizit artikulierten Erkenntnis besteht, dass *systemisch-konstruierendes* Denken und eine *empiristisch-realistische* Wissenschaftsmethodologie in einem denkbar schlechten Passungsverhältnis stehen. Wir wollen dies an einigen Punkten mit Bezug auf die Psychotherapieforschung näher erläutern.

Die herkömmliche quantitative Therapieforschung ist vor allem und zuerst Wirkungsforschung und damit in unserem Sinne nicht diskursive Psychotherapieforschung. Nicht das, was Therapeuten und ihre Klienten gemeinsam herstellen oder konstruieren, und wie sie zusammenarbeiten, ist von ausschlaggebendem Interesse, sondern ob und in welchem Masse sich therapeutische Zielsetzungen und Massnahmen außerhalb der therapeutischen Situation auswirken. Wir verkennen nicht, dass der gesundheitspolitische Rechtfertigungs- und Profilierungsdruck den Therapieforschungsansätzen allererst Konjunktur verschafft hat und somit mit verantwortlich ist dafür, dass sie nahezu ausschliesslich aus Therapieeffekt- bzw. Therapieeffekt-vergleichsstudien bestehen. Andererseits verhindert aber ebenso die einschlägige Methodologie den Blick über den Tellerrand hinaus, sprich: in die „Problemsysteme" bzw. „Systeme der Problem-auf-lösung" hinein. Die Einengung auf

Wirkungsforschung und die Vernachlässigung von diskursiver Prozessforschung kann also nicht nur als motivational angesehen werden, sondern ist auch methodisch bedingt.

Die Leitvorstellung bei der quantitativen Wirkungsforschung scheint die Pharmaforschung mit ihrem Dosis-Wirkungs-Paradigma zu sein. Dabei geht es um die Verabreichung eines Medikaments, die Konstruktion verschiedener experimenteller Gruppen, die im Hinblick auf eine Verabreichung bzw. Nicht-verabreichung und Vorher-nachher-Unterschiede rechnerisch miteinander verglichen werden. Das Ideal dieser Art von Forschung ist die Aufstellung von Quasinaturgesetzen auf dem Wege der Ermittlung signifikanter quantitativer Unterschiede. Hierbei wird aber u. a. übersehen, dass „Probleme“, „Störungen“ oder „Krankheiten“ nach sozialkonstruktionistischem Verständnis nicht als vom Therapiesystem unabhängige Grössen gefasst werden können, sondern selbst Resultate von Kommunikationen, u.a. auch therapeutischer Gespräche, in denen man das verhandelt, was das „Problem“ sei, darstellen (vgl. Deissler 1996).

Sanfte Methodologie

Ein weiterer Punkt, der die Eigenlogik diskursiver Therapien zu verletzen droht, besteht in den oft invasiven Erhebungspraktiken der Therapieforschung auf empiristischer Grundlage. Das respektvolle, vorsichtige und auf Kollaborationsförderung und Kreativität bedachte Vorgehen aus dem therapeutischen Setting droht durch standardisierte Interviews und Fragebogen nicht nur negativ beeinflusst, sondern bis zur Zerstörung dessen, was untersucht werden soll, konterkariert zu werden. So konnte z. B. die systemische Therapiekultur durch den Prozess der Untersuchung nicht weiterentwickelt werden, sondern sie wurde tendenziell zum Stillstand gebracht oder eliminiert, indem die Klienten von ihrem Status als kompetente Mitkonstrukteure (Experten) herabgestuft wurden zu Objekten von Modifikations-, Interventions- und Indoktrinationsversuchen (Anderson u. Goolishian 1992; Flick 1995; Deissler 1996).

Wir alle kennen Beispiele für die potenzielle Zerstörungskraft von Untersuchungsprozessen aus dem Bereich der Ethnologie. Viele Fernsehteams oder Forscher, die glaubten, sie könnten Eingeborenenkulturen in Südamerika oder in Afrika naiv untersuchen, haben durch die Untersuchung selbst begonnen, diese Kulturen zu zerstören, und moralische Appelle an den Fernsehzuschauer, die darauf gerichtet waren, dort dann nicht hinzufahren, während man gleichzeitig die Filme über die eigene Forschung zeigte, bewirkten genau das Gegenteil – sie weckten die Neugier und lockten damit auch den Tourismus in diese Gegenden, in denen die so genannten Naturvölker noch lebten.

Mit diesen Einwänden gegen die vorherrschende quantitative Forschungskultur soll freilich nicht generell der Stab gebrochen werden über messende und zählende Verfahren auch in der Therapieforschung. Quantitative Verfahren, insbesondere solche der deskriptiven Statistik, werden in ihrer Nützlichkeit von uns nicht verkannt, und Aussagen etwa über die Anzahl von Krankheitstagen vor und nach einer psychotherapeutischen Behandlung wird kein qualitativer Forscher in ihrer Brauchbarkeit infrage stellen.

Qualitative Forschung stellt für uns auch kein Unternehmen dar, das von Mathematik-Phobikern in Umlauf gesetzt wurde. Vielmehr stellen wir den Versuch in Frage, im psychotherapeutischen Bereich und anderswo ein wissenschaftliches Ideal, das Messen und Zählen umstandslos jeder begrifflich-konzeptionellen Bearbeitung der unmittelbaren klinischen Erfahrung überordnet, zu etablieren. Gleichzeitg möchten wir die klinischen Bedürfnisse von allen beteiligten Partnern – Klienten, Therapeuten, Forschern und externen Auftraggebern – miteinander ins Gespräch bringen und miteinander abstimmen.

Die diskursive Konstruktion einer qualitativ-kollaborativen Forschungshaltung als Paradigma für Therapieforschung stellt für uns eine sinnvolle Möglichkeit dar, den Vorbehalten gegen empirische Forschung, wie sie traditionellerweise in der systemischen Therapie bestanden, Rechnung zu tragen, ohne deswegen auf Forschung tatsächlich verzichten zu müssen.

Forschen als soziales Konstruieren

An dieser Stelle möchten wir nun die Rede von „qualitativ" über einige Merkmale bestimmen, die alle die Nähe dieses Vorgehens zur diskursiv-therapeutischen Praxis beleuchten.

Bezüglich des Themas „Objektivität“ stellt unsere Version der qualitativen Forschung infrage, ob es eine objektive Welt „da draußen“ gibt, die uns zu Forschungszwecken umstandslos zur Verfügung steht.[4] An die Stelle der Annahme, dass es bestimmte soziale Kategorien, Sachverhalte und Zusammenhänge gibt, die von jedem kompetenten Gesellschaftsmitglied als „objektiv gegebene soziale Strukturen erschlossen oder gefunden“ werden können, tritt die Vorstellung, dass soziale Tatsachen durch die Gesellschaftsmitglieder in fortwährenden Prozessen praktischer, diskursiver Erzeugung durchgängig konstruiert werden. Wir befinden uns also im ständigen Prozess sozialen Konstruierens.

Gesellschaftliche Wirklichkeit insgesamt als Kontext therapeutischer Tätigkeit wird somit zu einer ständig zu vollziehenden Wirklichkeit, zu einem Resultat von Prozessen der Bedeutungserzeugung der Beteiligten, in denen sie sich fortlaufend ihre Vorstellungen dessen, was gerade geschieht, wechselseitig darstellen. Daraus folgt auch, dass soziale Tatsachen im Rahmen qualitativer Forschung als grundsätzlich interaktiv erzeugt angesehen werden müssen. Die Konstruktionen, aus denen die soziale Welt besteht, sind weder von einem einsamen Subjekt erzeugt noch in einem sozialen Prozess, der sich als bewusster und geplanter Eingriff im Dienst einer einseitig gerichteten Beeinflussung oder linearen Intervention versteht. Nicht unähnlich den Entwicklungen des systemischen Denken speist sich nämlich der qualitative Forschungsansatz u. a. aus einer Theorie, die *symbolischer Interaktionismus* heißt (Blumer 1969). Für den symbolischen Interaktionismus vollzieht sich menschliches Handeln in Absetzung von behavioristischen Annahmen nicht in Form von bloßen Reaktionen auf Reize hin, sondern die Interaktionen werden als wechselseitig interpretierendes Handeln auf der Grundlage von symbolisch vermittelten Bedeutungen verstanden. Dieses Bedeutungen werden im Prozess der Interaktion erst hervorgebracht.

Offenheit und Nichtwissen

Schließlich möchten wir als drittes Merkmal qualitativer Forschung ihre Offenheit nennen. Offenheit besagt, dass die theoretische Struk-

4 Aus unserer Sicht ist zum Beispiel der Begriff „objektive Hermeneutik“ problematisch, da wir die Eigenenschaften „objektiv“ und „hermeneutisch“ als Gegensatzpaar ansehen.

turierung des Forschungsgegenstandes seitens des Forschers so lange zurückgestellt wird, bis sich der Forschungsgegenstand durch die Forschungssubjekte selbst strukturiert hat. Praktisch bedeutet das den Verzicht auf eine dem Forschungsprozess voranlaufende Hypothesenbildung. Der Forschungsprozess kommt zwar nicht ohne eine Fragestellung aus, doch diese gipfelt nicht, wie es üblicherweise in methodischen Forschungsanleitungen routinemäßig postuliert wird, in Hypothesenformulierungen. Qualitative Forschung gewinnt damit die Freiheit, nicht nur der Hypothesenprüfung zu dienen, sondern bereits für die Hypothesenentwicklung relevant zu sein. Hier sehen wir eine enge Parallele zur therapeutischen Haltung des Nichtwissens in kollaborativen Therapieformen, bei der vom Therapeuten weder beansprucht wird, immer schon über die richtigen Beschreibungsinstrumente für das Problem des Klienten noch über geeignete Interventionstechniken für die Lösung seiner Probleme zu verfügen (Anderson u. Goolishian 1992).

Mögliche Missverständnisse

Die drei Merkmale *Offenheit, Interaktion* und *Konstruktivität* scheinen uns nicht nur auffällige Übereinstimmungen zwischen postmodernem Denken und Handeln und qualitativer Forschung zum Ausdruck zu bringen, sondern sie sind auch geeignet, dem Ausdruck „qualitativ" in der Zusammensetzung „qualitative Forschung" einen spezifischen Inhalt zu geben und ihn so vor einer Reihe mehr oder weniger nahe liegender Missverständnisse zu bewahren. So soll mit der Bezeichnung „qualitativ" nicht etwa selbstbezüglich die hohe Qualität der qualitativen Forschung apriorisch und gleichsam magisch durch den Akt der Namensgebung sichergestellt werden. Und wenig glücklich erscheint es uns auch, „qualitativ" als Hinweis auf die Qualität des subjektiven Erlebens zu verstehen (Faller 1994).

Wir sehen darin den Versuch einer wesentlich zu engen Verknüpfung von qualitativer Forschung mit der klassischen psychotherapeutischen Fallgeschichte, die ja nicht ganz zu Unrecht ins Kreuzfeuer der Kritik geraten ist. Das soll andererseits natürlich nicht heißen, dass qualitative Forschung für Subjektivität oder Individualität keinen Raum ließe, sondern eher dass Subjektivität in der qualitativen Forschung nur als Resultante der kommunikativen

Abläufe eines Handlungs- und Sprachsystems denk- und untersuchbar ist und nicht als abstrakte Eigenschaft von Personen.

Qualitative Forschung – Qualität der Forschung

Wie könnten nun Forschungsmethoden, die über eine qualitative systemische Forschung hinausgehen, aussehen?

Wir möchten zunächst drei parallele soziale Konstruktionsprozesse unterscheiden, die wechselseitig aufeinander bezogen sind:

- Der erste Prozess beschreibt die therapeutische Zusammenarbeit zwischen Therapeuten und Klienten,
- der zweite die gemeinsame Erforschung dieser Prozesse unter Hinzuziehung von Forschern.
- Den dritten Prozess könnte man als die Verwaltung und die finanzielle Absicherung dieser beiden vorher genannten ansehen, also wenn man so will, als Konstruktionsprozesse im gesellschaftlichen Auftrag.

Die Qualität therapeutischer Zusammenarbeit in einem Einzelfall lässt sich entsprechend dieser Unterscheidung beurteilen einmal nach der unmittelbaren Evidenz, wie sie Therapeut und Klient durch die Beantwortung der Frage liefern: „Wie nützlich ist unsere Zusammenarbeit?“[5]

Zum anderen führt die Einschaltung eines beobachtenden Forschers zu einer vermittelten Evidenz, indem dieser in relativer Distanz zum Therapieprozess eine Reihe von Fragen stellt, die ebenfalls zu Aussagen über die Nützlichkeit dieses Prozesses führen. Meist werden die Aussagen des Forschers mit dem Anspruch auf höhere Verallgemeinerbarkeit gemacht. Erreicht werden kann dieser Anspruch im günstigen Falle dadurch, dass der Forscher neben der Möglichkeit des *unmittelbaren* Fragenstellens und Zuhö-

5 Wir unterscheiden dabei insbesondere drei Kriterien, nach denen die Forschung vonseiten aller Beteiligten beurteilt werden kann:

1. Ist das therapeutische Verfahren für die Beteiligten nützlich im Sinne ihrer jeweiligen Fragestsellgung? (ethisches Kriterium)
2. Gefällt es den Beteiligten? (ästhetisches Kriterium)
3. Ist das Verfahren finanzierbar? (ökonomisches Kriterium)

Aus Platzgründen können wir hier nicht weiter auf diese Kriterien eingehen.

rens und -sehens bei Livesitzungen auch noch *mittelbar* schriftliche Transkripte sowie Video- oder Audioaufzeichnungen benutzen kann. Darin kann man auch einen Unterschied sehen zu Tom Andersens Methode des reflektierenden Teams (Andersen 1991), die man ja auch als eine unmittelbar forschende Tätigkeit auffassen kann (vgl. Andersen 1997). Der stärker in wissenschaftliche Konstruktionsprozesse eingebundene Forscher ist dem gegenüber frei von unmittelbarem Handlungsdruck, was es ihm ermöglicht, seiner Tätigkeit in zeitlicher und räumlicher Distanz zum erforschenden Ablauf nachzugehen, und er kann, wie schon gesagt, fixiertes Material benutzen. Freilich sollte diese Distanz nur eine vorübergehende sein und nicht die forschende Tätigkeit insgesamt kennzeichnen, weil sonst das Ziel aller qualitativen Forschung, nämlich eine ständige Absicherung, Überarbeitung und Verbesserung der therapeutischen Arbeit zu bekommen, zu sehr aus dem Blick gerät. Das Ideal der „Unmittelbarkeit" der forschenden Tätigkeit – nämlich als direkt diskursive gemeinsame Forschungstätigkeit, in der Klienten, Therapeuten und Forscher in das Gespräch einbezogen sind – sollte dabei nicht aus den Augen verloren werden.[6]

Man kann also sagen:

1. dass Klienten, Therapeuten und Forscher diese Urteile voneinander getrennt konstruieren können,
2. Klienten und Therapeuten im Gespräch miteinander, Therapeuten und Forscher im Gespräch miteinander, Forscher und Klienten im Gespräch miteinander und
3. schließlich alle drei Gruppen, nämlich Klienten, Therapeuten und Forscher im Gespräch miteinander die jeweiligen Ergebnisse konstruieren können.

In den klassischen Untersuchungen werden diese drei Prozessmöglichkeiten z. T. nicht genannt, oder Klienten, Therapeuten und Forscher werden getrennt erforscht, und es werden höchstens Korrelationskoeffizienten erstellt, um das Maß der Übereinstimmung zwischen den drei Personengrupen zu überprüfen. Ein diskursiver

6 Eine Zeit lang geisterte der ironische Begriff *instant research* durch die systemische Therapieszene: In Anspielung auf sofort lösliche Getränkesubstanzen wie *instant coffee* wurde damit die Idee der Unmittelbarkeit in der psychotherapeutischen Forschung auf den Arm genommen.

Austausch dieser drei Gruppen innerhalb der Forschung ist überhaupt nicht vorgesehen, d. h., es wird eine personelle und thematische Trennung zwischen den drei Gruppen vorgenommen. Dass Klienten, Therapeuten und Forscher in einem gemeinsamen Gespräch das, was erforscht wurde, und das, was therapiert wurde, miteinander beraten, scheint in der klassischen Forschung völlig abwegig zu sein. Wir behaupten aber, dass genau das das *zentrale Moment der qualitativen Erforschung der Zusammenarbeit in der Therapie* sein muss.

Glücklicherweise sieht die postmoderne Vorgehensweise vor, diese wechselseitigen Prozesse ins Zentrum zu setzen, indem die *radikale Reflexivität* betont und die *partizipatorische Validierung* praktiziert wird. Damit dies erreicht wird, muss es nicht nur eine Transparenz des Therapieverfahrens, sondern eine ebensolche der Untersuchungsmethoden geben.

Wir möchte also zusammenfassend drei Arten von sozialen Konstruktionsprozessen postulieren.

Die *erste* Art des sozialen Konstruktionsprozesses besteht darin, die Therapie durchzuführen als Dienstleistung, in der Klienten und Therapeuten zusammenarbeiten. Dabei ist der Auftraggeber der Kunde bzw. Klient.

Der *zweite* soziale Konstruktionsprozess ist ein diskursiver Prozess, in den ein oder mehrere Forscher einbezogen werden und mit dessen Hilfe „Konstruktionen zweiten Grades"[7] gebildet werden. Konstruktionen zweiten Grades sind ergänzende Konstruktionen zu jenen Konstruktionen, die im sozialen Feld von den Handelnden gebildet werden, deren Tun der Forscher beobachtet und in Übereinstimmung mit den Verfahrensregeln seiner Wissenschaft verständlich machen will. Diese Konstruktionen zweiten Grades, mit denen die Dienstleistung der Therapie untersucht wird, sind vermittels einer zeitlichen und Reflexion ermöglichenden Distanz etwas weiter weg vom Therapieprozess. Ihre Auftraggeber können Therapeuten oder Geldgeber wie Krankenkassen oder Forschungsinstitute usw. sein.

Der *dritte* soziale Konstruktionsprozess wäre der der Verwaltung bzw. der Geldgeberprozess für entweder den ersten oder

7 Wir gebrauchen hier einen Ausdruck des Sozialphilosophen Alfred Schütz, der maßgebliche Grundlagen für die qualitative Forschung formuliert hat.

zweiten Konstruktionsprozess oder beide. Man könnte sagen, dass der Auftraggeber dafür die Gesellschaft ist oder der Gesetzgeber.

Forschende soziale Konstruktionsprozesse[8] bestehen im Wesentlichen aus der Neuvergegenwärtigung vergangener Therapieprozesse, der Reflexion aktueller Therapieprozesse und der Vergegenwärtigung zukünftiger Wirkungen der Therapieprozesse (der Antizipation). Dies sollte unter Beteiligung von Klienten, Therapeuten und Forschern geschehen und zum Ziel haben, die Nützlichkeit der Therapieverfahren und ihre Qualität zu erhöhen bzw. zu verbessern (McNamee 2000; Andersen 1997).

Eine mögliche Umschreibung für diese Prozesse dialogischen bzw. sozialpoetischen Forschens und partizipatorischer Validierung könnte lauten, dass Forscher, Therapeuten und Klienten *konfabulieren.*

In einem anderen Bild könnte man die qualitative Erforschung therapeutischer Zusammenarbeit vergleichen mit einem Livekonzert einer Jazzgruppe, das aufgezeichnet wird und später als „Konserve“, z. B. als Videoband, allen möglichen Interessenten zur Verfügung steht und anschließend im Forschungsprozess vergegenwärtigt und untersucht wird. Im Rahmen unserer Metapher würde dies zu einer Studioaufnahme führen, die sich die Ergebnisse der Untersuchung zunutze macht und neue Stilrichtungen bei dieser Aufnahme ausprobiert, „verbessert“ und weiterentwickelt. Schließlich könnte ein neues Livekonzert mit dem neuen Musikstil aufgeführt werden. Man könnte etwa die Entwicklung von der klassischen systemischen Therapie mit ihrem Interventionsstil hin zu sozialkonstruktionistischen Therapieformen mit ihrer Betonung reflexiver Prozesse durch die Brille dieser Metapher sehen.

Natürlich darf der Vergleich zwischen Therapieprozess und improvisierendem Musizieren als Grundlage für darauf aufbauende Forschungsprozesse auch nicht überstrapaziert werden. Die Musikaufnahmen mögen als Stilvorgaben dienen, die nachgeahmt und weiterentwickelt werden je nach Gefallen, sie sollten also besonders einem ästhetischen Kriterium entsprechen. Die Stilvorgaben, die

8 Eine interessante mögliche Variante ähnlicher Überlegungen, die jedoch mehr von der „Textinterpretation“ inspiriert ist, stellt Flick (a. a. O.) vor mit dem Konzept der „Mimesis“ vor (S. 47 ff.).

qualitative Therapiestudien machen sollten, sollten eher ethischen Kriterien entsprechen. Sie sollten nützlich bzw. hilfreich sein, der Anreicherung und Optimierung der therapeutischen Zusammenarbeit dienen, Alternativen öffnen und aus verarmten Entweder-oder- bzw. Problem-Lösungs-Dilemmata hinausführen.

Vorläufige Ziele

Damit sind wir bei der Frage angelangt, was das Ziel solcher forschenden Konstruktionsprozesse sein kann. Allgemeinstes und oberstes Ziel sollte die Verbesserung der therapeutischen Arbeit sein und damit die Beantwortung der Frage, was für die Therapie hilfreich oder förderlich ist. In konkreten Forschungsunternehmungen wird gleichwohl diese allgemeine Fragestellung in kleinere Münzen zahlreicher konkreter Fragestellungen umgewechselt werden müssen. Dies empfiehlt sich schon deshalb, weil nicht davon ausgegangen werden kann, dass alle Interessen der Forscher ausschließlich therapeutischer Natur sind. Neben einem spielerischen Interesse, dass „L'art pour l'art" zu nennen vielleicht zu abwertend klingt, da aber den Spaß an der forschenden Arbeit ganz allgemein fördern kann, mögen schließlich auch qualitative Vergleiche der therapeutischen Situation mit anderen sozialen Situationen, wie der des ebenfalls eine „Frage-Antwort-Frage"-Struktur aufweisenden Unterrichts oder ähnlichen Situationen, von theoretischem Interesse sein, ebenso etwa der Vergleich der Kollaborationskulturen verschiedener Therapieschulen usw.

Soweit wir im engeren Bereich der diskursiv-therapeutischen Interessen bleiben, sollten die Ergebnisse qualitativer Erforschungen der therapeutischen Zusammenarbeit etwa auch Fragen der Verallgemeinerbarkeit berühren und damit solche Fragen beantworten wie die, ob sich beispielsweise die gleichen Vorgehensweisen in unterschiedlichen Kontexten bewähren, unabhängig von der so genannten Klientenart oder den „Therapeuteneigenschaften".

Man kann z. B. auch verschiedene qualitative Verfahren miteinander vergleichen und könnte etwa bei der „objektiven Hermeneutik" (Oevermann et al. 1979) fragen, welche *noch nicht* oder *unausgesprochenen Themen* eine Rolle spielen könnten oder was die erste ausführlichere Redesequenz des Klienten bereits alles über den zu erwartenden Therapieverlauf enthält. In der *grounded theory* (Strauss

1991) könnte man nach Ähnlichkeiten oder Gemeinsamkeiten zwischen verschiedenen Sitzungen suchen, oder man könnte sie so konstruieren. Mithilfe der *Konversationsanalyse* (Bergmann 1991) etwa ließen sich formale Qualitäten des Gesprächsprozesses und damit des bestehenden Kontaktes zwischen Therapeut und Klient untersuchen. Darüber hinaus lassen sich mihilfe eines formalisierten Symbolsystems „qualitative Vergleichsstudien" zwischen unterschiedlichen Psychotherapieformen durchführen (Deissler 1997).

Was schließlich auch wichtig wäre, wäre die Zuordnung zwischen den Verfahren, die man anwendet, und den Fragestellungen, die man bearbeiten will. Im Unterschied zu herkömmlichem wissenschaftlichem Vorgehen würde ein sozialkonstruktionistisches Vorgehen sich fragen, wie bestimmte Phänomene, die im Therapieprozess ablaufen, gemeinsam im Gespräch konstruiert bzw. erzeugt werden. Und auch hierbei sollten, so weit es irgend geht, Klienten in den Prozess der Forschung wie ihrer Beurteilung wieder mit eingeschlossen werden.

Aufgrund der benutzten Rohmaterialien, Audio-, Videotranskripten oder mittels Zusehen, Zuhören bei Livesitzungen kann man dann u. a. die folgenden Fragen zu beantworten suchen:

- Welche Folgen hat eine freundliche Begrüßung zwischen Therapeuten und Klienten?
- Welche Folgen hat die Verhandlung von Rahmenbedingungen in der Therapie, z. B. dass ein zweiter Therapeut anwesend ist, dass es eine Einwegscheibe gibt usw.?
- Was muss man tun, um bestimmte Formen der Zusammenarbeit zu erzeugen?
- Welche Verhandlungen von Voraussetzungen für ein Gespräch könnten ein Gespräch verschlechtern?
- Unter welchen Umständen werden „Selbsterfindung" und „Selbstverstehen" gefördert?
- Wie können die Gesprächspartner – Klienten und Therapeuten – dazu beitragen?
- Wie können Methoden aussehen, mit deren Hilfe Klienten, Therapeuten und Forscher gut zusammenarbeiten?
- Welche Phantasien und Theorien haben Klienten über ihre Beschwerden und über den Therapieprozess, wie verändern sich diese im Laufe der Therapie, und wie trägt dies alles zusammen zum Therapieerfolg bei?

Die enge Verzahnung zwischen den Überlegungen von Klienten, Therapeuten und wissenschaftlichen Forschern, wie wir sie vorschlagen, könnte auch beitragen zu einer gegenseitigen Befruchtung von Wissenschaft und Praxis, von öffentlicher Forschung und privater, wie mancher Praktiker sie für sich im kleinsten Kreise durchführt. Es scheint uns nicht das geringste Verdienst qualitativer Forschung zu sein, die oftmals von beiden Seiten beklagte Kluft zwischen wissenschaftlicher Theoriebildung und praktischer Therapieausübung wenn schon nicht aufzuheben, dann doch deutlich zu verringern. Eine geringere Ferne der qualitativen akademisch-öffentlichen Forschung vom therapeutischen Praxisalltag macht es jedenfalls nicht völlig illusorisch, das alltägliche Forschen des Praktikers so weit wissenschaftlich anzufüllen, dass es zu einem regelmäßig anwendbaren Verfahren wird, das in Richtung und Zielorientierung eine sinnvolle Abfolge von therapeutischen Schritten erlaubt.

Eine etwas schwierigere Frage könnte sein, welche *unentscheidbaren Fragen* Therapeuten in die Schwebe bringen bzw. hinterfragen müssten, um die Voraussetzungen für verantwortliche Entscheidungsprozesse, die in länger dauernde soziale Konstruktionen einmünden können, zu schaffen. Eine weitere Frage könnte sein, wie man „poetische" bzw. schöpferische Prozesse innerhalb von therapeutischen Gesprächen fördern kann.

Ergebnis der qualitativen Erforschung der therapeutischen Zusammenarbeit könnten veränderbar konstruierte Regeln sein, mit deren Hilfe soziale Konstruktionen erzeugt werden können. Diese sozialen Konstruktionen sollten also therapeutische Konstruktionen sein, die selbst der Veränderung zugänglich sind. Die sozialen Konstruktionsprozesse innerhalb der Therapie sollten von allen drei Gruppen – nämlich Klienten, Therapeuten und Forschern – als nützlich beschrieben werden.

Man kann diese Art der qualitativen Forschung mit dem Spiel von Kindern vergleichen, die anfangen, ein bestimmtes Spiel zu spielen, und dabei gleichzeitig die Regeln des Spiels langsam verändern. Wenn man so will, stellt die qualitative Erforschung der therapeutischen Zusammenarbeit ein triadisches Forschungsmodell dar, in dem sich Klienten, Therapeuten und Forscher in einem gemeinsamen sozialen Konstruktionsprozess engagieren, wobei sich der Kreis zwischen allen drei Gruppen immer wieder schließen muss.

Somit zeigen sich gemeinsam forschende Konstruktionen der therapeutischen Zusammenarbeit als *sozialdiskursive* bzw. *sozialpoetische Psychotherapieforschung*.

Literatur

Andersen, T. (1991): Das reflektierende Team. Dortmund (Modernes Lernen).

Andersen, T. (1997): Steigerung der Sensitivität des Therapeuten durch einen gemeinsamen Forschungsprozeß von Klienten und Therapeuten. *Zeitschrift für Systemische Therapie* 15: 160–167.

Anderson, H. u. H. Goolishian (1992): Der Klient ist Experte. *Zeitschrift für Systemische Therapie* 10: 176–189.

Bergmann, J. R. (1991): Konversationsanalyse. In: U. Flick, E. von Kardorff, H. Keupp, L. von Rosenstiel u. S. Wolff (Hrsg.): Handbuch Qualitative Sozialforschung. München (Psychologie Verlags Union).

Blumer, H. (1969): Symbolic interactionism. Perspective and method. Englewood Cliffs, NJ (Prentice-Hall).

Chenail, R. J. (1994): Sich selbst und andere in Therapie und Forschung rekonstruieren: Eine Meta-Analyse. *Zeitschrift für Systemische Therapie* 12:4–12.

Deissler, K. G. (1996): Psychiatrische Sprachspiele – Von Objekten in Behandlungen zu Partnern im Dialog. In: T. Keller u. N. Greve (Hrsg.): Systemische Praxis in der Psychiatrie. Bonn (Psychiatrie).

Deissler, K. G. (1997): Ko-Mentieren – Einladung zu einer Systemischen Poietologie In: K. G. Deissler: Sich selbst erfinden? Von systemischen Interventionen zu selbstreflexiven Gesprächen. Münster (Waxmann).

Faller, H. (1994): Das Forschungsprogramm „Qualitative Psychotherapieforschung". In: H. Faller u. J. Frommer (Hrsg.): Qualitative Psychotherapieforschung. Grundlagen und Methoden. Heidelberg (Asanger).

Flick, U. (1995): Qualitative Forschung. Theorie, Methoden, Anwendung in Psychologie und Sozialwissenschaften. Reinbeck (Rowohlt).

Gergen, K. J. (1994): Realities and relationships. Soundings in social construction. Cambridge (Harvard University Press).

McNamee, S. (2000): Die soziale Poesie beziehungsengagierter Forschung. Forschung als Gespräch. In diesem Buch, S. 146–156.

Oevermann, U., T. Allert, E. Konau u. J. Krambeck (1979): Die Methodologie einer „objektiven" Hermeneutik. In: H. G. Soeffner (Hrsg.): Interpretative Verfahren in den Sozial- und Textwissenschaften. Stuttgart (Metzler).

Strauss, A. L. (1991): Grundlagen qualitativer Sozialforschung. München (Fink).

Schütz, A. (1971): Gesammelte Schriften, Bd. 1. Den Haag (Nijhoff).

Shotter, J. (1993): Conversational realities. Constructing life through language. London (Sage).

Qualitative Evaluation von Beratungsprozessen[1] aus sozialkonstruktionistischer Perspektive

Ulrike Froschauer

Einleitung

In den letzten Jahren ist ein verstärktes Interesse an der Durchführung von Evaluationen beobachtbar. Während die Ursprünge der Evaluation bereits in das vorige Jahrhundert zurückreichen (Kern 1982), beginnt die Systematisierung dieser Forschungsrichtung in den Zwanzigerjahren mit rein quantitativ ausgerichteten sozialwissenschaftlichen Messungen (Guba a. Lincoln 1987). Mit der Verknappung verfügbarer Ressourcen bei gleichzeitig hohem Qualitätsanspruch werden zunehmend Forderungen laut, Maßnahmen im Bereich gesellschaftlicher, sozialer oder organisationaler Veränderungsprozesse dahin gehend zu prüfen, ob sie auf sparsame Weise die in sie gesetzten Erwartungen erfüllen können. Vielfach fungiert in diesem Prozess Evaluation als Kontrollinstrument hierarchisch übergeordneter Instanzen, als Legitimation für Rationalisierungsmaßnahmen und liefert Argumente für Eingriffe in soziale und wirtschaftliche Abläufe. Im Universitätsbereich stehen beispielsweise im Zuge der Evaluierung Studienrichtungen, Forschungsinstitute, Forschungsprogramme (und deren praktische Anwendbarkeit) zur Disposition, während in der Wirtschaft Entwicklungsmaßnahmen, Qualitätsfragen, Personalmanagement oder Organisationsberatung zur Überprüfung anstehen. Aber auch das Gesundheitswesen gerät in diese Kontrollmaschine und setzt sich mit Kriterien des Einsatzes medizinischer Hilfsmittel oder der Wirksamkeit von Therapien auseinander, wobei für Krankenkassen der kostengünstige Erfolg ein wesentliches Beurteilungskriterium bilden kann.

In letzter Zeit gewinnen qualitative Evaluierungen an Bedeutung, die versuchen, sich über einen instrumentellen Einsatz als Hilfsmittel zur Rationalisierung hinauszubegeben und das Verständnis sozialer Phänomene zu verbessern, um auf dieser Basis

1 Beratungsprozesse umfassen sowohl Beratungen in Organisationen und Gruppen als auch Beratungen im therapeutischen Kontext. Der Einfachheit halber wird jedoch im Folgenden ausschließlich von Beratung gesprochen.

auch das Wissen für Veränderungsprozesse bereitzustellen. Im Kontext von Beratung stellen sie das Verständnis von Ordnung und Veränderung in den Vordergrund und versuchen gemeinsam mit den Betroffenen zu konstruieren, nach welcher Logik sich Veränderungen vollziehen. Evaluation versucht dabei aufzuzeigen, in welchen sozialen Kontext sich im Rahmen von Beratung Wirklichkeit entfaltet, welche Faktoren der Stabilisierung und Veränderung hierbei eine Rolle spielen und welche Effekte dadurch im System wechselseitiger kommunikativer Abstimmung auftreten. Die folgenden Ausführungen beschäftigen sich daher mit den der qualitativen Evaluation zugrunde liegenden erkenntnistheoretischen Annahmen und methodologischen Prinzipien, um darauf aufbauend die spezifischen Funktionen und die Durchführung qualitativer Evaluierung von Beratungsprozessen vorzustellen.

Erkenntnistheoretische Überlegungen

Qualitative Evaluation orientiert sich an einer konstruktionistischen Auffassung hinsichtlich des Zuganges zur Wirklichkeit und ist den Prinzipien der interpretativen Sozialforschung verpflichtet. Zentraler Ausgangspunkt ist die Vorstellung, dass die Welt prinzipiell unserer Erkenntnis unzugänglich ist (vgl. Froschauer 1997). Unsere Sinne nehmen nicht die Gegenstände selbst wahr, sondern jene Phänomene, die im Bewusstsein zur Identifikation von Objekten beitragen. Sie sind abhängig von den in Gesprächen produzierten bzw. gelernten Differenzierungskriterien, die an die Umwelt angelegt werden und in der Folge einen sinnhaften Aufbau der Welt erlauben (vgl. Gergen 1994). Unsere Wirklichkeit und die Selbstverständlichkeit unseres Weltbildes beziehen sich zwar auf die Realität, sind aber eine Konstruktion. So sind Phänomene nicht an sich sinnvoll, sondern ihr Sinn ist Produkt von Konstruktion. Wirklichkeit ist somit sozial aufgebaut, verfestigt sich in interaktiv produzierten Erfahrungen als typisierte Strategien zur Bewältigung von Alltagsproblemen und enthält aufgrund der Bindung an die jeweilige gesellschaftliche Lage normative soziale Orientierungen und individuelle Besonderheiten der Bearbeitung von Umweltanforderungen. Wirklichkeitskonstruktion ist weder ein individueller noch ein passiver Prozess der Aufnahme von Wahrnehmungen, sondern ein interaktiver Aushandlungsprozess zwischen Akteuren unter Einbezug der physischen und sozialen Umwelt, im Zuge dessen die Wirklichkeit hergestellt wird und uns gleichzeitig als äußere Realität unabhängig von uns gegenübertritt (vgl. Strauss 1993).

Mithilfe von interpretativer Sozialforschung kann eine Annäherung an die (etwa im Beratungsprozess) sozial konstruierte Wirklichkeit hergestellt werden, niemals aber eine Abbildung der Realität. Es ist dabei zu berücksichtigen, dass dieser Logik entsprechend auch empirische Sozialforschung eine kommunikativ hergestellte Konstruktion ist, dass also auch Ergebnisse qualitativer Evaluation Konstrukte sind. Die im Rahmen von Forschung mittels Interaktion produzierten sozialen Artefakte sind eigenständige Phänomene, die unabhängig von individuellen Konstruktionen zu sehen sind. Empirisch produzierte Informationen beziehen sich in der Regel nur auf einen Teilaspekt eines Untersuchungsgegenstandes, sind aus einer bestimmten Perspektive heraus entstanden und unterliegen einer zeitlichen Befristung. Es ist für die Qualität und für den Stellenwert von empirischen Ergebnissen von eminenter Bedeutung, dass sich sowohl die Produzenten als auch die Adressaten bzw. die Anwender von Forschungsergebnissen immer dessen bewusst sind, dass es sich dabei um Konstruktionen mit vorübergehendem Charakter handelt.

Vor diesem Hintergrund dienen Gespräche im Rahmen von Beratung der Generierung und Veränderung sozialer Konstruktionen, sie finden in einem spezifischen sozialen Kontext statt und sind von den kommunizierenden Akteuren (innere Umwelt), aber auch von der äußeren Umwelt (Mitgliedern des Klientensystems, die nicht im Beratungssystem integriert sind), beobachtbar. Beratung schafft dadurch ihre eigene, mit dem beratenen System verkoppelte Wirklichkeit, über die in Form einer Metakommunikation Gespräche geführt werden können. Sowohl die Wirklichkeitsproduktion als auch die Reflexion auf Metaebene schaffen eine Möglichkeit für weitere Kommunikation und bilden die Voraussetzung für die Reproduktion des Beratungssystems.

In Anlehnung an Luckmann (1993) handelt es sich bei Gesprächen im Rahmen von Beratung um *Konstruktionen erster Ordnung*. Im Beratungssystem wird zwischen Mitgliedern des Klientensystems und Mitgliedern des Beratersystems kommuniziert und dadurch eine gemeinsame Wirklichkeit hergestellt, die durch Dissens oder

Konsens bestimmt ist. Wenn etwa ein Evaluationsteam Gespräche mit Mitgliedern des Klientensystems oder des Beratungssystems führt, handelt es sich um Konstruktionen erster Ordnung. Wenn dagegen die beteiligten Akteure im Rahmen der Beratung ihre Kommunikation im Sinne von Metakommunikation thematisieren, indem sie z. B. über die Art und Weise, wie sie miteinander kommunizieren oder warum es häufig zu Missverständnissen zwischen den Akteuren kommt, sprechen, dann handelt es sich um eine *Konstruktion zweiter Ordnung*. Wenn jedoch im Rahmen einer Evaluation die Konstruktionen erster und zweiter Ordnung protokolliert und einer systematischen reflexiven Analyse unterzogen werden, dann handelt es sich um eine *Konstruktion dritter Ordnung*.

Indem über die Beratung Gespräche geführt werden, werden jene Prozesse, die durch die Beratung initiiert und gefördert wurden, einer kontinuierlichen und systematischen Reflexion unterzogen, und zwar auch im Sinne der Wirkungen, die diese auf das Handeln des evaluierten Systems haben. Im Zuge von Evaluation wird durch Interaktionen Wissen über die Beratung und die Veränderung von Sicht- bzw. Handlungsweisen generiert, organisiert und gespeichert und ist selektiv für die Beteiligten abrufbar. Zur Produktion dieses Wissens ist es nötig, sich mit verschiedenen Betrachtungsweisen und damit den Randbedingungen der Sinnkonstitution zu beschäftigen, was hohe Flexibilität in der methodischen Vorgangsweise erfordert. Qualitative Evaluation bedeutet jedoch nicht, dass bei der Datenerhebung bzw. bei der Dateninterpretation ausschließlich interpretative Methoden verwendet werden, wenngleich diesen sicherlich eine zentrale Bedeutung zukommt (vgl. Wolff 1993). Der entscheidende Unterschied zwischen quantitativer und qualitativer Evaluation liegt im gewählten Forschungsansatz, d. h. in der Auffassung dessen, wie über einen Gegenstandsbereich systematisch verläßliches Wissen erlangt werden kann. Dafür geben die Prinzipien qualitativer Sozialforschung einen wichtigen forschungsstrategischen Bezugspunkt ab.

Prinzipien qualitativer Sozialforschung

Die Berücksichtigung dieser Prinzipien qualitativer Sozialforschung (vgl. Hoffmann-Riem 1980) bei einer interpretativ orientierten Evaluation stellt einen Versuch dar, den konstruktionistischen Zugang zur Wirklichkeit auch empirisch umzusetzen (vgl. Froschauer u. Lueger 1996). Im folgenden Abschnitt wird aufgezeigt, welche Konsequenzen diese Prinzipien für die Planung und die Durchführung einer qualitativen Evaluation haben.

Kommunikation: Jedes soziale System beruht auf Kommunikation (vgl. Luhmann 1997) und konstruiert Wirklichkeiten nach syteminternen Selektionskriterien, wobei innerhalb eines Systems Wirklichkeit keine stabile und dauerhafte Entität repräsentiert, sondern sich permanent in Bewegung befindet. Im Zuge von Evaluation ist es notwendig, mittels Kommunikation und Beobachtung auf Kommunikationsprozesse des Klientensystems und des Beratungssystems Bezug zu nehmen, um zu lernen, welche Sichtweisen und Erklärungen Akteure mit ihren Handlungen verbinden und wie bestimmte soziale Phänomene oder Veränderungen produziert werden. Im Zuge von Evaluation spielt Kommunikation auf folgenden Ebenen eine Rolle:

Bereits das Evaluationsdesign bedarf der Aushandlung der Bedingungen für die Durchführung im Evaluierungssystem (gegebenenfalls unter Einbindung des Auftraggebers), weil Evaluation eine eigene soziale Ordnung schafft, in die auch die potenziellen Ergebnisse eingebettet sind.

Im Zuge einer Evaluation werden zur Datenproduktion offene Verfahren unter besonderer Berücksichtigung kommunikativer Erhebungsformen eingesetzt, indem etwa Gespräche mit Mitgliedern des Beratungssystems, des Klientensystems und den Beratern und Beraterinnen geführt werden (Froschauer u. Lueger 1992). Es kann sich dabei sowohl um Einzel- als auch um Gruppengespräche handeln. Weiters können vom Klientensystem produzierte Daten, wie Sitzungprotokolle, Geschäftsberichte, entwickelte Leitbilder etc., in ihrer kommunikativen Bedeutung in die Analyse einbezogen werden. Spätestens wenn Beobachtungsdaten protokolliert werden, findet eine Transformation in sprachliche Texte statt, die einer gemeinsamen interpretativen Analyse unterzogen werden.

Die Dateninterpretation findet im Idealfall in Gruppen statt, indem Bedeutungen und Perspektiven verhandelt, geprüft und mit alternativen Interpretationen verglichen werden, um eingefahrene bzw. voreilige Interpretationen zu verhindern und Schlussfolgerungen einer permanenten Reflexion zu unterziehen (vgl. Froschauer u. Lueger 1992).

Die vorläufigen Ergebnisse der Evaluation werden mit allen Betroffenen wie Mitgliedern des Beratungssystems, Gesprächsteilnehmern und -teilnehmerinnen aus dem Klientensystem und Auftraggeber / in im Sinne einer Feedbackschleife diskutiert und gegebenenfalls ergänzt.

Offenheit: Die Strukturierung des Forschungsgegenstandes und der Vorgangsweise erfolgt erst im Zuge der Annäherung an das Forschungsfeld und ist nicht vorweg definiert. Schon bei der Festlegung der Ziele der Evaluation können verschiedene Interessen aufeinander treffen. Im Sinne einer ersten Verhandlung sind daher die Evaluationsziele nicht extern und unabhängig von möglichen Betroffenen in Absprache mit einem Auftraggeber festzusetzen, sondern sie sollten gemeinsam erkundet und definiert werden, um zu sehen, für welche Gruppen ein bestimmter Ansatz welche Leistungen bieten kann. Im Zuge einer qualitativen Evaluation ist es auch notwendig, auf möglicherweise zuvor nicht berücksichtigte Aufgabenstellungen einzugehen und andere zurückzustellen.

Der Forschungsablauf selbst sollte sich dem jeweiligen Kenntnisstand und den für den Forschungsprozess gerade relevanten Fragen anpassen. Dies betrifft einerseits die ausgewählten Erhebungs- und Interpretationsmethoden und deren technische Umsetzung, andererseits die Auswahl der in die Untersuchung einbezogenen Analyseeinheiten sowie die Auswahl der Untersuchungssituation.

Verfahrenstechnisch ergibt sich eine klare Forderung nach einer offenen Vorgangsweise insofern, als man den betroffenen Gesprächspartnern keine Vorannahmen oder einen erhebungstechnischen Rahmen aufzwängt, sondern sich am Relevanzsystem des untersuchten Bereiches orientiert. Evaluatoren müssen sich in diesem Sinne generell als Lernende verstehen, die etwas über die Lebenswelt und die Handlungsbedingungen in Beratungssituationen sowie deren sozialen Kontext wissen wollen. Durch das Prinzip der Offenheit werden neue Erkenntnisse produziert, weil die Möglichkeit gegeben ist, Informationen zu generieren und verschiedene Blickwinkel zu erkunden, an die im Vorfeld nicht gedacht wurde.

Die Auswahl der Untersuchungseinheiten orientiert sich nicht an Kriterien der Repräsentativität, sondern an Kriterien des theoretischen Sampling und orientiert sich somit an der Ermittlung der Reichweite und Verlässlichkeit der ermittelten Ergebnisse (z. B. Prüfung anhand ähnlicher Fälle; Kontrastierung und Generalisierung anhand verschiedener Fälle; vgl. Glaser a. Strauss 1967).

Prozesscharakter: Dieser verweist auf die Bedeutung der Genese sozialer Phänomene und ihrer permanenten Veränderung im Konstruktionsprozess. In diesem Sinne werden soziale Phänomene nicht als stabile Elemente betrachtet, sondern als Konstruktionen, die in einem historisch spezifischen Kontext entstehen, bestimmte Funktionen erfüllen und sich über bestimmte Mechanismen reproduzieren bzw. sich in ihrer Charakteristik und Bedeutung verändern. Evaluation muss sich daher mit der sozialen Konstruktion von Problemstellungen durch verschiedene Akteure und dem Umgang damit in ihrer Prozesshaftigkeit beschäftigen – und das führt weg von ereignisbezogener Evaluation hin zu einer Analyse dessen, was zwischen einzelnen Ereignissen passiert, und konzentriert sich auf die Erkundung jener Logik und Dynamik, die diese Übergänge steuern.

Zum anderen stellt auch Evaluation einen Prozess dar, in dem sich die spezifischen Anforderungen verändern können, was Modifikationen der Vorgangsweise erfordert (z. B. Ziele, Methoden). Insbesondere in Verbindung mit der Offenheit und mit der Kommunikativität kommt dieser permanenten Adaption der Vorgangsweise im Rahmen der Evaluation eine besondere Bedeutung zu.

Reflexivität: Soziale Phänomene sind nur in ihrer Einbettung in einen sozialen Kontext nachvollziehbar. Insofern sträubt sich eine qualitative Evaluation gegen die Isolation einzelner Phänomene, sie integriert vielmehr in einen gesellschaftlichen Kontext. Die Einbettung von Erhebung und Auslegung der Datenmaterialien in einen eigenen Untersuchungskontext benötigt die Reflexion von Daten und Ergebnissen hinsichtlich ihres Entstehungszusammenhanges. Wenn etwa Gespräche mit Betroffenen geführt werden, muss bei der Interpretation berücksichtigt werden, wie z. B. die Gesprächsteilnehmer/innen von wem zum Gespräch eingeladen wurden. Es macht einen Unterschied ob Mitglieder zu dem Gespräch eingeladen wurden oder ob jemand gegen seinen Willen dazu „abkommandiert“ wurde.

Genauso muss die Relation zwischen dem Evaluationssystem und dem evaluierten System ständig reflektiert werden, um die im Evaluationsprozess produzierten Ergebnisse in ihrer Bedeutung und Reichweite einschätzen zu können. Verschiedene Evaluationsziele, spezifische methodische Vorgangsweisen, die Involviertheit in den Beratungsansatz, Probleme der Legitimation der Evaluation oder eines zu evaluierenden Modells können hier die Ergebnisse nachhaltig beeinflussen.

Funktionen und Ziele von Evaluation

Hinsichtlich der Funktionen und Ziele qualitativer Evaluierung von Beratung ergeben sich jeweils zwei Bereiche, die aufeinander aufbauen: klassische Elemente der Kontrolle und Prüfung von Beratungsprozessen sowie die daran anschließenden typischen Elemente qualitativer Evaluation, die sich auf den Prozess und das Entwicklungspotenzial konzentrieren. Im Bereich der Funktionen lässt sich das folgendermassen charakterisieren.

Kontrolle: Hier stehen Legitimation, Rationalisierung, Sanktionierung, aber auch Etablierung und Institutionalisierung einer Beratung im Zentrum. Ziel ist es, den Erfolg eines Beratungsansatzes zu prüfen, um möglicherweise Anerkennung, Etablierung oder Institutionalisierung voranzutreiben. Damit rückt die Beurteilung des Nutzens in den Vordergrund, der sich je nach Adressat auf unterschiedliche Bereiche beziehen kann. Für diesen klassischen Evaluationsbereich bietet sich summative Evaluation an, die typischerweise die Effizienz bzw. die Effektivität eines Programms überprüft. Im einfachsten Fall rekonstruiert man den Beratungsprozess anhand von Gesprächen am Ende der Beratung. Generell ist es jedoch sinnvoller, am Beginn und am Ende der Beratung jeweils eine Analyse zu erstellen und im Sinne einer komparativen Analyse zu interpretieren.

Entwicklung: Dieser für qualitative Evaluation besonders zentrale Bereich erfordert zwar auch Kontrollinformationen zur Einschätzung von Effekten der gesetzten Maßnahmen bzw. Beratungsaktivitäten. Aber die Entwicklungsfunktion der Evaluierung eines Beratungsprozesses benötigt mehr, nämlich das Verständnis, auf welche Weise und nach welcher Logik sich die Beratungsdynamik entfaltet, damit in der Folge der Beratungsprozess systematisiert werden kann. Hier steht die Weiterentwicklung des praktischen, theoretischen und methodologischen Wissens im Vordergrund, mit dessen Hilfe die im Zuge von Beratung ausgelösten Handlungsmuster analysiert und die Erkenntnisse bereits während der Beratung umgesetzt werden. Von speziellem Interesse sind dabei die Stärken und Schwächen eines Beratungsmodells in verschiedenen Phasen. Durch die spezifische Datenproduktion im Falle einer qualitativen Evaluation ist eine auf empirischen Ergebnissen fußende systematische Modellentwicklung möglich. Auf diese formative Evaluation sollte im Idealfall die Analysetechnik abgestimmt werden: Ein eigenständiges Evaluationssystem begleitet etwa Beratungsfälle und spielt zwischendurch die Ergebnisse zurück, damit bereits während der Beratung dieses Wissen zur weiteren Prozessgestaltung genutzt werden kann. Eine andere Möglichkeit wäre die Evaluation des Modells, das nicht nur in konkreten Fällen Probleme ausfindig macht, sondern die Modellkonzeption insgesamt prüft und einer möglichen Revision unterwirft.

Im Zuge der Planung muss ausgehandelt und entschieden werden, welche inhaltlichen Zielvorstellungen bei der Evaluation primär verfolgt werden sollen. Trotzdem sollte die Möglichkeit gegeben sein, dass es während des Evaluationsprozesses – in Abstimmung mit den Gegebenheiten – zu einer Korrektur der Ziele kommen kann. In groben Zügen lassen sich auch hier zwei Ziele unterscheiden:

Effizienz- und Effektivitätsprüfung: Erstere bezieht sich auf den wirtschaftlichen Aspekt eines Beratungskonzeptes und untersucht das Verhältnis des Aufwandes zu den Ergebnissen. Die Effizienzprüfung ist daher z. B. im Unternehmen für den Auftraggeber von Interesse. Es wird dabei untersucht, mit welchen Kosten im Vergleich zu anderen Beratungsansätzen zu rechnen ist. Im Zuge der Effektivitätsprüfung steht die Frage im Vordergrund, was ein Beratungskonzept überhaupt leistet und welche Stärken und Schwächen es auszeichnen. Die Effektivitätsprüfung kann im Zuge einer summativen Einschätzung der Wirkungen z. B. eines erzielten Erfolges oder in einer vergleichenden Studie über die durch Gespräche erzielten Veränderungen, deren Dynamik und Bedeutung für das Klientensystem feststellen.

Modellkonzeption: Hier wird festgestellt, ob die Erfolge einer Beratung tatsächlich auf die Besonderheit des Modells zurückzuführen sind. Vielfach ist bei Beratungserfolgen nicht sicher, worauf diese zurückgeführt werden können. Nichtintendierte Dynamiken können in die gewünschte Richtung wirken, obwohl das Modell genau genommen falsch konzipiert ist, und andererseits kann eine adäquates Modell nicht den erwünschten Erfolg bringen, weil die Rahmenbedingungen unangemessen sind. Auch aus diesem Grund ist es nötig, neben den Wirkungsweisen unmittelbarer Beratungsinterventionen ein möglichst umfassendes Verständnis des Kontextes einer Beratung und der von der Beratung nicht unmittelbar tangierten Vorgänge im Bereich einer Therapie oder Organisation zu erlangen. Bei dieser Form von Evaluation ist daher eine genaue Analyse der im Zuge der Beratung durchgeführten Aktivitäten notwendig, um die Logik und Dynamik von Perpetuierungen und Veränderungen im Klientensystem erfassen zu können. Das Produkt einer solchen Beratungsevaluation ist die eventuelle Restrukturierung des Beratungsdesigns bzw. die Modifikation spezifischer Interventionsstrategien, um den Erfolg in vergleichbaren Fällen sichern zu können.

Durchführung qualitativer Evaluation

Die Komplexität einer qualitativen Evaluation von Beratungsprozessen ist hoch, weil bei einer Beratung immer mehrere Systeme mit einer eigenen Dynamik involviert sind (Königswieser, Exner u. Pelikan 1995): a) das Klientensystem, das sich beraten lässt (das können politische Parteien, Gewerkschaften, Unternehmen, Schulen, Krankenhäuser, Verwaltungen, Projekte, Gruppen, Patienten u. a. sein), wobei häufig nicht alle Mitglieder des Klientensystems in die Beratung eingebunden sind; b) das Beratersystem, das die Beratung durchführt (und durch eine einzelne Person oder ein Team repräsentiert werden kann und dessen Mitglieder Mitglieder eines Beratungsunternehmens oder einer therapeutischen Praxis sein können, aber nicht müssen); c) das Beratungssystem (das können Organisationsberatungen oder Therapien sein) als ein neu einzurichtendes System, in dem sowohl das Klienten- als auch das Beratersystem vertreten ist und das gemeinsam versucht, charakteristische Kommunikationsmuster des Klientensystems und deren Auswirkungen auf die sozialen Prozesse zu (re)konstruieren, an die Lernprozesse anschließen, in denen ausprobiert wird, wie eingefahrene Interaktionsregeln konstruktiv im Sinne einer langfristigen Systemerhaltung verändert werden können.

Die *Evaluation wiederum etabliert ein eigenes soziales System*, das sich aus dem Beratungssystem, dem darüber hinausgehenden Klientensystem und dem Evaluierungsteam zusammensetzt. Damit Evaluation für alle Beteiligten Gewinn bringend durchgeführt werden kann, ist größtmögliche Unabhängigkeit und Eigenständigkeit des Evaluierungsteams erforderlich. Weiters sollte vor der Evaluation sichergestellt sein, dass alle Beteiligten Interesse an dieser haben und auch bereit sind, im Evaluationssystem zu kooperieren. Darüber hinaus ist wichtig, dass weder vom Klientensystem noch vom Beratungssystem, noch vom Auftraggeber ein Ergebnisdruck auf das Evaluationssystem ausgeübt wird. Dieses Risiko ist vor allem dann gegeben, wenn die Evaluation von einem internen Team durchgeführt wird oder sie ausschließlich der Rationalisierung dienen soll.

Hier ergibt sich die strategisch bedeutsame Entscheidung, ob die Evaluation durch ein internes oder externes Evaluationsteam durchgeführt werden soll. Beide Versionen haben spezifische Stärken und Schwächen (vgl. Weiss 1974), die sich auf folgende Argumente zentrieren lassen.

Interne Evaluation: In diesem Fall wird die Evaluation mit Personal und Mitteln des Klienten- oder des Beratersystems durchgeführt. Der Vorteil besteht in der Vertrautheit des Evaluationsteams mit dem zu evaluierenden Bereich, was nicht nur die Einarbeitungszeit verringert, sondern auch die Zugänge zu vielen Evaluationsteilbereichen erleichtert und die Besonderheiten der Beratung besser evaluierbar macht. Ein entscheidender Nachteil ist hier die mitunter fehlende Distanz zum angewandten oder von der evaluierenden Person selbst entwickelten Konzept, die es schwierig macht, sich den selbstverständlichen Annahmen eines Beratungsansatzes bzw. eines Therapiemodells zu entziehen oder sich der Handlungsdynamik oder dem Legitimationsdruck zu entziehen. Dies führt mitunter dazu, dass solchen Evaluationen mit Misstrauen hinsichtlich ihrer Verlässlichkeit begegnet wird.

Ein Spezialfall hierbei ist die Selbstevaluation. Dabei wird etwa im Rahmen einer konkreten Veranstaltung besprochen, was im Zuge der momentanen Sitzung erreicht werden soll, und kurz vor Ende der Sitzung kann auf die ursprünglich artikulierten Ziele eingegangen werden. Ähnlich kann thematisiert werden, was bis zum nächsten Mal in Angriff genommen wird, wobei die nächste Sitzung auf diese Zielsetzung zurückgreift, um festzustellen, ob und was sich konkret verändert oder stabil gehalten hat.

Externe Evaluation: Sie wird durch Personal (und vielfach mit Ressourcen) durchgeführt, die mit dem zu evaluierenden Konzept nicht direkt verbunden sind. Daraus ergibt sich der Vorteil einer hohen Unabhängigkeit des Evaluationsteams, sodass möglicherweise unerwünschte oder unerwartete Effekte besser beobachtbar werden und gegenüber dem Auftraggeber der Maßnahme mehr Unabhängigkeit dokumentiert wird. Zu achten ist dabei allerdings auf eine möglichst große Unabhängigkeit des Evaluationsteams (existiert z. B. eine potenzielle Abhängigkeit vom Auftraggeber im Rahmen eines Arbeitsverhältnisses?). Der Nachteil liegt einerseits in den hohen Kosten, andererseits in der möglichen Bindung an die Fragestellungen und Interessen eines externen Auftraggebers. Besonders im Rahmen qualitativer Evaluation ist daher auf die Vielfalt der Interessen und Zielsetzungen einer Evaluation Bedacht zu nehmen. Falls eine solche externe Evaluation als auferlegte Kontrolle erlebt wird, kann dies ungünstige Effekte auf den Feldzugang haben und massive eigendynamische Effekte produzieren, die möglicherweise mit dem Beratungsprozess nur bedingt zusammenhängen.

Auch wenn daher, wie oben bereits erwähnt, ein eigenständiges, mit entsprechenden Ressourcen und einem weiten Handlungsspielraum ausgestattetes Evaluationsteam eingesetzt wird, ist eine enge Kollaboration mit dem Beratersystem wichtig, um an den beiderseitigen Evaluationsaktivitäten partizipieren zu können und wechselseitiges Vertrauen zu erlangen. Insbesondere für die Steuerung des Beratungsprozesses und für die Weiterentwicklung von Beratungsansätzen, aber auch für die Definition von Evaluierungsfragen und -bereichen und eine methodische Integration beider Zugänge bietet sich eine solche Kombination von externer und interner Evaluation an.

Eine qualitative Evaluation setzt bei der Lebenswelt der Betroffenen an, und der Zugang erfolgt über persönlichen Kontakt. Entscheidend sind nicht die von außen herangetragenen Vorstellungen und deren Überprüfung, sondern die Sichtweisen der Betroffenen. Es muss daher bei der Datenerhebung sichergestellt werden, dass die Gesprächspartner die Möglichkeit haben, sich frei zu artikulieren, ohne dass zu viele Einschränkungen durch einen Frageleitfaden erfolgen. Einer der wichtigsten Aspekte ist die Aushandlung des Evaluierungsdesigns mit folgenden Komponenten im Evaluierungssystem.

Zeitliche Strukturierung der Evaluierung: Hier ergeben sich vielfältige Möglichkeiten, wobei die Prozessbegleitung, die über die Beendigung der Beratung hinausführt, die umfassendste ist, während andere Verfahren entweder auf retrospektiven Analysen aufbauen (wenn nur am Ende der Beratung analysiert wird) oder von der spezifischen Wahl der Zeiträume zwischen den Erhebungen abhängen. Sinnvollerweise bemessen sich diese Zeiträume nicht an absoluten Zeiten (etwa bestimmten Intervallen), sondern an inhaltlichen Kriterien (indem man etwa bei Erhebungen nach Beendigung einer Beratung eine Konsolidierungsphase einrechnet).

Permanente Reflexion: Sowohl das Klientensystem als auch das Beratersystem tendieren im Laufe einer Evaluation dazu, das Evaluationssystem für die jeweils eigenen Zwecke im Sinne der Systemerhaltung zu vereinnahmen. Die Praxis zeigt, dass Systeme in der Regel sehr ausgefeilte Strategien entwickeln, Koalitionsangebote an das Evaluationsteam zu machen. Um diesen Verlockungen zu widerstehen, ist die Eigenständigkeit und die Unabhängigkeit des Evaluationssystems ebenso wichtig und zentral wie die permanente Reflexion. Das Evaluationsteam muss sich jedoch immer vor Augen halten: Es ist nicht das bessere Beratersystem (Andersen 1997).

Zusammensetzung der Gespräche: Die Datensammlung kann in Form von Einzel- und Gruppengesprächen durchgeführt werden. Bei den Gesprächen können folgende relevante Systeme vertreten sein: Mitglieder des Klientensystems, die nicht im Beratungssystem sind; Mitglieder des Klientensystems, die im Beratungssystem sind; Mitglieder des Beratersystems; Mitglieder relevanter Bezugsgruppen. Im Falle von Gruppengesprächen können die Systeme sowohl gemischt als auch getrennt zusammengesetzt werden.

Form der Gespräche: Es empfiehlt sich daher eine offene Gesprächsform, die primär an den Themen der Gesprächsteilnehmer/in orientiert und durch gesprächsimmanentes Nachfragen gekennzeichnet ist. Bei diesen Gesprächen im Rahmen einer Evaluation handelt es sich um Kommunikation über laufende Ereignisse und Metakommunikation über die Beratung.

Die Form der Interpretation: Für die Interpretation der Gespräche bieten sich hermeneutische Interpretationsverfahren wie z. B. Sequenz- und Grobanalyse (vgl. Froschauer u. Lueger 1992) an. Es geht dabei um die Rekonstruktion von Sinnzusammenhängen, welche die Logik und die Dynamik von Entwicklungsprozessen im evaluierten System bestimmen, sich aber gleichzeitig unabhängig von den subjektiven Intentionen entwickeln.

Rückkommunikation der Ergebnisse: Speziell im Fall formativer Evaluierungen oder im Rahmen von Modellentwicklungen ist es sinnvoll, einen kommunikativen Austausch über Zwischenergebnisse, deren Aufarbeitung und kritische Diskussion (auch im Sinne einer produktiven Weiterarbeit) auf eine systematische Basis zu stellen und die Endergebnisse mit den Betroffenen zu diskutieren.

Erkenntnisse aus qualitativer Evaluation

Evaluation unterstützt als systematische, methodisch kontrollierte Reflexion von Beratungsprozessen Lernprozesse der im Untersuchungsfeld agierenden Systeme und fördert im Klientensystem Transparenz. Dies ist besonders dann wichtig, wenn nicht alle Mitglieder des Klientensystems in die Beratung bzw. die Therapie eingebunden sind. Aber Evaluation ist durchaus kein objektives Instrument zur Beurteilung von Prozessen, sondern ist in seinen Erkenntnissen von den im Evaluierungssystem jeweils definierten Maßstäben abhängig. Da sich diese Maßstäbe zwischen verschiedenen Gruppen eines sozialen Systems unterscheiden, hängt die Beurteilung von Erfolg oder Misserfolg einer Beratung davon ab, welche Bedeutungen für Erfolg überhaupt vorfindbar sind und wie im Evaluierungssystem darüber entschieden wird.

In diesem Sinne sind Ergebnisse von Evaluationsprozessen (aber auch die Erfolgsmodelle einer Beratung) einem kritischen Diskurs aus dem Blickwinkel verschiedener Standpunkte zu unterziehen, wobei ein Grundkonsens über die Vorgangsweise erzielt werden muss, auf deren Basis eine Verlaufsanalyse des Erfolges durchgeführt werden kann. Die Evaluierung bestimmt dann im ersten Schritt die Ordnungsprinzipien und Kommunikationsstrukturen, die für ein evaluiertes System charakteristisch sind, um diese (Re-)Konstruktion als Ausgangspunkt für die Analyse von Kontinuität und von Veränderungen zu verwenden. Entscheidend ist hierbei, herauszufinden, auf welche Weise sich Kommunikation bzw. Handlungsweisen im Verlauf der Prozessberatung verändern bzw. neu strukturieren und welche Strategien im Umfeld der Beratung aktiviert wurden. Für die Umsetzung der Evaluationsergebnisse ist die Analyse jener Gründe wichtig, warum bestimmte Maßnahmen Lernprozesse ermöglichten und förderten, andere dagegen diese verhinderten. Der Erfolg einer Beratung und eine längerfristige Implementierung von Veränderungen lässt sich nur dann auf Dauer stellen, wenn man über Informationen verfügt, warum bestimmte Maßnahmen gut oder schlecht gegriffen haben und welche Rollen die verschiedenen Bewertungsmaßstäbe hierbei spielten.

Die begrenzte Planbarkeit von Beratungsprozessen in komplexen sozialen Systemen macht es nicht nur wichtig, in der Evaluierung intendierte Effekte zu berücksichtigen, sondern mindestens ebenso bedeutsam ist die Identifikation und Analyse von nicht intendierten Folgen von Maßnahmen. Vielfach verändert Beratung etwas in Bereichen, die nicht Veränderungsziel waren, oder produzieren ungewollte Folgeerscheinungen, die auch kontraproduktiv sein können. Solche Entwicklungen sind häufig im Vorhinein nicht abschätzbar, weil sich Veränderungen der typischen Operationsweisen des Klientensystems vollziehen können, ohne dass es den Betroffenen bewusst ist. Dazu kommen Reflexionen über die spezifische Involviertheit, die Beiträge von Akteuren zum Beratungsprozess und die Mobilisierung von Unterstützung und Widerstand mit etlichen Effekten für den Gesamtprozess.

Evaluationen haben in der Regel sowohl kurz- bis mittelfristige als auch mittel- bis langfristige Auswirkungen. Insbesondere wenn Evaluation als Unterstützung für Entwicklung definiert wird, hilft Evaluation, Prozesse besser zu verstehen und Korrekturen im Beratungsprozess durchzuführen. In diesem Kontext übernimmt *Evaluation kurzfristig* die Funktion von Supervision für die Beratung und kann blinde Flecke der beteiligten Systeme beleuchten. Veränderungen im Zuge einer Therapie bzw. einer Beratung vollziehen sich nicht spektakulär mit einem Paukenschlag, sondern in kleinen Schritten, sodass nicht selten die Veränderung gar nicht als solche wahrgenommen wird, sondern der Eindruck entsteht, es sei schon immer so gewesen. Folge davon ist, dass dem System ein Erfolgserlebnis vorenthalten wird, das für weitere Lernschritte jedoch von äußerster Bedeutung ist. Evaluation sensibilisiert für solche kleinen Veränderungen und aktiviert bzw. informiert auch Mitglieder des Klientensystems, die nicht am Beratungsprozess beteiligt sind. Die Explizierung von bereits stattgefundenen Veränderungen ist hierfür ein wichtiges Instrument.

Bei den *mittel- bis langfristigen Folgen* muss unterschieden werden zwischen den Folgen für das Klientensystem und den Folgen für das Beratersystem. Das Klientensystem kann anhand der Evaluationsergebnisse ableiten, was es in Zukunft berücksichtigen möchte bzw. wer in welcher Weise einbezogen werden könnte, falls es wieder Probleme gibt. Da sich auch die Umwelt permanent verändert, kann es durchaus notwendig sein, ein Folgeprojekt zu initiieren. Durch Evaluation werden Erfahrungen, die im Zuge des Projektes gemacht wurden, auch abrufbar und erleichtern die Entscheidung, was beim neuen Projekt bereits bei der Projektplanung berücksichtigt werden sollte und wie der Transfer zwischen Beratung und Klientensystem funktionieren kann. Das Beratersystem wiederum kann Evaluationsergebnisse für die Weiterentwicklung seines Beratungsansatzes verwenden. In diesem Sinne bietet die Evaluation Hilfestellungen in Hinblick auf mögliche Effekte, die sich aus dem Verhältnis von Rahmenbedingungen und Aktivitäten im gemeinsamen Prozess der Erschaffung von Wirklichkeit zwischen Beratung und Klienten ergeben.

Literatur

Andersen, T. (1997): Steigerung der Sensitivität des Therapeuten durch einen gemeinsamen Forschungsprozeß von Klienten und Therapeuten. *Zeitschrift für systemische Therapie* 15: 160–167.

Deissler, K. G. (Hrsg.) (1997): Sich selbst erfinden? Von systemischen Interventionen zu selbstreflexiven therapeutischen Gesprächen. Münster (Waxmann).

Froschauer, U. (1997): Organisationskultur als soziale Konstruktion. *Österreichische Zeitschrift für Soziologie* 22 (2): 107–124.

Froschauer, U. u. M. Lueger (1992): Das qualitative Interview zur Analyse sozialer Systeme. Wien (WUV-Universitätsverlag).

Froschauer, U. u. M. Lueger (1996): Qualitative Evaluation psychotherapeutischer Gespräche. Zeitschrift für systemische Therapie 14: 98–110.

Gergen, K. J. (1994): Realities and relationships. Soundings in social construction. Cambridge, MA / London (Harvard University Press).

Glaser, B. G. a. A. L. Strauss (1967): The discovery of grounded theory: Strategies for qualitative research. New York (Aldine de Gruyter).

Guba, E. a. Y. S. Lincoln (1987): The countenances of fourth-generation evaluation: Description, judgement, and negotiation. In: D. Palumbo (ed.): The politics of program evaluation. Beverly Hills (Sage), p. 202–234.

Hoffmann-Riem, C. (1980): Die Sozialforschung einer interpretativen Soziologie – Der Datengewinn. *Kölner Zeitschrift für Soziologie und Sozialpsychologie* 32: 339–372.

Kern, H. (1982): Empirische Sozialforschung. Ursprünge, Ansätze, Entwicklungslinien. München (Beck).

Königswieser, R., A. Exner u. J. Pelikan (1995): Systemische Intervention in der Beratung. *Zeitschrift für Organisationsentwicklung* 14 (2): 52–65.

Luckmann, T. (1993): Theorie des sozialen Handelns. Berlin / New York (Walter de Gruyter).

Luhmann, N. (1997): Die Gesellschaft der Gesellschaft. Frankfurt a. M. (Suhrkamp).

Strauss, A. L. (1993): Continual permutations of action. New York (Aldine de Gruyter).
Weiss, C. H. (1974): Evaluierungsforschung. Methoden zur Einschätzung von sozialen Reformprogrammen. Opladen (Westdeutscher Verlag).
Wolff, S. (1993): Prinzipien und Beispiele qualitativer Evaluationsforschung. (Unveröffentl. Manuskript).

Kollaboratives Interviewen von Frauen, die geprügelt wurden „Wenn sie mir zugehört hätten, wäre ich gegangen; ich glaube, ich wäre nicht geblieben"

Susan B. Levin

Einleitung

Forschungsbefragungen sind oft eine Einwegaktivität. Dieser Prozess wird so gehandhabt, um die Bedürfnisse der Forscher zu befriedigen. Er begrenzt das Interview auf vorbestimmte Gesprächsinhalte und vorbestimmtes Material. Kollaboratives Befragen ist ein Verfahren, in dem, aus einer sozialkonstruktionistischen Praxis und Philosophie entwickelt, jede Person, die interviewt wird, mit dem Forscher zusammenarbeitet, um ein Verstehen besonderer Gesprächsinhalte zu entwickeln. Der Forscher geht in jedes Interview mit einer lernenden Haltung. Dabei lädt er jede befragte Person dazu ein, den Forscher oder die Forscherin über seine oder ihre Erfahrung zu unterrichten. Dieses Vorgehen wird illustriert durch Material aus meinem Forschungsprojekt aus dem Jahre 1992. Es hatte den Titel: Das Ungehörte hören: *Geschichten von Frauen, die geprügelt wurden.*

Dem Befragen innerhalb von Forschung kann man sich auf vielerlei Weise annähern. Ich möchte hier meine diesbezügliche Einstellung illustrieren. Sie nutzt postmoderne, hermeneutische und kollaborative Praktiken und liefert Menschen Möglichkeiten, in Befragungskontexten gehört zu werden. Diese Art des Befragens beinhaltet eine Leidenschaft für das Explorieren und Sinnerzeugen mit anderen zusammen, wobei die Erfahrungen der Beteiligten genutzt werden. Man könnte dies poetisches Konstruieren nennen – eine Erschaffung von Bedeutung über das „Gewußte" hinaus. Zwischen dieser Methode der Forschung und konstruktionistischen und kollaborativen Psychotherapien existieren viele Ähnlichkeiten.

Die lernende Position verlangt von dem Forscher, „nichtwissend" über das zu sprechen, was für jede Person wichtig ist. Sie verlangt, das Interview nicht in Hinsicht auf ein besonderes Ergebnis oder vorbestimmte Gesprächsgegenstände oder Interessen zu führen (Anderson 1990, 1997; Anderson u. Goolishian 1992). Diese Offenheit schafft Unvorhersagbarkeit und Ungewissheit – ein Problem in traditioneller, empirischer Forschung. Um dies zu illustrieren, will ich einiges Material aus meinem Forschungsprojekt *Das*

Ungehörte hören: Geschichten von Frauen, die geprügelt wurden (Levin 1992, 1995) vorstellen.

Zwei Typen von Forschungsbefragungen werden beschrieben von Steiner Kvale, einem norwegischen Professor für Pädagogische Psychologie und Direktor des Zentrums für qualitative Forschung an der Universität von Århus, Dänemark (Kvale 1996). Der erste Typ ist wie eine Minenexpedition. Er zielt auf das Extrahieren von kostbarem Material. Dagegen ist die zweite Methode wie das Reisen, bei dem der Forscher lernt und neue Orte erkundet. Da ich diese Konzeptualisierung von Befragen mag, möchte ich die Reisemetapher erweitern, um die vielen Stile des Reisens anzuschauen. Man kann sich ein Spektrum, das von einem Ende aus zum anderen reicht, vorstellen. Das eine Ende würde ich als *konventionell* bezeichnen, das andere als *offen*.

konventionell ⟵⟶ offen

Der konventionell Reisende gesellt sich oft zu einer organisierten Tour. Das Reisen mit einem Reiseführer beinhaltet eine anfängliche Wahl darüber, wohin zu gehen ist und mit welcher Gruppe man gehen will. Hat der Reisende einmal diese zwei Entscheidungen gefällt, trifft anschließend meist die Reisefirma die Wahl, in welchen Hotels zu bleiben ist, welche Nahrung bei den vorher festgelegten Mahlzeiten serviert wird, welche Gegenden zu besuchen sind und wie viel Zeit für den Reisenden „offen" gelassen sein wird. Der Reisende kann einige Wahlen innerhalb dieses Rahmens treffen. Dazu gehört, wo er in dem Tourbus und eventuell bei den Mahlzeiten sitzt und was er mit der „offenen" Zeit macht.

Viele Leute reisen auf diese Art, weil es eine sehr einfache, effiziente, vorhersehbare und zuverlässige Art ist, um anderen Orten, Ländern und Kulturen zu begegnen. Die meisten Reisegesellschaften sind sehr kompetent bei der Beschreibung dessen, was Reisende erwarten können. Und deshalb bekommen die meisten Reisenden, was sie sich bei diesem Vorgehen vorstellen. Dieser Typ des Reisens ist ähnlich dem Durchführen von Forschung, die ein vorbestimmtes, standardisiertes Modell benutzt.

Es gibt viele standardisierte Methoden des Befragens in der Forschung. Ein Forscher beginnt diesen Prozess, wie es der Reisende tat, durch das Bestimmen dessen, „wohin zu gehen ist", zum Beispiel der Richtung und des Fokus der Studie und welches Modell zu verfolgen ist. Auf der Reise sind dann Entscheidungen der Art zu treffen, wie und wo im Bus zu sitzen ist. Der Forscher kann nicht mehr entscheiden, die Richtungen, die Methodologien oder den Stichprobenbereich zu wechseln, ohne das Projekt zu kompromittieren.

Am anderen Ende des Spektrums hat der offen Reisende wenig Pläne und kein definiertes Ziel in seinen Gedanken. Und vielleicht hat er wenig Grenzen für Zeit und / oder Geld. Dieser Reisende ist bereit zu reisen, wenn die Stimmung danach ist oder wenn ihm jemand eine Fahrt anbietet. Diese Art des Reisens bietet dem Reisenden maximale Spontaneität. Das Wegbewegen von dem „ausgetretenen Pfad" kann zu persönlichen Beziehungen, zu einem neuen Job und oder zu einem permanenten Wohnsitz im Ausland führen. Wenige Menschen reisen auf diese Art, weil sie so unvorhersehbar ist.

Konventionelle Forschung wie konventionelles Reisen geben Menschen einen flüchtigen Eindruck von der Kultur, einer Landschaft, einem Volk oder einer Gruppe. Offene Forschung wie offenes Reisen können tiefere, reichere Erfahrungen vermitteln, die unvorhersehbar und einzigartig sind. Es ist meine Vorliebe, Reisen und Forschung in Hinsicht auf das *offene* Ende dieser zwei Extreme zu erfahren. Das ist es, was ich kollaboratives Befragen nenne. Eine kollaborative Herangehensweise bezüglich des Befragens beinhaltet eine nichthierarchische Partnerschaft mit Forschungsteilnehmern, die zusammen explorieren, um etwas über vertraute und unbekannte Territorien zu lernen. Beide, der Forscher und der Teilnehmer, betreten ein Interview mit Ideen, Erwartungen und Sachkenntnis.

Ein kollaboratives Interview beginne ich mit vielen allgemeinen Ideen dazu, wohin das Interview gehen könnte, was ich darüber lernen könnte, wie viel Zeit ich gern mit verschiedenen Fragen verbringen möchte und was andere, die diesen Gesprächsgegenstand erforscht haben, herausgefunden haben könnten. All dies wird jedenfalls auf „Halt" gesetzt, wenn ich die Person treffe, mit der ich mich unterhalten will. Einiges von diesem „Vorwissen" könnte wieder während eines Interviews an die Oberfläche treten, wenn etwas aufkommt, das mich an etwas erinnern kann, das ich in der Literatur gelesen habe oder im Fernsehen gesehen habe oder worüber ich mich mit einem Kollegen, Klienten oder früheren Forschungsteilnehmer unterhalten habe. Obwohl ich das Auftreten einer Idee in einem Gespräch beenden kann, kommt es nicht vor, dass das Thema bestimmt wird oder das Interview gesteuert wird, sondern solche Ideen werden lediglich als ein Beitrag zum Gespräch gesehen.

Eine Illustration

Im Geist der genannten Reisemetapher habe ich eine „Landkarte" vorbereitet, um mein Forschungsbeispiel darzustellen. Diese Landkarte hilft, einige der Aspekte des Projekts zu illustrieren, das sich vom offenen Ende des Spektrums her erstreckt. Die Räume „dazwischen" symbolisieren die vielen Dinge, die ungesagt geblieben und noch zu explorieren sind. Einige dieser metaphorischen Orte auf dieser Landkarte wurden schon durch konventionelle Forscher besucht, so wie der „Kreis der Gewalt" oder „Kindesmissbrauch/ Vernachlässigung". Obwohl diese schon „Orte" waren, die während meines Projekts besucht wurden, habe ich diese Ziele nicht vorbestimmt, auch wusste ich nicht, auf welche Art sie diskutiert werden könnten. Zusätzlich kann eine Anzahl der „Orte", die ich mit den Frauen, mit denen ich mich unterhielt, besuchte, nicht durch konventionelle Forscher besucht worden sein, so wie „Pams Wohnung" oder das Hören von „Poesie" während eines Interviews.

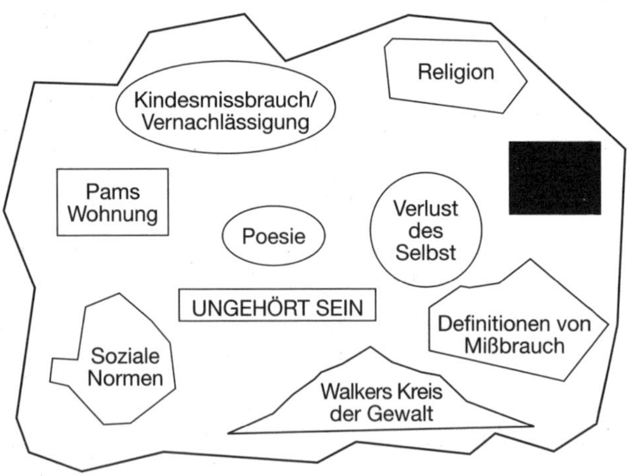

Das Ungehörte hören: Geschichten von Frauen, die geprügelt wurden

Das Darstellen dieses reichen und komplexen Projekts in einer grafischen Form illustriert die Konventionen, innerhalb deren ich handele. Denn diese Beschreibung bildet sich durch meine Perspektiven zum jetzigen Zeitpunkt und die Beschränkungen von Zeit, Technologie und Form, die heute gegenwärtig sind. Eine Mahnung von Gregory Bateson, dass die Landkarte nicht das Territorium ist, sei an dieser Stelle genannt.

Eines weiteres Ziel in diesem Projekt war der Versuch, sowohl Reduktionismus als auch Essenztialismus zu vermeiden. In einer meinem Projekt gewidmeten Anmerkung verwies Harry Goolishian auf das unausgesprochene Anliegen des Essenzialismus, die ich „Harrys Warnung" nenne. Harry schrieb:

> „Was auch immer studiert wird, das Anliegen der ... Analyse ist immer, nach dem ‚Wesentlichen' Ausschau zu halten ... Die Analyse ist reduktionistisch, da sie Geschichten in einer Weise zusammenschreibt, daß sie mit nur einer Geschichte, einem allgemeinen Genre enden. Die individuellen Geschichten werden als vielfältige Ausdrücke dieser einen darunterliegenden Essenz angesehen ... Ich hoffe, daß Du in Deiner Analyse in der Lage sein wirst, der sehr verführerischen Versuchung nachzugeben, solchem Essentialismus zu erliegen.
>
> Ich hoffe darüber hinaus, daß es Dir gelingen wird, das spannende Abenteuer einzufangen, das die in Geschichten gefaßten Erfahrungen schildert, die durch die verschiedenen Frauen erzählt werden. Ich glaube nicht, daß wir uns mit einem Syndrom des ‚Geprügelt-worden-Seins' befassen sollten, gegen das wir eine gesunde, ‚nicht geprügelte Persönlichkeit' stellen können ...
>
> Wenn es Dir gelingt, die Einzigartigkeit und den Reichtum dieser Einzigartigkeiten zusammen mit dem Reichtum Deiner Erfahrungen einzufangen, werden die Erfahrungen dieser Frauen nicht als ‚abgeschlossene' Objekte eingekapselt, die wiederum der strukturellen Analyse mit sehr begrenzten Optionen und Möglichkeiten unterzogen werden müßten" (Goolishian 1991).

Ein offenes, tiefenorientiertes Interviewformat stellt eine Alternative zu traditioneller Forschung dar, die entworfen ist, um die Ideen des Forschers und nicht die der Teilnehmer zu präsentieren und zu verifizieren. Ich glaube fest daran, dass es von Menschen, die die Erfahrung des Geprügeltseins erleben, mehr zu lernen gibt, als von den Fachleuten, die sie studiert haben. Ich wollte eher *mit* den Teilnehmern reisen, wohin *sie* gehen wollten, als eine Reise führen, die, basierend auf früherem, professionellem „Wissen", vorbestimmt gewesen wäre. Das Konzept der sozialen Poesie (Deissler 1997) beinhaltet diese Unterscheidung. Sie erinnert uns an den kreativen und kollektiven Prozess der Bedeutungsschaffung. Lernen ist eine wechselseitige Aktivität. Es ereignet sich durch das Unerwartete in Gesprächen.

Nan[1] spricht in ihrem zweiten Interview davon, *nicht gehört zu werden*. Nan ist eine 41 Jahre alte Vollzeitstenotypistin und war vier Jahre vor den Interviews der Missbrauchsbeziehung mit Bud entkommen. Nan berichtete von einem starken Pflichtgefühl, anderen Frauen zu helfen, die geprügelt worden sind. Sie wollte sicher sein, dass die Teilnahme an meiner Studie zur Verbreitung und Veröffentlichung meiner Befunde führen würde. Nan fühlte sich von einer Reihe Therapeuten nicht gehört. Aus dieser Erfahrung sind für mich bedeutungsvolle Fragen enstanden, die mein Forschungsinteresse leiten.

Sue: Ein Teil Ihrer Erfahrung war, dass niemand hören wollte, was Sie zu sagen hatten – weder bezüglich der Art von Hilfe, die Sie brauchten, noch weswegen Sie darum baten?
Nan: Sie hielten nach blauen Flecken Ausschau, und sie waren nicht gewillt, überhaupt über die aktuelle Tatsache zu sprechen, dass es einen Mann gab, der mich mindestens einmal pro Woche schlug.
Sue: Was haben Sie gemacht, als sich das ereignete?
Nan: Im Laufe der Zeit isolierte ich mich völlig. Tatsächlich hatte ich mich in den letzten Stadien ... isoliert. Ich hatte kein geistiges Leben mehr. Es gab nichts ... anderes als animalischen Überlebensinstinkt, der mich von Tag zu Tag am Laufen hielt.
Sue: ... ich denke, Sie wollten sagen, dass Sie dies mit der Tatsache verbinden, dass Sie um Hilfe baten und sie nicht bekamen.
Nan: Ich rief die Polizei an, als ich gerade drei Monate mit ihm verheiratet war, und sie lachten und gingen wieder; und – es ist

1 Nan ist ein Name, der gewählt wurde, um die Privatsphäre und die Identität der Teilnehmerin zu schützen.

schwer zu sagen, ob sie mir zugehört hätten, wenn ich drängender gefordert und auf Schutz bestanden hätte. Aber ich glaube, ich wollte weggehen; ich glaube, ich wollte nicht bleiben. Einige der Therapeuten, zu denen wir gingen, waren Geistliche, und die waren die schlimmsten; am wenigsten informiert. Was sie am ehesten geneigt waren zu sagen, war: „Nun, hören Sie auf, ihn ärgerlich zu machen", „Wenn Sie es richtig machen, wird er aufhören, Sie zu schlagen".

Eine weitere Tragödie gab es mit einem Psychiater, den ich aufsuchte. Ich war bei ihm für drei Monate in Therapie gewesen, und Bud hatte aufgehört, mich zu schlagen; die Perioden zwischen den Schlägen waren viel länger geworden; anfangs als wir verheiratet waren, passierte es mindestens einmal pro Woche. Zu dieser Zeit waren die Schläge so schlimm, dass er mit Gewissensbissen erfüllt war, und manchmal ging er sechs Monate weg. Aber ich war bereits ungefähr drei Monate bei diesem Mann in Therapie, als Bud mich wieder mal schlug, und es waren schreckliche Prügel. Es waren schreckliche Prügel. Und als ich es dem Psychiater beschrieb, beendete er daraufhin unsere Beziehung. Er sagte: „Ich kann Sie nicht mehr sehen, wir werden noch nicht einmal die Sitzung beenden. Ich möchte, dass Sie gehen."

Nan berichtete, dass sie und ihr Ehemann zu sieben Therapeuten gegangen waren. Und es dauerte mehr als sechs Jahre, bis sie schließlich einen für sich selbst fand, sie sich akzeptiert fühlte und ihr geholfen wurde. Nan fühlte sich von ihren Therapeuten nicht gehört, sondern erst durch mich als Forscherin.

Wie sie berichtete, war sie extrem empfindsam gegenüber anderen Menschen und ihren Reaktionen:

Nan: Mein Therapeut steckte mich in eine Gruppentherapie. Einer der Leute in der Gruppentherapie charakterisierte mich als eine Häsin, die auf dem Sprung sei zu fliehen. Und ich war ein Jahr lang so. Die neun Monate, bevor ich ihn verließ, und drei Monate danach. Jegliche Zuschreibung, die jemand zu diesem Zeitpunkt in Bezug auf mich machte, der mich missbilligte oder der dachte, dass jemand mit meinem Verstand und Hintergrund in der Lage sein sollte wegzulaufen, jede Zuschreibung dieser Art hätte mich in die Flucht gejagt.

Sue: Sie erwähnten, dass Sie versuchten, eine Anzahl von Menschen zu erreichen: Familie, Freunde, frühere Therapeuten, die Kirche. Empfanden Sie jemals, dass irgendjemand Sie verstand?
Nan: Niemals wirklich ...
Sue: Niemals.
Nan: Ich rannte niemals zu einer anderen Person, die dasselbe durchgemacht hatte. Therapeuten waren die Schlimmsten, weil ich wollte, ehm, jedes Mal wollten wir einen neuen auswählen, ich wollte hoffen können. Und wir gingen da rein, und es wurde für gewöhnlich schlimmer. Dinge wurden gewöhnlich viel schlimmer, weil mein Ehemann nicht imstande war, Sachthemen zu verhandeln. Er konnte es einfach nicht, ich glaube, der Mann war sehr krank. So gingen wir zu Therapeuten, die nach einer Art von Modell arbeiteten. Sie wissen, wo man von einem erwartet, das zu akzeptieren, was immer es sein mag, das den Kampf verursachte, und es durchzuarbeiten. Und Tatsache ist, der Kampf war zuvor da, was immer ihn verursachte, er war da. Das, was ich jetzt verstehe, ist, dass, als die Spannung sich in ihm aufzubauen begann, begann er nach etwas Ausschau zu halten, was er als möglichen Grund für den Kampf auswählen wollte. Und die Dynamiken, ehm, kamen nicht von den Ursachen, die man auf ein Papier schreiben konnte oder in einem Therapieraum ausarbeiten konnte.
Sue: Und auf diese Weise unterhielten sich Ihre Therapeuten mit Ihnen und mit ihm darüber. Und Sie sprachen über Sie, ohne überhaupt der Vergewaltigung Aufmerksamkeit zu schenken. Wie wollten Sie zwei zu jener Zeit darüber reden?
Nan: Es wurde nicht direkt angesprochen. Es war vielleicht der erste oder zweite Therapeut, bei dem wir tatsächlich erwähnten, dass unsere Kämpfe physisch wurden. Ich glaube, derjenige, der für mich am meisten entmutigend war, war ein Presbyter-Priester in Florida. Der kam mit wirklich guten schriftlichen Unterlagen. Ich meine, er hatte einen Abschluss in Sozialarbeit zusätzlich zu seiner theologischen Arbeit. Ich erinnere mich, wir trafen ihn eine Zeit lang, vielleicht fünf Monate, und ich hatte gerade 69 Stiche in meinem Arm – das Ergebnis des Durchschlagens durch eine Bilderscheibe. Wir saßen gerade da, und mein Arm war vollkommen zugepflastert, und meine Augen waren beide blau. Ich meine, das, was ich gerade durchmachte, war nicht unsichtbar. Und Bud brachte irgendetwas vor wie das Vergessen von Orangen für frisch gepressten Orangen-

saft oder so was, und ... und ich sagte: „Was ist mit mir? Das, was wir gerade durchmachen, kostet mich zu viel." Und Bud wurde wütend, stand auf und ging weg. Und der Pfarrer schaute auf mich und sagte: „Warum reizen Sie ihn derartig? Sie wissen doch, dass ihm schnell die Sicherung durchbrennt. Warum arbeiten Sie nicht einfach daran?"
Sue: Mhm. So wurden sie wirklich getadelt.
Nan: Das war, was ich bekam. Die meisten unserer Therapeuten waren Männer, und die meisten von ihnen tadelten mich. Und zu dieser Zeit erschien ich als unglaublich albern. Es war schwierig für mich, irgendetwas zustande zu bringen.

Hätte ich Misstrauen oder Zweifel an ihrer Geschichte gezeigt, hätte die Interaktion einen sehr anderen Stil oder eine andere emotionale Qualität angenommen. Ich wäre zum Inquisitor und Experten geworden, der die Wahrhaftigkeit ihrer Geschichte bewertet hätte. Dabei hätte ich definiert, was für sie für das Gespräch wichtig gewesen wäre, und hätte den Wert für das Projekt beurteilt. Diese hierarchische Stellung hätte Nan in eine gefühlsmäßige Position drängen können, in die sie durch ihren missbrauchenden Ehemann gebracht wurde, als er die Regeln der Beziehung bestimmte. Das Meiden einer hierarchischen Haltung und das Nichtdefinieren von Regeln waren für mich ein wesentlicher Teil der *Offenheit*, und ich hoffe, es war gut für die Frauen, die ich befragte.

Ein anderer Teil von Offenheit, die ich in dieser Forschung erfuhr, wird hier durch „Pams Wohnung" repräsentiert. Pam war die sechste Frau, die ich befragte. Und obwohl ich mich selbst mit jedem Interview so wahrnahm, als sei ich immer offener und flexibler geworden, half mir Pam zu erkennen, dass ich mehrere Vorannahmen hatte, deren ich mir nicht bewusst gewesen war. Pam, eine grafische Künstlerin, die dann Rechtsanwältin wurde, war elf Jahre vor dem Interview in einer siebenjährigen Ehe geprügelt worden. Sie beschrieb, wie sie ihr künstlerisches Talent benutzte, um mit ihrem Therapeuten zu kommunizieren, wenn sie ihre Erfahrungen und plagenden Alpträume nicht in Worte fassen konnte. Als wir ihre Zeichnungen und ihre Poesie diskutierten, deutete Pam an, dass es Dinge gab, die ich aus dem Betrachten ihrer Arbeiten über sie eher lernen und verstehen könnte als durch das Sprechen mit ihr. Da ich flexibel, offen und respektvoll sein wollte, stimmte ich zu, Pams

Studio und Wohnung zu einem späteren Zeitpunkt zu besuchen, um ihre Arbeiten zu sehen. Während dieses Besuchs filmte ich ihre Arbeiten mit Video und machte Fotos.

Ich war interessiert, beeindruckt und hatte Verständnis für Pams künstlerische Arbeiten und ihren Wunsch, sie mir zu zeigen. Es war wichtig für mich, den Bedeutungsgehalt, den sie ihnen zumaß, anzuerkennen. Diese Bedeutungen waren für sie sowohl Ausdruck und Darstellung ihrer Gefühle und Erfahrungen als auch ein Medium, Verbindungen herzustellen und gehört zu werden. Um Pam das Gefühl zu geben, gehört zu werden, musste man ihre Arbeiten gesehen haben.

Offenheit ereignete sich in der beabsichtigten Unbestimmtheit meiner Definition von Missbrauch und Prügel, die auf der Landkarte als „Definitionen von Missbrauch" bezeichnet wurde. In meiner „Aufforderung zur Teilnahme" benutzte ich „geprügelt worden sein" als das Kriterium für die Teilnahme an dieser Studie. „Geprügelt" wurde für diese Zwecke definiert als physische und/oder emotionale Verletzung, die von einer Frau innerhalb einer bestehenden Beziehung mit einem Mann erfahren wurde. Obwohl mir dies zuerst ziemlich wichtig erschien, fand ich heraus, dass viele der Teilnehmerinnen meine geschriebene Beschreibung tatsächlich nicht lasen. Sie hatten eher durch jemand anders von meinem Projekt erfahren. Zum Beispiel erzählte Renata, als sie mich zum ersten Mal anrief, dass ein Freund ihr erzählt hatte, dass sie zu mir kommen könne, um mit mir zu sprechen. Sie war sich jedoch nicht sicher, ob ich sie treffen wolle. Sie sagte, dass sie nicht sicher sei, dass sie missbraucht worden sei. Da ich dieses Gespräch bei unserem Interview fortsetzen wollte, stellte ich keine weiteren Fragen, versicherte ihr aber, dass ich interessiert sei, mich mit ihr zu unterhalten – auch wenn sie nicht glaube, dass sie missbraucht worden sei. In dem Interview fragte Renata mich, ob *ich denke*, dass sie missbraucht worden sei.

Renata: Ich erlaubte es, zu diesem Punkt zu kommen. Ich fühle mich immer noch verantwortlich dafür, dass ich es erlaubte. Dann schaue ich ihn an, und ich denke, vielleicht, wenn er jemand anderes gehabt hätte, vielleicht hätten sie sich behaupten können. (Weinend) Und es tut mir Leid für ihn ... Sehen Sie es als Missbrauch an? Oder glauben Sie, dass alles erfunden ist? Nennen Sie es, wie Sie wollen.

Sue: Sie sind weiterhin an einem Punkt, wo Sie nicht sicher sind, wie es zu nennen ist. Deshalb glaube ich, dass es für mich nicht so wichtig ist, wie ich es nenne würde. Jedoch was wichtig ist, ist, dass Sie zu einem Punkt kommen, wo Sie einen Weg haben, einen Namen dafür zu haben oder es zu verstehen.

Renata: Es war wirklich Missbrauch. Das war es wirklich. Wenn jemand Ihnen ins Gesicht schreit oder Sie schüttelt oder Sie ohne einen Grund schlägt, Sie auf den Boden niederdrückt, nur weil Sie dabei sind zu versuchen, zu ihm zu kommen, um mit ihm zu reden. Er brach meinen Finger letztes Frühjahr, aber er beabsichtigte nicht, meinen Finger zu brechen. Ich hatte meine Schlüssel am Finger, und er war wütend auf mich. Und ich wollte mein Buch holen, um mich (für das College) einzuschreiben. Er bestand darauf, dass ich nicht gehe. Er sagte: „Du bist jetzt gerade zu aufgeregt." Und ich sagte: „Nein, ich bin nicht aufgeregt. Ich bin nicht so aufgeregt. Ich möchte gehen." Beim Umdrehen hatte ich den Schlüsselring über meinem Finger, und er drehte ihn. Ich hielt mich damit auf, ihm zu sagen: „Du tust mir weh." Ich wollte versuchen, die Schlüssel zu behalten, und er war dazu entschlossen, sie wegzunehmen. Ich blieb dabei, zu sagen: „Gary, du tust mir weh." Er nahm sie mir ab ...

Ich übernahm weder die Position ein anzunehmen, dass Renata missbraucht worden war, noch dass es nicht ihr Fehler war, obwohl dies sicher Gedanken waren, die ich hatte. Mein Ziel war nicht, sie für meine Überzeugungen zu gewinnen, sondern mögliche Verständnisse ihrer Situation und was deren Wirkungen waren, zu erforschen. Wäre ich Expertin für Missbrauch gewesen, hätten wir nicht länger ein kollaboratives Gespräch gehabt. Ich hätte sie nicht hören wollen, und sie hätte mich auch nicht hören können.

In den obigen Beispielen erlaubte die Offenheit mir, die Geschichten von Frauen zu hören, die als „geprügelt" definiert worden waren. Dies war die Art, in der sie es anderen erzählen wollten und die durch meine Aufmerksamkeit und Neugier gefördert und gewürdigt wurde – mit all ihren Unsicherheiten, Überzeugungen, Wirklichkeiten und Dilemmata.

Die kleine Gruppe der Frauen, die ich befragte, war ziemlich unterschiedlich. Von acht Frauen lebten Jean und Sara von den Männern getrennt, Renata hielt eine eheliche Beziehung aufrecht; Nan, Sheila, Carol, Claudia und Pam hatten die Beziehung, derentwegen sie zum Gespräch gekommen waren, beendet. Einige von ihnen hatten sich wieder verheiratet. Einige der neuen Ehen haben wieder „Geprügeltwerden" zum Inhalt, einige nicht. Alle waren Kaukasierinnen, obwohl Carol zur Hälfte amerikanischer Herkunft war. Alle waren zu einem bestimmten Zeitpunkt in ihrem Leben in Therapie. Die Hälfte berichtete von Erfahrungen der Vergewaltigung in der Kindheit. Die Hälfte ihrer Partner trank regelmäßig Alkohol.

Der Grad des beschriebenen und erfahrenen Geprügeltwerdens variierte bei diesen Frauen. Jean, Pam und Sara bezogen sich auf das Erleiden der Bedrängnis, des emotionalen und verbalen Missbrauchs und unregelmäßiger verletzender Ereignisse. Dagegen berichtete Renata, dass es selten physische Gewalt gab, aber sie wurde ständig streng durch ihren Ehemann kontrolliert. Claudia beschrieb detailliert Angriffe, die sie mit zerschmetterten Gesichtsknochen, einer Schädelfraktur, blau geschlagenen Augen und anderen Verletzungen zurückließen. Nan und Carol waren überzeugt, dass die Fortführung ihrer Beziehungen des Geprügeltwerdens mit ihrem Tod enden würde. Und Nan berichtet, dass sie Halluzinationen und einen epileptischen Anfall als Ergebnis von wiederholten Kopfverletzungen davongetragen habe, die von den Prügeln herrührten. Sheila bezog sich wenig auf die Prügel, die sie aushielt. Sie diskutierte eher die emotionalen Wirkungen, so wie den Missbrauch, unter dem sie als Kind in einer dysfunktionalen Familie gelitten hatte.

Ich hatte keine Frau als Teilnehmerin, die zu dieser Zeit Bewohnerin eines beschützten Wohnheims war. Nan war die einzige der befragten Frauen, die berichtete, dass sie während ihrer Ehe in einer beschützenden Einrichtung war. Sheila beschrieb, dass sie freiwillig in einer beschützenden Einrichtung war, während sie in ihrer zweiten Ehe geschlagen wurde. Carol erzählte, dass sie sich nicht bewusst war, dass Schutzeinrichtungen existierten, und sie hätten solche in der kleinen Stadt im Norden von Louisiana wahrscheinlich auch nicht eingerichtet, als sie dort in den Siebzigerjahren lebte. Pam berichtete, dass sie dabei war, mit Freunden zu leben. Dagegen beschrieb Jean, dass sie gerade in ein psychiatrisches Krankenhaus gehe, um aus ihrer Beziehung herauszukommen. Claudia zog bei einem Versuch, ihren Ehemann zu verlassen, von Louisiana nach Texas. Und Sara sorgte dafür, dass ihr Ehemann aus der Wohnung auszog, nachdem die Polizei gerufen wurde.

Eine von acht Frauen war aus ihrer Beziehung des Geprügeltwerdens seit elf Jahren heraus und eine andere seit 13 Jahren. Beide beschrieben, für wie wichtig sie es empfanden, dass sie seitdem in der Lage waren, über diese Erfahrung zu sprechen, und wie schwierig es sei, Menschen zu finden, die gewillt seien, ihnen zuzuhören. Die Zuhörer (Freunde, Familie und Fachleute) schienen „auszubrennen". Diese Frauen beschrieben andere, als würden sie sagen wollen: „Sie sollten zum jetzigen Zeitpunkt über den Berg sein." Zuhörer hätten eine Standardmenge an Zeit, die sie für Frauen, die über ihre früheren Beziehungen sprechen, für „akzeptabel" hielten. Jene, die über dieses Zeitlimit hinausgingen, würden etikettiert, pathologisiert, und ihnen würde nicht zugehört.

Zusammenfassung

Ich glaube fest daran, dass sowohl *gehört werden* als auch *mit anderen durch Sprache verbunden sein* lebenswichtig sind. Ich glaube, dass zahlreiche fachmännisch definierte psychische Krankheiten sich auf das kämpferische Bemühen, von anderen *gehört zu werden*, beziehen. Trennungen ereignen sich oft, wenn Menschen versuchen, ihre intimen und schmerzlichen Geschichten mit anderen zu teilen, jedoch für ihre Ideen und Erfahrungen nicht wertgeschätzt oder respektiert werden. Dies kann in Isolation, Misstrauen und einem Verlust der Wahrnehmung, dass sie als Menschen wichtig und wert sind, gehört zu werden, resultieren.

Hören klingt manchmal wie ein einfaches Konzept, eine alltägliche Erfahrung, an der wir alle teilnehmen. Menschen sprechen immer zu uns, und wir antworten immer. Oft antworten wir, basierend auf unseren Ideen der Bedeutung von Worten, die wir hören. Unglücklicherweise wird unsere Tendenz, zu handeln, als ob wir wissen und verstehen, oft auf alle Situationen generalisiert. Einige davon stellen sich als nicht nützlich heraus. Therapie und psychologische Forschung sind zwei von vielen Aktivitäten, in denen Menschen gehört werden müssen.

Literatur

Anderson, H. (1990): Then and now: A journey from "knowing" to "not knowing". *Contemporary Family Therapy* 12: 193–197.

Anderson, H. (1997): Conversation, language, and possibilities: A postmodern approach to therapy. New York (Harper Collins).

Anderson, H. u. H. Goolishian (1992): Der Klient ist Experte: Ein therapeutischer Ansatz des Nicht-Wissens. *Zeitschrift für Systemische Therapie* 10 (3): 176–199.

Deissler, K. G. (1997): KoMentieren – Einladung zu einer systemischen Poietologie. In: K. G. Deissler (Hrsg.): Sich selbst erfinden? Von systemischen Interventionen zu selbstreflexiven Gesprächen. Münster (Waxmann).

Goolishian, H. (1991): (Persönliche Mitteilung.)

Levin, S. B. (1992): Hearing the unheard: Stories of women who habe been battered. In: T. U. I. Doctoral Dissertation Cincinnati, OH (eds.): Dissertation Abstracts International. University Microfilms.

Levin, S. B. (1995): Das Hören nicht gehörter mißhandelter Frauen: Ein postmoderner Ansatz zur wissenschaftlichen Untersuchung des Interviewens. *Zeitschrift für systemische Therapie* 3: 164–182.

Kvale, S. (1996): InterViews: An introduction to qualitative research interviewing. Thousand Oaks, CA (Sage).

Gesprächsethische Erörterungen zur psychosozialen Praxis Was hat unser Sprachgebrauch mit Oz, Hegel und Habermas zu tun?[1]

Thomas Keller

Einleitung

Um 1980 war ich erstmals mit der Arbeit des *Mailänder Teams* in Kontakt gekommen. Seither habe ich mich ernsthaft mit der Frage beschäftigt, wie der systemische Ansatz in meinem bisher wichtigsten Praxisbereich, dem psychiatrischen Krankenhaus, therapeutisch umgesetzt werden kann. Dabei waren mir die Begegnungen mit Tom Andersen, Harlene Anderson, Luigi Boscolo, Gianfranco Cecchin, Klaus Deissler, Roswitha Schug, Jaakko Seikkula und einigen anderen Kolleginnen und Kollegen sehr wichtig, und das Unterfangen wurde allmählich fruchtbar und erfolgreich. Dieser Abschnitt wurde mit einem Buch abgeschlossen, an dem Nils Greve mitgewirkt hat (Keller u. Greve 1996).

Bei dieser Beschäftigung wurde mir in den letzten Jahren die Bedeutung von Sprache – gemeint sind nicht nur Worte, sondern auch die nonverbale „Begleitmusik" – immer deutlicher, und ich fing an, eine Sensibilität für ihren Gebrauch in unserem Alltag zu entwickeln. Aus meiner zunehmenden Unzufriedenheit entstand der Entschluss, mich als Nächstes mit diesen Fragen ernsthafter zu befassen. Dieser Artikel ist eine Etappe auf diesem Weg. Wenn ich auch vieles vor dem Hintergrund meiner vorwiegenden Arbeitskontexte in Psychiatrie, Psychotherapie und Konsultation reflektiere, bin ich überzeugt, dass die meisten Überlegungen ohne große Mühe auch in andere Arbeitsfelder übersetzt werden können.

Ich halte mich für einen Praktiker, aber ich musste einsehen, dass ich mich nicht mehr länger vor der Beschäftigung mit Philosophie drücken kann. Ich werde mich dabei solcher Gedanken anderer bedienen, die ich für meine Absichten hilfreich gefunden habe. Natürlich kann ein kurzer Artikel nicht das ganze Thema ausloten; ich werde mich auf einige Punkte begrenzen, die mir in meiner Praxis immer bedeutsamer wurden.

1 Ich danke meiner Frau Usch Schwarz-Keller und meinem Freund Klaus G. Deissler für ihre kritische Durchsicht des Textes und wertvolle Anregungen.

Der im Sinne seiner griechischen Wurzeln (dt. „machen, verfertigen") verwendete Begriff „Poesie" im Titel dieses Buches gefällt mir insofern, als ihm nicht der technische Beigeschmack der Formulierungen „Konstruktivismus" und „sozialer Konstruktionismus" anhaftet. Der Bezug meines Beitrags zu diesem Thema ergibt sich mir aus der Frage: „Wie sollen wir mit unseren Klientinnen und Klienten sprechen, damit die Möglichkeiten zunehmen, dass sie mit uns Bedingungen für ihre bessere Zukunft gestalten?" Therapie wird in diesem Sinne als in Sprache erfolgender sozialer Gestaltungsprozess verstanden, dessen Erfolgswahrscheinlichkeit an gesprächsethische Voraussetzungen gebunden ist, die ihrerseits des Diskurses bedürfen.

Zwei Geschichten

Erste Geschichte:

Der Kybernetiker Heinz von Foerster erzählte auf einer Tagung, er habe hinter einer Spiegelscheibe ein therapeutisches Gespräch beobachten können. Der Ton war abgeschaltet, und alles, was er sah, waren zwei einander gegenübersitzende Personen, deren Münder sich abwechselnd bewegten. Nach einer Weile erhoben sie sich, schüttelten sich die Hände, und der Klient sagte zum Therapeuten: „Vielen Dank, jetzt fühle ich mich besser." Von Foerster stellte in diesem Zusammenhang die Frage, wie man so etwas Merkwürdiges erklären könne: Der Austausch von Luftschwingungen, die mit Kehle und Mund erzeugt und moduliert werden, kann zu einer grundlegenden Verbesserung der Befindlichkeit einer Person führen.

Zweite Geschichte:

Ich selbst wurde im Jahre 1987 plötzlich und völlig unerwartet von einem heftigen Verkrampfungsgefühl in der Herzgegend überfallen. Niemals hatte ich etwas Ähnliches erlebt. Als Psychiater und Psychotherapeut versuchte ich, dieses Symptom als Ausdruck einer Lebensschwierigkeit zu interpretieren, was für mich hieß, im Kontext meiner Lebenssituation nach Sinn zu suchen. Ich machte mir klar, in welcher konkreten Situation die Beschwerden aufgetreten waren und woran ich in diesem Augenblick gerade gedacht hatte. Die Antwort dämmerte mir allmählich: Es war der Moment, in dem mir unabweisbar klar wurde, dass meine Eltern ein Alter erreicht hatten, in dem sie nicht mehr alleine für sich sorgen konnten und auf meine Unterstützung sowohl in finanzieller Hinsicht als auch in zunehmendem Maße durch alle möglichen anderen Arten von Fürsorge und Aufmerksamkeit angewiesen sein würden. Bisher hatte ich es (gemeinsam mit dem Rest der Familie) vermieden, diese Möglichkeit ernsthaft ins Auge zu fassen und rechtzeitig das vorbereitende Gespräch darüber zu suchen. Nun hatte ich plötzlich das Gefühl, dass meine zeitlichen, psychischen und auch ökonomischen Ressourcen ohne schwerwiegende Einbußen bei meinen eigenen Lebenszielen im Hinblick auf beruflich-fachlichen Erfolg und die Weiterentwicklung meiner eigenen Familie dafür nicht ausreichen könnten. Nachdem ich angefangen hatte, in einer neuen Weise den Dialog mit meiner Frau, meinem Bruder, dessen Frau und schließlich auch unseren Eltern zu führen, besserten sich meine Beschwerden, es dauerte jedoch noch mehrere Jahre, bis schließlich tragfähige Lösungen gefunden wurden und meine Symptome sich ganz auflösten.[2]

Diese Erfahrung, an der kein Therapeut beteiligt war – sieht man einmal von mir selbst als Betroffenem ab –, macht mir ein dialogisches Modell für solche klinischen Probleme, mit denen Psychiater und Psychotherapeuten arbeiten, plausibel: Man kann sich Symptome als aus Schwierigkeiten in sozialen Mikrosystemen entstanden denken, in denen der not-wendige Dialog[3] nicht geführt wird; das bringt eine beteiligte Person in eine Krise; wird das geeignete Gespräch schließlich gefunden, so lösen sich Problem und Symptom auf. In dieser Sichtweise verweist das Symptom auf eine Gesprächsnotwendigkeit.

***Exkurs:** Menschliche Sprache ist nicht bloß ein soziokulturelles Phänomen, sondern sie reicht bis tief in unsere biologischen Strukturen und Funktionen*

2 Merkwürdigerweise spüre ich diese Beschwerden in milder Form auch heute noch, wenn ich eingehender über meine damalige Situation spreche, obwohl sich mein ursprüngliches Dilemma vor einigen Jahren mit dem Tode beider Eltern nach jahrelang zunehmender Gebrechlichkeit und Hilflosigkeit definitiv auflöste. Offenbar lässt sich in der Vergegenwärtigung „herbeireden", was einmal erlebt wurde.

3 Nämlich jener Dialog, der imstande wäre, die Not zu wenden.

Vor über 100 Jahren beobachtete der französische Arzt und Anthropologe Paul Broca, dass eine Läsion der unteren Stirnwindung der linken Großhirnrinde zu einer Sprechunfähigkeit bei erhaltenem Sprachverständnis führt. Etwas später entdeckte der Psychiater Carl Wernicke, dass Beschädigungen der oberen Schläfenwindung der gleichen Seite ein Unvermögen bewirkten, sowohl gehörte als auch gelesene Sprache zu verstehen. Schließlich wurde noch ein drittes (motorisches) Areal entdeckt: die obere Sprachrinde.

Vergleicht man das Ausmaß derjenigen Hirnrindenareale des Menschen, die für Formulierung und Verständnis von Sprache erforderlich sind, mit anderen lokalisierbaren Funktionen, so könnte man zu dem Schluss kommen, dass Sprache ein wichtigeres menschliches „Organ" darstellt als etwa die Gliedmaßen. Dem entspricht, dass z. B. der Verlust des Sprachverständnisses eine viel schwerer wiegende Behinderung mit sich bringt als beispielsweise der Verlust eines Armes. Offenbar sind wir schon phylogenetisch bis tief in unser Inneres von Sprache durchdrungen.

Dies alles spricht dafür, dass es Sinn macht, uns als sprachlich vernetzte Individuen zu verstehen, also Sprache als eine zentrale „Schnittstelle" zwischen unserer biologischen und unserer soziokulturellen „Natur" zu sehen.

Merkwürdigerweise führten diese bedeutsamen Entdeckungen die Neuropsychiater nicht dahin, die enormen in der Sprache liegenden Potenziale therapeutisch zu entfalten.[4] Im Gegenteil war die Konsequenz ein trivialer Biologismus, der bis heute eine Hauptströmung der Psychiatrie geblieben ist.[5] Solange ich das Hirn eines so genannt „geisteskranken" Menschen als etwas wie einen defekten Computer betrachte, bin ich versucht, nur mit ihm zu sprechen, um „Defekte festzustellen" und mit einem Symptomkatalog zu vergleichen. Ich degradiere ihn zum Objekt meiner Exploration[6] und spreche ihm die Fähigkeit zum gleichrangigen Dialog ab.

4 Die berühmte Patientin Anna O. (Berta Pappenheim) hingegen nannte ihre Behandlung durch Josef Breuer, einen der Pioniere der Psychoanalyse, bereits um 1880 eine „talking cure" (Redekur).

5 So wurde etwa das 1951 in den USA erschienene Buch *Communication. The Social Matrix of Psychiatry* (*Kommunikation. Die soziale Matrix der Psychiatrie*) von Jürgen Ruesch und Gregory Bateson erst 1995, nach über 40 Jahren, in deutscher Sprache verlegt.

6 Der ehemalige Psychiater und spätere Schriftsteller und Dramaturg Heinar Kipphardt (1976) hat dies in seinem Psychiatrieroman *März* beschrieben.

Über Verantwortung im Umgang mit Sprache

Der israelische Schriftsteller Amos Oz erhielt 1992 den Friedenspreis des deutschen Buchhandels für sein Engagement für den Frieden zwischen Israelis und Palästinensern. In seiner Dankesrede (Oz 1992) sprach er von der besonderen Qualifikation des Schriftstellers, die in einem „innigen Verhältnis zur Sprache" bestehe und eine besondere Verantwortung begründe:

> „Ein Mensch, der die Hälfte seines Lebens damit verbringt, zwischen verschiedenen Adverbien und Adjektiven zu wählen, der Substantive und Verben prüft, der sich über die Interpunktion den Kopf zerbricht, ein solcher Mensch ist wahrscheinlich wohl gerüstet, die ersten Zeichen jeglicher Sprachentstellung zu bemerken. Ich brauche Ihnen nicht zu erläutern, daß eine verdorbene Sprache häufig die schlimmsten Grausamkeiten ankündigt. Wo bestimmte Menschengruppen etwa ‚negative Elemente' oder ‚Parasiten' genannt werden, wird man sie früher oder später auch nicht mehr als Menschen behandeln ... Meiner Ansicht nach ist die Wahl und Ordnung von Worten in einem gewissen Maße eine moralische Entscheidung. Indem man einem bestimmtem Verb den Vorzug gibt, Klischees und eingefahrene Bilder vermeidet und sie im entgegengesetzten Sinn verwendet, trifft man eine Entscheidung mit zumindest mikroskopisch kleinen ethischen Folgen. Worte können töten, das wissen wir nur zu genau. Aber Worte können auch, obwohl nur begrenzt, manchmal heilen" (S. 61).

In einem Fernsehinterview aus dem gleichen Anlass[7] gab er ein Beispiel für sein Verständnis von „verdorbener Sprache" in der Politik: Als 1967 im Sechs-Tage-Krieg israelische Truppen die Westbank, den Gazastreifen und Ostjerusalem besetzten, habe ein Teil der israelischen Öffentlichkeit jubelnd von „befreiten Gebieten" gesprochen. Oz gab zu bedenken, dass Territorien an sich weder frei noch unfrei sein können, jedoch die dort lebende palästinensische Bevölkerung sich mit Sicherheit alles andere als befreit gefühlt habe. Daher glaube er, dass der Begriff „besetzte Gebiete" die Chancen für Frieden eher fördern könne als der Begriff „befreite Gebiete". So weit Amos Oz.

7 Gesendet am 4.10.1992 in WDR 3.

Nach meiner Überzeugung brauchen wir – ich spreche hier ganz besonders von meinem Fachgebiet – so viel wie möglich von dieser verantwortungsbewussten Sensibilität im Umgang mit Sprache. Der ethische Diskurs muss sich dabei an den mutmaßlichen Folgen des jeweiligen Sprachgebrauchs für die am Gespräch beteiligten Personen und diejenigen, über die gesprochen wird, orientieren, insbesondere am Interesse unserer Klienten und Patienten.

Wenn im Sinne einer pragmatischen Ethik das Ergebniskalkül eine Richtschnur unseres Handelns sein soll, so kann es sich an zwei Kriterien anlehnen:

- an philosophisch-psychologisch-sozialwissenschaftliche Erwägungen, welche von Alltagserfahrung getragen sind (siehe unten), und
- an empirische Untersuchungen; solche sind allerdings zu unserem speziellen Thema noch kaum zu finden. Insbesondere von qualitativen Studien wäre hier Gewinn zu erwarten, wie Deissler und Zitterbarth (1996) und auch Froschauer und Lueger (1996) ausführen. Die bisherige Psychotherapieforschung hat sich vor allem quantitativ mit Behandlungsergebnissen unterschiedlicher Therapiestile und Settings befasst. Es ist jedoch dabei auch versucht worden, schulenübergreifend gemeinsame Wirkfaktoren empirisch zu bestimmen. Grawe, Donati und Bernauer (1994, Kap. 6) sprechen z. B. von einer „Problembewältigungsperspektive", die dem Klienten eine „Kompetenzerwartung" vermittelt, von einer „Klärungsperspektive", in der der Klient sich klar wird, nach welchen Gesichtspunkten er seine Bedeutungen konstruiert, und dergleichen. Es werden somit eher Haltungen und Zielorientierungen beschrieben, deren Implikationen nicht auf der Ebene von Sprache reflektiert werden.

In der letzten Zeit ist in unserem Gesundheitswesen viel von „Qualitätssicherung" die Rede. Auch in Psychotherapie und Psychiatrie hat eine Qualitätsdebatte begonnen, was ich sehr begrüße. Mir scheint, dass der Diskurs über die sprachliche Qualität unserer Arbeit darin einen wichtigen Platz einnehmen sollte, und zwar nicht nur für das Gespräch, sondern auch bei unseren schriftlichen Erzeugnissen (vgl. Keller, Brinker, Pellio-Blume u. Zoeke-Greve 1996). Ich spüre eine spontane Neigung, Amos Oz mit der Anwendung des

Begriffs der „verdorbenen Sprache" in unserem Berufsfeld zu folgen; aber sogleich kommen mir Bedenken, wenn ich an die möglichen Folgen für mein Verhältnis zu meinen Kolleginnen und Kollegen denke, die sich dieser Sprache noch mehr oder weniger bedienen – wie ich es auch jahrelang getan habe und sicherlich teilweise noch tue. Wir müssen nach geeigneteren Haltungen, Sichtweisen und Formulierungen suchen. Dieser Text versteht sich als ein Beitrag zum erforderlichen Diskurs.

Der oben bereits erwähnte Heinz von Foerster (1985) hat einen sehr prägnanten ethischen Imperativ formuliert: „Handle stets so, daß die Anzahl der Wahlmöglichkeiten größer wird." Dieser Maxime kann ich uneingeschränkt auch für psychotherapeutisches und beraterisches Handeln zustimmen. Ich plädiere aber dafür, bei der Betrachtung professionell gestalteter potenziell hilfreicher Gesprächsprozesse (mindestens) zwei Ebenen zu unterscheiden:

- eine (im Sinne von Foersters) öffnende, die Optionen des Denkens, Erlebens und Handelns vermehrende Ebene und
- eine mitmenschliche Beziehungsebene, welche die emotionalen und kognitiven Voraussetzungen für die Wirksamkeit der Ersteren schafft. In der vorliegenden Untersuchung habe ich mich vorrangig auf diese zweite, mir grundlegender erscheinende Ebene konzentriert und auf ihr ethische Aspekte von Wortwahl und Gesprächsgestaltung reflektiert.

„Anerkennung" – eine zentrale Kategorie

Der deutsche Philosoph Georg Wilhelm Friedrich Hegel beschäftigte sich in den ersten Jahren des 19. Jahrhunderts am Beginn seiner Laufbahn in Jena (eher nebenbei) mit dem Begriff der Anerkennung als einer wichtigen Kategorie in den Beziehungen der Menschen untereinander. Er entwarf in groben Strichen einige wenig ausgearbeitete Skizzen (die auch noch auf unterschiedliche Texte verteilt sind) eines Modells, das nach meinem Verständnis etwa folgendermaßen formuliert werden könnte.

Wenn wir einander als Personen gegenüberstehen, bedürfen wir der wechselseitigen Anerkennung, da wir – gesellschaftlich gesehen – voneinander abhängen und miteinander auskommen müssen. Der Prozess der Anerkennung vollzieht sich, indem wir den anderen als einen in seiner „Totalität" uns selbst Vergleichbaren in unser Bewusstsein aufnehmen und darin „aufheben". Dies ist ein von beiden Seiten aktiver Vorgang: „Jeder setzt sich im Bewußtsein des anderen, hebt die Einzelnheit des anderen auf, oder jeder setzt in seinem Bewußtsein den anderen als eine absolute Einzelnheit des Bewußtseins. Dies ist das gegenseitige Anerkennen überhaupt ..." (Hegel 1986, S. 217). Das kann unter Umständen ein mühevoller Prozess sein, dem wir uns nicht ohne besondere Notwendigkeit aussetzen.

Uns ist ein starkes Streben nach „Anerkanntsein" zu Eigen. Dies bezieht sich nicht nur auf den Erhalt des Lebens, auf unsere Fähigkeiten, Arbeit und Besitz, sondern auf alles, was unsere Person für uns ausmacht. Verweigert oder kündigt ein für uns relevanter Mensch auch nur einen Teil dessen, was uns bedeutsam ist, fühlen wir uns beraubt, verletzt, gekränkt, außer uns, erregt, beleidigt, empört, gereizt, enttäuscht usw. und versuchen, die volle Anerkennung wiederherzustellen oder sonst einen Ausgleich zu erlangen.

Warum ist uns dieses Anerkanntsein so wichtig, warum empfindet jemand solche „Begierde"? Um „... sein Selbstgefühl sich zu geben ..." (Hegel 1969, S. 209). Offenbar ist es nicht nur eine Voraussetzung dafür, dass wir mit den anderen in Frieden leben können, sondern auch, um ein gutes Verhältnis zu uns selbst herzustellen und zu unterhalten, also zufrieden zu leben. „Ich bin mir Inhalt und Zweck, d. h. ich bin mir positiv. Mein Ich soll ebenso positiv sein" (ebd., S. 210).

Mit meinen Worten und in Anlehnung an Axel Honneth (1992) könnte ich für den Zweck dieses Artikels formulieren: Wir können nur dann ein gutes Verhältnis zu uns selbst entwickeln und unterhalten, wenn wir die erforderliche Anerkennung durch andere erfahren. Notfalls kämpfen wir darum. Gelingt dies nicht, behalten wir ein Ressentiment zurück, das im schlimmsten Falle unser Leben dauerhaft überschatten und unsere Beziehungen sowohl zu uns selbst als auch zu den relevanten anderen vergiften kann.

Hegel unterscheidet drei Bereiche der Anerkennung:

- die Liebe, „das unmittelbare Anerkanntsein" (1969, S. 213);
- Ehre, Respekt, Wertschätzung: „Jeder will dem Anderen gelten; es ist Jedem Zweck, im Anderen sich anzuschaun" (ebd., S. 210); und
- das Recht, „dies allgemeine abstrakte Anerkanntsein" (S. 213).

Er entfaltet in diesem Zusammenhang etwas, das man heute als Ansätze einer Sozialpsychologie bezeichnen könnte, und Honneth (1992) entwickelt in unseren Tagen daraus eine interessante Verstehensmöglichkeit für soziale Konflikte. Mir vermittelt das Konzept eine starke und unmittelbare Plausibilität für ein weit reichendes Verstehen u. a. dessen, womit ich in meinem Beruf umzugehen habe.

Sehr viele jener Schwierigkeiten und Verhaltensweisen, die unsere Klienten und Patienten zu uns führen, lassen sich meines Erachtens u. a. gut daraus erklären, dass ihnen nach ihrem Erleben Anerkennung in dem hier ausgeführten Sinne nicht zuteil oder entzogen wurde, wird oder zu werden droht. Zahlreiche professionelle Begriffe wie „Narzissmus", „Minderwertigkeitskomplex", „Geltungsbedürfnis", „Selbstwertproblematik", „Größenwahn" u. v. a. m. spiegeln dies wider. Ein interessanter empirischer Befund stützt dieses Modell: die so genannte Expressed- emotions-Forschung. Eine Arbeitsgruppe in London um George Brown und später Julian Leff und Christine Vaughn suchte ab ca. 1960 nach Prädiktoren für ungünstigen Verlauf von Psychiatriepatienten, welche die Diagnose „Schizophrenie" erhalten hatten. Es wurden zahlreiche Faktoren untersucht, aber zwei stellten sich immer wieder als besonders bedeutsam heraus: „emotionale Überinvolviertheit" (die man als eine Form der Nichtanerkennung von Autonomie interpretieren kann) und kritische, entwertende, ablehnende und feindselige Äußerungen von wichtigen Angehörigen gegenüber den Patienten (Leff 1984). Diese Befunde bestätigten sich später auch bei anderen Diagnosen (z. B. Vaughn a. Leff 1976), sind also offenbar nicht diagnosenspezifisch.[8]

Hinzu kommt jedoch, dass der Kontakt insbesondere mit psychiatrischen Institutionen mit weiterem Verlust von Anerkennung[9] einhergeht: Psychiatriepatient (gewesen) zu sein ist für sich selbst

8 Diese Formulierung legt nahe, die diagnostisch Etikettierten als Opfer ihrer Angehörigen zu sehen; das scheint mir ein Artefakt des damaligen Forschungsdesigns zu sein, das offenbar die Wechselseitigkeit in den Interaktionsmustern nicht ausreichend untersuchte und die Beteiligung der Psychiatrie ignorierte. Immerhin legt die Untersuchung die grundlegende Bedeutung der – auch sprachlichen – Qualität der sozialen Beziehungen im Hinblick auf Anerkennung frei.

9 Bis hin zur physischen Vernichtung im deutschen Faschismus.

schon ein entwertendes Stigma, und unsere Praxis trägt, wie ich finde, noch weiter dazu bei. Die Psychiatriekritik der letzten dreißig Jahre hat hierfür zahlreiche m. E. sehr ernst zu nehmende Argumente zusammengetragen. Dazu gehört eben auch unser Sprachgebrauch als ein zentrales Element unserer Praxis. So untersuchte der ostdeutsche Sozialpsychiater Helmut Späte (1991) in seiner Dissertation psychiatrische Krankengeschichten auf positive und negative Äußerungen über die Patienten. Er fand ganz überwiegend negative Formulierungen.[10] Wenn Sprache Wirklichkeiten konstruiert: Welche Wirklichkeiten konstruieren sowohl unsere traditionelle Fachsprache als auch unser alltäglicher Jargon in ihrer Wortwahl und unseren alltäglichen Gesprächsformen – wenn etwa Betroffene von über sie geführten relevanten Gesprächen regelmäßig ausgeschlossen bleiben –, und welchen Sprachgebrauch benötigten wir stattdessen, um an der Gestaltung eines Optimums an künftiger Lebensqualität für unsere Klienten und Patienten und auch die für sie relevanten Personen mitzuwirken (vgl. McNamee a. Gergen 1992)?

Diskursethik

Jürgen Habermas entwirft in seinem bekannten Aufsatz *Diskursethik – Notizen zu einem Begründungsprogramm* (1983) ein ethisches Konzept, das sich von den verschiedensten anderen ethischen Positionen darin unterscheidet, dass moralische Fragen („Was sollen wir tun?") auf der Grundlage des Diskurses unter den Beteiligten bzw. Betroffenen zu entscheiden sind.[11] Geht es Habermas dabei vor allem um einen Diskurs über Ethik, so geht es mir hier um eine Ethik des Diskurses. Beide Aspekte erscheinen mir untrennbar ineinander verschlungen: Der Diskurs benötigt (ebenfalls moralische) Regeln, deren Zustandekommen und Weiterentwicklung aber ihrerseits des Diskurses bedürfen. Diese Überlegung eröffnet Perspektiven auf eine ethische Reflexion, die für alle Arten von nützlichen Gesprächsprozessen, auch von therapeutischen, Gewinn verspricht; Grund genug, mich im Rahmen dieses Essays näher damit zu befassen.

10 Der andere Aspekt des Expressed-emotions-Konzeptes, nämlich unsere Anerkennung oder Nichtanerkennung der Autonomie unserer Patienten, müsste ebenfalls eingehender untersucht werden.

11 Dieses Konzept wird gelegentlich als naiv und unrealistisch kritisiert; mag man auch in der konkreten Umsetzung von Fall zu Fall Abstriche zu machen sich genötigt sehen, so kenne ich kein vergleichbares Konzept von ähnlich wegweisendem Format.

Einen Ausgangspunkt nimmt Habermas mit dem Artikel *Freedom and Resentment* von Strawson (zit. n. Habermas 1974, 1983). Dieser betrachtet, eine interessante Parallele zu Hegel, zunächst eine alltägliche Gefühlsreaktion, die uns die unübersehbare „Wirklichkeit" universeller moralischer Erfahrungen und damit moralischer Grundphänomene vor Augen führt: Auf eine Kränkung reagieren wir mit Empörung[12]. Wird eine mir zugefügte ernsthafte Verletzung meiner Integrität nicht in irgendeiner Weise „wieder gutgemacht", bilde ich ein andauerndes Ressentiment aus, das als Reaktion auf das erlebte Unrecht verstanden werden kann. Dieses Ressentiment lässt sich in unterschiedlicher Weise auflösen, beispielsweise durch Entschuldigungen, die entweder die als verletzend empfundene Handlung oder die Person, welche die Verletzung verursacht hat, in ein anderes Licht rücken; dies ist aber kaum in der unmittelbaren Beziehung zwischen „Verletzer" und „Verletztem" möglich, sondern es hat die „objektivierende" Position einer unbeteiligten Person (oder zumindest die Fähigkeit, vorübergehend eine vergleichbare Perspektive einzunehmen) zur Voraussetzung und verlangt somit nach geeigneten Dialogen.

Eine ganze Reihe solcher „moralischer Gefühle" wären aufzuzählen: etwa Schuld, Scham und Verpflichtung, Verurteilung, Verachtung, Hass und Rachedurst, aber auch Genugtuung, Anerkennung, Ermutigung, Trost, Befriedigung usw. Als in unserer Lebenswelt unausweichlich engagierte Interaktionsteilnehmer sind wir primär in ein Netzwerk solcher Gefühle verwoben. Die „objektivierende" Einstellung können wir sekundär erwerben und jeweils nur vorübergehend durchhalten. „Strawsons Phänomenologie des Moralischen gelangt also zu dem Ergebnis, daß sich die Welt moralischer Erscheinungen nur aus der performativen Einstellung von Interaktionsteilnehmern erschließt ..." (Habermas 1983, S. 60).

Ein so begründeter kognitivistischer Ansatz von Ethik verlangt nach verständigungsorientiertem, also kommunikativem Handeln, das von strategischem Handeln unterschieden werden kann. Das Erstere zielt auf eine einvernehmliche Koordination der Kommunikationspartner, auch dann, wenn es wie hier darum geht, moralische Urteile hervorzubringen, die für ein soziales System Gültigkeit

12 Das von Habermas verwendete Wort „Entrüstung" scheint mir etwas weniger gut zu passen.

beanspruchen können: „Nur ein intersubjektiver Verständigungsprozeß kann zu einem Einverständnis führen, das reflexiver Natur ist: nur dann können die Beteiligten wissen, daß sie sich gemeinsam von etwas überzeugt haben" (ebd., S. 77).

Der entsprechende praktische Diskurs verlangt – abgesehen von bestimmten z. B. logisch-semantischen Argumentationsvoraussetzungen („Kein Sprecher darf sich widersprechen" usw.) – seinerseits nach moralischen Regeln, damit seine Ergebnisse Legitimität und allgemeine Geltung beanspruchen können: Einige seien aufgeführt:

- Die jeweilige Argumentation soll kooperativ durchgeführt werden.
- Jeder Beteiligte ist selbst die letzte Instanz für die Beurteilung dessen, was im eigenen Interesse liegt.
- Die Beschreibung, unter der jeder seine Interessen wahrnimmt, muss der Kritik durch andere zugänglich bleiben.
- Eine gewisse Unparteilichkeit des Urteils muss in der Gestaltung des Gesprächsprozesses repräsentiert sein, dessen Maximen und Vorgehensweisen müssen verallgemeinerungsfähig sein. Dazu bedarf es institutionalisierter Vorkehrungen.

R. Alexy hat in Anlehnung an Habermas u. a. folgende Formulierungen vorgeschlagen (Habermas 1983, S. 99):

- „Jedes sprach- und handlungsfähige Subjekt darf an Diskursen teilnehmen.
- Jeder darf jede Behauptung problematisieren.
- Jeder darf jede Behauptung in den Diskurs einführen.
- Jeder darf seine Einstellungen, Wünsche und Bedürfnisse äußern.
- Kein Sprecher darf … daran gehindert werden, seine (oben) festgelegten Rechte wahrzunehmen."

Die solchen, ähnlichen und weiteren Regeln folgenden Formen des Diskurses erscheinen geeignet, die „Selbstheilungskräfte der Reflexion" (Habermas 1983, S. 55) wirksam werden zu lassen.

Meine Schlussfolgerungen

Das Nachdenken über unsere Verantwortung bei der Gestaltung möglichst hilfreicher Gesprächsprozesse führt mich vor dem Hintergrund der bisher angestellten Überlegungen dazu, eine Reihe von moralischen Postulaten vorzuschlagen. Sie scheinen mir im Sinne eines Wegweisers eine brauchbare Orientierung zu ermöglichen, lassen sich aber vielleicht niemals völlig realisieren. Das meiste davon ist mir bei Meisterinnen und Meistern der (insbesondere systemischen) Psychotherapie in der einen oder anderen Formulierung – oder einfach bei der Beobachtung ihrer Arbeit – bereits begegnet, man findet in unserem Feld aber auch andere, z. T. gegensätzliche Auffassungen.

Gleichrangige Kollaboration anstelle hierarchisch übergeordneten Expertentums

„Kooperation" wird in meinem Fachgebiet oft mit Gehorsam von Patienten und anderen Beteiligten gegenüber den Fachleuten („Compliance") verwechselt. Hier ist etwas anderes gemeint, nämlich das partnerschaftliche Zusammenwirken beim Verfolgen eines Ziels. Dies setzt wechselseitiges Verstehen, Einverständnis und Koordination voraus. Erfolgreiche therapeutische Prozesse zeichnen sich durch Kollaboration unter denjenigen relevanten Beteiligten aus, die bereit sind, sich für gute Lösungen zu engagieren. Als Kollaborationspartner in diesem Sinne verfügen wir in unseren jeweiligen Berufen zwar über gewisses Fachwissen, das wir auch in aller Bescheidenheit (Konstrukte von begrenzter Brauchbarkeit ohne Anspruch „ewiger Wahrheiten") zur Verfügung stellen können, aber niemals über einen privilegierten Zugang zur Wirklichkeit unserer Gesprächspartner. Der Verzicht auf die Idee, unsere Wahrheiten seien wahrer als die unserer Klienten, bringt den Abschied von der patriarchalischen Haltung der traditionellen Psychiatrie logischerweise mit sich. Konkret bedeutet dies auch weitgehenden Verzicht auf Fachjargon und andere Dokumentation „intellektueller Überlegenheit", stattdessen das Bemühen um eine Sprache, die an diejenige unserer Klienten anschlussfähig ist, ohne einzuschüchtern. Wenn wir Ideen äußern, etwa Vermutungen über Zusammenhänge, müssen sie so formuliert werden, dass die anderen diese auch zurückweisen oder modifizieren können.

Der Gedanke der Kollaboration zwischen Therapeuten (Experten für die Gestaltung potenziell hilfreicher Gesprächsprozesse) und Klienten (Experten für sich und ihr Leben) im als gleichrangig anerkannten Expertentum ist mir erstmals bei Harlene Anderson und Harry Goolishian (1992) begegnet.

Gestaltung der Gesprächsform

Unsere Gesprächspartner als gleichrangige Subjekte anzuerkennen bedeutet, sie um ein Mandat für unsere Moderation zu bitten und unsere Bereitschaft, über die Form mit ihnen zu verhandeln. Wir selbst sollten möglichst keine Personen privilegieren, weder in der Reihenfolge des Zu-Wort-Kommens noch in der Unvoreingenommenheit unserer Fragen. Die Möglichkeiten zum Sprechen, Zuhören und Nachdenken sollten ausgewogen sein. Indem die Sichtweisen der Beteiligten gleichrangig nebeneinander gestellt werden, erhalten alle die Gelegenheit, nicht nur die anderen zu verstehen und von diesen verstanden zu werden, sondern auch sich selbst „durch die Augen der anderen" wahrzunehmen. Auch unsere Äußerungen und unser Stil der Gesprächsführung können kommentiert und kritisiert werden. Alle Gesprächsteilnehmer erhalten ein Schlusswort, und meist macht es mir Sinn, den am stärksten Betroffenen das letzte Wort anzubieten. Jede Person sollte frei entscheiden können, ob sie zu einem weiteren Gespräch kommen möchte.

Reflexion

Die Einführung der offenen Teamreflexion in das familientherapeutische Gespräch durch die Tromsö-Gruppe (Andersen 1990) war nicht nur ein Beitrag zur Bereicherung der im Gespräch vertretenen Ideen bzw. Denkmöglichkeiten, sondern auch ein Akt des Respekts und der Emanzipation für Patienten und Angehörige; Helm Stierlin (1998) sprach von einem Beitrag zur Demokratisierung der Psychiatrie. In der Folge konnten sowohl die reflektierende als auch die kommentierende Position allen Gesprächsteilnehmern geöffnet werden, was Gleichrangigkeit des Expertentums aller Gesprächsteilnehmer (s. o.) gefördert hat.

Unvoreingenommenheit und Offenheit

Die Gesprächsmoderation soll sich an einem Ideal von Neutralität, Un- bzw. Allparteilichkeit, „Objektivität" orientieren. G. Cecchin schlug den Begriff der „Neugier" im Sinne eines unvoreingenommenen, wertschätzenden Interesses vor (1988) und fügte später noch die Idee der „Ehrfurchtlosigkeit"[13] (Cecchin, Lane u. Ray 1993)

13 Das in der deutschen Übersetzung gewählte Wort „Respektlosigkeit" für *irreverence* erscheint mir nicht ganz treffend und könnte Anlass zu Missverständnissen geben.

hinzu. „Offenheit" meint die Bereitschaft, alle Sichtweisen gelten zu lassen, auch wenn sie einander (oder mir) widersprechen.

Aufrichtigkeit und Transparenz

Ich meine damit die Bereitschaft, über meine Sichtweisen wahrheitsgemäß Auskunft zu geben. Ruth Cohn hat im Rahmen ihres Konzeptes der „themenzentrierten Interaktion" ebenfalls moralische Gesprächsregeln formuliert, dabei spielt die Idee der Authentizität eine bedeutsame Rolle. Sie wurde von ihr aber eingeschränkt. In Anlehnung an ihren Gedanken der „selektiven Authentizität" (Cohn 1979) möchte ich über „selektive Aufrichtigkeit" sagen: „Ich will nicht alles aussprechen, was aufrichtig wäre, aber was ich ausspreche, soll aufrichtig sein."

Vergleichbares kann für unsere Körpersprache gelten. Wenn wir Erving Goffman (1969) in der Metapher folgen, dass wir über ein Repertoire von Masken verfügen, die uns davor schützen, unsere Emotionen für alle Beobachter wahrnehmbar werden zu lassen, dann möchte ich jedenfalls solche Masken meiden, die den Gesprächspartner nicht ernst nehmen, etwa mitleidiges oder wissendes Lächeln oder andere aus der Mystifikation[14] gegenüber der für psychisch krank erklärten Person geborene Haltungen. Dieses Beispiel zeigt, dass es mit Aufrichtigkeit allein nicht getan ist: Ohne eine Haltung grundlegenden Respekts ist sie erst die halbe Miete. Vermutlich könnten auch alle Beteiligten von unserem Versuch profitieren, mit weniger Maskerade auszukommen. So habe ich in den Augen einer von mir sehr geschätzten Kollegin Tränen gesehen, während sie mit einer Familie über deren Heimatlosigkeit sprach. Dies hat bei den Klienten einen sehr nachhaltigen und nach meinem Gefühl uneingeschränkt positiven Eindruck hinterlassen. Ich selbst gerate gelegentlich mit manchen meiner Klienten in Streit, z. B. wenn ich mich von ihnen in meiner Integrität tangiert fühle. Dies kann eine feststeckende Situation wieder gut in Fluss bringen, wenn dabei das „therapeutische Fingerspitzengefühl" und die Wertschätzung erhalten bleiben.[15]

14 Im Sinne Ronald Laings.

15 In solchen Situationen kann es ausgesprochen hilfreich sein, eine unvoreingenommene Person ins Spiel zu bringen.

Transparenz erscheint mir insbesondere wichtig im Hinblick auf Maßnahmen sozialer Kontrolle und unsere eigenen Interessen und Voreingenommenheiten, z. B. Vertrauensvorbehalte.

Respekt

Wertschätzung und Respekt für unsere Gesprächspartner zeigen sich nicht nur in der Akzeptanz ihres Soseins, ihrer Autonomie, ihrer Sichtweise, ihrer Interessen und Werte, sondern auch der Kultur ihrer Familie und ihres sonstigen sozialen Kontextes. Darüber hinaus ist es wichtig, ihre eventuelle Verletztheit anzuerkennen und nicht nur die Verständlichkeit, sondern die Berechtigung ihres Ressentiments, ihres Schmerzes, ihrer Wut, ihrer Verwirrung – besonders auch dann, wenn wir an einem Akt der Verletzung beteiligt waren (wie es in der Psychiatrie häufig geschieht).

Absichtslosigkeit

Natürlich verfolgen wir das Ziel, möglichst hilfreich zu werden. Wir sollten aber auf strategische Manöver verzichten, mit denen wir etwa versuchen, eine von uns erwünschte Antwort zu erhalten oder gar eine Person verdeckt in eine von uns für „richtig" gehaltene Richtung zu manipulieren oder bugsieren. Das Konzept des Expertentums der Klienten sieht vor, dass sie selbst ihre Ziele definieren, ihren Weg und ihr Tempo bestimmen.

Verstehen und Sinn

Von Neugier und Interesse war schon die Rede. Mit der Anerkennung des anderen ist der Versuch, ihn zu verstehen und von ihm verstanden zu werden, untrennbar verbunden. Die Suche nach Verstehen unterstellt beim Gesprächspartner Sinn (im Gegensatz zum Unverständlichkeitstheorem einer lange dominierenden Tradition der deutschen Psychopathologie). Wir brauchen Sinn, um ein gutes individuelles und soziales Leben führen zu können. Sinn entsteht, indem wir allem, was wir tun und erleben, eine im Kontext verständliche Bedeutung geben, die üblicherweise in der gemeinsamen „sozialen Wirklichkeit" verhandelbar ist. Die ernsthafte Einladung, sich verständlich zu machen, kann besonders der für „verrückt" erklärten Person die Option eröffnen, in die gemeinsame Sinnkohärenz der Welt der sozialen Konstrukte zurückzukehren.

Das Geniale an der Erfindung der „positiven Konnotation" durch das Mailänder Team scheint mir darin zu bestehen, dass sie gleichzeitig Anerkennung anbietet und Sinn vorschlägt; dazu auch noch Zuversicht und Autonomie, indem die Option eröffnet wird, die betreffende Person könne sich auch anders entscheiden.

Vertrauen

Beiderseitiges Vertrauen scheint mir eine unerlässliche Voraussetzung für hilfreiche Gespräche zu sein. Das bei den Begriffen „Unvoreingenommenheit", „Respekt" und „Transparenz" Ausgeführte erleichtert es unseren Gesprächspartnern, uns mit Vertrauen auszustatten. Wir sollten sie ermutigen, eventuelle Vertrauensvorbehalte auszusprechen, und wir sollten auch unsere eventuellen Vertrauensvorbehalte offen legen. Weitere „vertrauensbildende Maßnahmen"[16] können verhandelt werden.

Beteiligung der Klienten am gesprächsethischen Diskurs

Mit diesem letzten Punkt stehen wir noch ganz am Anfang: Wie können wir unsere Klientinnen und Klienten am ethischen Diskurs nicht nur über ihre Anliegen, sondern auch über die Weiterentwicklung unserer Sicht- und Vorgehensweisen beteiligen? Wie können wir z. B. von den Erfahrungen lernen, die sie mit uns gemacht haben? Einige Möglichkeiten deuten sich schon an: Tom Andersen (1997) hat Evaluationsgespräche moderiert, zu denen Therapeuten ehemalige Klienten einige Zeit nach Abschluss der Therapie einluden. Wir haben Betroffene, ehemalige Psychiatriepatienten und Angehörige, zu einer Fachtagung[17] eingeladen und sie gebeten, die Präsentationen der Fachleute zu kommentieren.[18] Sie zeigten eindrucksvolle Kompetenz.

Schluss

Mit dieser Arbeit habe ich den Versuch unternommen, unsere gesprächsethische Verantwortung auf der Grundlage eines umfassenderen Konzeptes von mitmenschlicher Anerkennung zu beleuchten. Die davon abgrenzbare Ebene der Vermehrung der Optionen des

16 Dieser Begriff spielte bei den globalen Abrüstungsverhandlungen eine zentrale Rolle.

17 Langenfelder Symposium, *Psychotherapie in der kommunalen Psychiatrie*, 12.–14. Februar 1998.

18 Sie boten auch einen Workshop an, der aber von den Fachleuten kaum besucht wurde.

Wahrnehmens, Denkens und Handelns scheint mir noch weitere Ideen und Begriffe zu erfordern: Zuversicht in die Möglichkeit guter Lösungen, Hypothetisieren, Zirkularität, reflexive Gesprächsformen, Lösungsorientierung u. a. m. Dies wäre Gegenstand einer weiteren Untersuchung.

Literatur

Andersen, T. (1990): Das Reflektierende Team. Dialoge und Dialoge über die Dialoge. Dortmund (Modernes Lernen).

Andersen, T. (1997): Steigerung der Sensitivität des Therapeuten durch einen gemeinsamen Forschungsprozeß von Klienten und Therapeuten. *Zeitschrift für systemische Therapie* 15: 160–167.

Anderson, H. u. H. Goolishian (1992): Der Klient ist Experte: Ein therapeutischer Ansatz des Nicht-Wissens. *Zeitschrift für systemische Therapie* 10: 176–189.

Cecchin, G. (1988): Zum gegenwärtigen Stand von Hypothetisieren, Zirkularität, Neutralität: Eine Einladung zur Neugier. *Familiendynamik* 13: 190–203.

Cecchin, G., G. Lane u. W. A. Ray (1993): Respektlosigkeit. Eine Überlebensstrategie für Therapeuten. Heidelberg (Carl-Auer-Systeme).

Cohn, R. (1979): Ich bin ich. Ein Aberglauben. Interview. *Psychologie heute* 6 (3): 22–28.

Deissler, K. G. u. W. Zitterbarth (2000): Psychotherapieforschung als sozialer Diskurs. Einladung zur qualitativen Erforschung therapeutischer Zusammenarbeit. In diesem Buch, S. 157–173.

Deissler, K. G., T. Keller u. R. Schug (1995): Kooperative Gesprächsmoderation. „Selbst-reflexive systemische Diskurse" – ein Bouquet von Ideen und Methoden für (Organisations-)Beratung als „sozialer Konstruktionsprozeß". In: K. G. Deissler: Sich selbst erfinden? Von systemischen Interventionen zu selbstreflexiven Gesprächen. Münster (Waxmann).

Foerster, H. von (1985): Über das Konstruieren von Wirklichkeiten. In: H. von Foerster: Sicht und Einsicht. Braunschweig (Vieweg) [Neuaufl. 1999, Heidelberg (Carl-Auer-Systeme)].

Froschauer, U. u. M. Lueger (1996): Qualitative Evaluation psychotherapeutischer Gespräche. *Zeitschrift für systemische Therapie* 14: 98–110.

Goffman, E. (1969): Behavior in public places. Notes on the Social Organization of Gatherings. New York (Press).

Grawe, K., R. Donati u. F. Bernauer (1994): Psychotherapie im Wandel. Von der Konfession zur Profession. Göttingen (Hogrefe).

Habermas, J. (1983): Diskursethik – Notizen zu einem Begründungsprogramm. In: J. Habermas: Moralbewußtsein und kommunikatives Handeln. Frankfurt a. M. (Suhrkamp).

Hegel, G. F. W. (1967): System der Sittlichkeit. Hamburg (Felix Meiner).

Hegel, G. F. W. (1969): Jenenser Philosophie des Geistes. In: Jenaer Realphilosophie. Hamburg (Felix Meiner).

Hegel, G. F. W. (1986): Fragment 22. In: Jenaer Systementwürfe I. Das System der Spekulativen Philosophie. Hamburg (Felix Meiner).

Honneth, A. (1992): Kampf um Anerkennung. Zur moralischen Grammatik sozialer Konflikte. Frankfurt a. M. (Suhrkamp).
Keller, T. u. N. Greve (Hrsg.) (1996): Systemische Praxis in der Psychiatrie. Bonn (Psychiatrie).
Keller, T., R. Brinker, M. Pellio-Blume u. M. Zoeke-Greve (1996): Empfehlungen zur Formulierung psychiatrischer Entlassungsberichte. (Unveröffentl. Manuskript).
Kipphardt, H. (1976): März. Roman. München (C. Bertelsmann).
Leff, J. P. (1984): Die Angehörigen und die Verhütung des Rückfalls. In: H. Katschnig (Hrsg.): Die andere Seite der Schizophrenie. Patienten zu Hause. München (Urban & Schwarzenberg).
McNamee, S. a. K. Gergen (eds.) (1992): Therapy as social construction. London (Sage).
Oz, A. (1992): Frieden und Liebe und Kompromiß. In: Börsenverein des Deutschen Buchhandels (Hrsg.): Friedenspreis des Deutschen Buchhandels 1992. Frankfurt a. M. (Verlag der Buchhändler-Vereinigung).
Späte, H. (1991): (Mündliche Mitteilung.)
Stierlin, H. (1998): Familie und Psychiatrie – Schulen der Demokratie? Öffentlicher Vortrag auf dem 6. Langenfelder Symposion am 12.2.1998.
Vaughn, C. E. a. J. P. Leff (1976): The influence of social factors on the course of psychiatric illness. A comparison of schizophrenic and depressed neurotic patients. *British Journal of Psychiatry* 129: 125–137.

Medizinethik und therapeutische Gespräche

Gerd Richter

Einleitung

In diesem Aufsatz wird die medizinische Ethik von der Patientenautonomie her dargestellt, die sich nur in einem relationalen Kontext verstehen lässt. Grundlegend dabei ist die Auffassung, dass sich Autonomie nur im Rahmen sozialer Wirklichkeiten bestimmen und fördern lässt, die sich als soziale Poesie in therapeutischen Gesprächen gestalten. Dabei liegt der besondere Wert in der Kreativität dieser Gesprächssituationen, die individuelle und soziale Wirklichkeiten gestaltet und damit auch verstehen, deuten und auf die Zukunft hin entwerfen lässt. Ausgehend von der vorfindlichen Gesprächssituation in der heutigen Medizin, die hinsichtlich ihrer Gestaltungsmöglichkeiten sehr begrenzt ist, wird ein Konzept von Autonomie entwickelt, welches als soziale Poesie des therapeutischen Gesprächs verstanden wird und nur so zur Förderung der Autonomie der Gesprächspartner ihren Beitrag leisten kann.

Die medizinische und klinische Umgangssprache, welche technisch so außerordentlich effizient und geläufig von Sachen, Zahlen, Daten und Formeln spricht, ist weit weniger leistungsfähig und routiniert, wenn es darum geht, von Menschen, ihren Werten, Leiden und Hoffnungen und ihren Krankheits- und Gesundheitsrisiken zu reden. Die auf diesem Hintergrund auftretenden Probleme und Konflikte sind im Kern nicht neu, jedoch durch die Möglichkeiten der modernen Hightechmedizin vermehrt und verschärft. Neu ist das große Interesse der Öffentlichkeit an der sich daraus ergebenden ethischen Diskussion, die sich aus dem angesprochenen Ungleichgewicht von naturwissenschaftlicher Einschätzung und Erklärung auf der einen Seite und dem Bedürfnis nach existenzieller Geborgenheit auf der anderen Seite ergibt. Das lässt sich zum einen damit erklären, dass durch medizinisch-technische Fortschritte und durch unseren Wohlstand diese Konflikte eine in der Tat neue Schärfe bekommen haben, zum anderen damit, dass, anders als früher, Ärzte und Patienten ihre beiderseitigen Wertmaßstäbe weder mit relativ großer Sicherheit teilen noch auch nur kennen. Dies wiederum liegt am bestehenden Wertepluralismus, an der Seltenheit einer klassischen, d. h. engen und langjährigen Arzt-Patient-Beziehung, an der Zunahme reduktionistischer Spezialistenbehandlung und am anonym-großbürokratischen Charakter vieler Kliniken.

Neue Verfahren der medizinischen Diagnostik und Therapie haben neben ihrem Nutzen zugleich kritische Fragen aufgeworfen, die nicht nur in Fachkreisen, sondern auch zunehmend in der Öffentlichkeit und zumeist kontrovers diskutiert werden. Dabei geht es um unsere ethische Verantwortungskompetenz angesichts vorauseilenden Wissens- und Könnenszuwachses im Kontext der heutigen pluralistischen, säkularen, demokratischen Gesellschaften mit ihrer moralischen Heterogenität. Der wissenschaftliche Fortschritt in der Medizin hat sich in diesem Szenario als ambivalent herausgestellt. Neue Möglichkeiten sind durch wissenschaftliche Forschungen in fast allen Bereichen der Medizin entstanden und prägen in Diagnostik und Therapie auch den medizinischen Alltag. Diese neuen Möglichkeiten sind von kritischen Anfragen und ihnen immanent innewohnenden Problemen begleitet, die nach einer Diskussion verlangen, die den interdisziplinären, gesamtgesellschaftlichen und globalen Dimensionen der vielfältigen Probleme und Konflikte der heutigen medizinischen Wissenschaft und Praxis Rechnung trägt. Aufgrund dieser Vorfindlichkeiten sind eine methodische Strukturierung und eine Professionalisierung der Wertedebatte in der Medizin angezeigt. In diesem Sinne sollte es der Ethik in der Medizin um die Herausbildung eines strukturellen Rahmens für Handelnde und Betroffene gehen. Dabei ist die medizinische Ethik nicht von Extremsituationen aus zu konstruieren, sondern muss Kriterien entwickeln, die im medizinischen Alltagsleben ihre Beachtung finden, die aber auch in Extremfällen ethisch vertretbare Entscheidungen zu finden helfen.

Klinische Ethik

Klinische Ethik soll dabei zur schrittweisen Abarbeitung von Konfliktsituationen im klinischen Alltag und in der medizinischen Forschung anleiten, die bisheriges Verhalten (Routine, Sitte, Gewohnheit, Ethos) über ethisches Nachdenken (Ethik) und Gewissensprüfung in bewusst verantwortliches Handeln überführt.

Somit ist die fördernde Formulierung, die Überprüfung und Rechtfertigung von Handlungsanweisungen angesichts der sich auf diesem Hintergrund zwangsläufig einstellenden moralischen Konflikte als Aufgabe der Medizinethik zu beschreiben. Diese ist insofern eine Variante der allgemeinen philosophischen Ethik, als sie deren Methoden und Ergebnisse auf den Handlungsbereich der Medizin anwendet.

Dabei kann sich auch die Medizinethik nicht auf ein ethisches Universalprinzip oder auf eine wie auch immer geartete Letztbegründung berufen, da durch die Vorfindlichkeit moralischer Heterogenität pluralistischer Gesellschaften nicht mehr von einem Universum einer Ethik auszugehen ist, sondern von Multiversa vieler Ethiken. Dies ist durch die kontextuelle Eingebundenheit in ein spezifisches Wertesystem und der daraus folgenden und sich ableitenden moralischen Sozialisation begründet. Nach D. Horster (1995) ist die Moral die Gesamtheit der spezifischen kulturellen Normen, die ein jeder vorfindet. Jeder Einzelne übernimmt Normen in der Sozialisation, zunächst als Kenntnis vom Inhalt von Normen, dann in einem zweiten Schritt als Haltung, die dadurch zum Ausdruck kommt, dass man beim Verstoß gegen moralische Normen Gewissensbisse hat oder das Gefühl von Empörung, wenn andere gegen moralische Gebote verstoßen. Zum tatsächlichen Moralischwerden gehören – entsprechend dieser Konzeption – zwei Schritte. Wir lernen in unserer Sozialisation zunächst die Inhalte moralischer Regeln, und wir entscheiden uns in einem zweiten Sozialisationsschritt, in dem die moralische Haltung heranreift, für die Zugehörigkeit zu einer moralischen Gemeinschaft. Zu der rein kognitiven Komponente tritt also die affektive in diesem Moralkonzept hinzu. Beides, die Inhalte der Normen und die moralische Haltung, wird in der Sozialisation gelernt und konstituiert die Moral einer Gruppe. Die dabei auftauchende Frage, was denn als Norminhalte in diesem ersten Sozialisationsschritt gelernt und somit tradiert wird, kann nur dahin gehend beantwortet werden, dass es diejenigen moralischen Regeln sind, die in einer Gemeinschaft oder Gesellschaft eine hohe Akzeptanz aufweisen. Sie gelten unbegründet und laufen in der Kommunikation einer Gesellschaft wie selbstverständlich mit. Moral ist also Bestandteil einer Gesellschaft. Dabei nehmen die moralischen Normen bzw. Regeln die Funktion wahr, Komplexität zu reduzieren, sodass Menschen trotz ihrer jeweils unverwechselbaren Geschichte und ihrer darauf basierenden, von allen anderen unterschiedenen Wahnehmungsweise und Weltsicht miteinander ebenso wie mit dem sozialen System unmissverständlich kommunizieren können. Dass das gelingt und somit soziale Interaktion zustande kommt, und dass damit die Gesellschaft überhaupt erst existieren kann, darin ist die Funktion des normativen Sollens zu sehen.

Axiomata media

Solche immer schon vorhandenen moralischen Regeln sind die *axiomata media* oder mittleren ethischen Prinzipien. Über diese kann man sich sehr viel schneller einig werden als über die übergeordneten Prinzipien, aus denen man diese mittleren Prinzipien herzuleiten hat. Eigentümlicherweise kommt man tatsächlich mit den unterschiedlichsten moralischen Universalia, mögen sie nun „Gehorsam gegen göttliche Gebote", „transzendentalpragmatischer Universalisierungsgrundsatz", „kategorischer Imperativ" oder „Menschenwürde" heißen, im Bereich der *axiomata media* stets zu denselben Ergebnissen, beispielsweise, dass man andere nicht schädigen, verletzen, umbringen etc. darf.

Diese Ergebnisse sind Resultate eines kontextsensitiven moralischen Urteilens, welches auf eine universale Theorie verzichtet und Anleihen bei den unterschiedlichsten Moraltheorien macht und in seiner Theoriestruktur unvollständig bleibt und daher ein Kohärenzmodell ethischer Urteilsbildung darstellt. Im Bereich der medizinischen Ethik liegt ein solches Kohärenzmodell in der Ausarbeitung von Beauchamp's and J. Childress' *Principles of Biomedical Ethics* (1994) vor. Wie bei Horster (1995) wird im Prozess des moralischen Urteilens oder beim moralischen Beurteilen eines Problems von Prinzipien der mittleren Ebene ausgegangen bzw. bei ihnen begonnen. Im konkreten Prozess des Urteilens bzw. Beurteilens werden diese *axiomata media* inhaltlich präzisiert, im Fall ihres Widerspruchs balanciert und abgewogen, und somit entsteht im Prozess der ethischen Problemlösung ein Geflecht von moralischen Argumenten, die widerspruchsfrei, sich wechselnd erklärend, d. h. kohärent sind. In ihrem Entwurf setzen Beauchamps und Childress an die Stelle einer Letztbegründung bzw. einer einheitlichen Theorie die Darstellung der Prinzipien der mittleren Ebene zusammen mit Argumenten, die die Kohärenz dieser mittleren ethischen Prinzipien mit anderen Aspekten des moralischen Lebens zeigen sollen. Wie Horster begründen auch sie den Einstieg über die *axiomata media* damit, dass diese in der Gesellschaft eine hohe Akzeptanz aufweisen und so über allgemein geteilte Moralvorstellungen gedeckt sind (Childress 1997; Beauchamp 1996).

Die *axiomata media* haben als Grundlage einer Moral, wie schon erwähnt, die vorrangige Funktion, gesellschaftliche Interaktionen weitestgehend problemlos erfolgen zu lassen und damit den sozialen Frieden zu wahren. Das Prinzip allerdings, das für alle moralischen Normen in ihrem Keim gleichermaßen gilt, ist das Prinzip der Wechselseitigkeit und der Allgemeingültigkeit. Nur solche Normen erlangen überhaupt den Status der allgemeinen gesellschaftlichen Akzeptanz. Da alle Menschen die *axiomata media* in der Sozialisation erlernen, bringt jeder in seinen Beruf schon immer eine Moral mit, die der gesellschaftlichen Gruppe oder der Gesellschaft im Ganzen entspricht. Bei der Moral handelt es sich nicht um eine spezielle Fähigkeit eines Menschen, sondern sie bezieht sich auf die Person als Ganzes und auf ihre Zugehörigkeit zu einer Gemeinschaft oder Gesellschaft. Moralisches Handeln ist ein von allen Mitgliedern der Gesellschaft gleichermaßen gefordertes Können. Dieses Können äußert sich in der Möglichkeit, in Konfliktsituationen selbst zu entscheiden. Dabei ist die moralische Entscheidung im Gegensatz zu einer im Rechtssystem gefällten Entscheidung immer eine persönliche. Eine Moral, die auf absolute Begründung aufbaut, sucht hingegen eindeutige Antworten. Eine Moral, die Bestandteil des eigenen Selbst geworden ist, berücksichtigt in ihrem Keim die beiden Gesichtspunkte der Wechselseitigkeit und der Allgemeingültigkeit. Die Entscheidung allerdings bleibt nach Tugendhat (1993) an den Rändern offen und impliziert in allen tiefen moralischen Fragen einen irreduziblen persönlichen Entscheidungsfaktor. Damit ist zugleich gesagt, dass es ein irreduzibles Moment von Subjektivität in der Ethik gibt und geben muss, an dem sich derjenige, der entscheiden muss, nicht vorbeimogeln kann (Horster 1995, S. 85 f.).

Autonomie

Das Prinzip der Autonomie ist wie auch das Prinzip des Nichtschadens *(nil nocere)*, das Prinzip der Fürsorge oder Benefizienz *(bonum facere)* und das Prinzip der Gerechtigkeit den *axiomata media* oder mittleren ethischen Prinzipien zuzuordnen (Beauchamp a. Childress 1994). Für eine Ethik therapeutischer Gespräche ist das Prinzip der Autonomie meines Erachtens von entscheidender Bedeutung, da es als konstitutiv für ein Gespräch angesehen werden kann.

Zu den wesentlichen Forderungen des Projekts der Moderne gehört der Anspruch des Einzelnen auf möglichst umfassende Autonomie. In ihr artikuliert sich das inzwischen für alle gesellschaftlichen Bereiche prägend gewordene Streben nach Befreiung des Individuums aus tradierten Strukturen, die als Begrenzung von Entfaltungsräumen, von Lebenschancen erlebt und in ihrer Legitimität bestritten werden. Schlagwortartig lässt sich diese Tendenz in der Alltagssprache als Verlangen nach Selbstverwirklichung, selbst bestimmtem Leben und Emanzipation vernehmen. In dem Maße, in dem Selbstbestimmung als ein ethisches Prinzip anerkannt wurde, gewann das Prinzip der Autonomie auch im Gesundheitswesen an Bedeutung. Inzwischen gehört es in den Staaten der westlichen Welt zu den grundsätzlich kaum noch bestrittenen Überzeugungen, dass die Autonomie des Menschen nicht am Krankenbett aufhört, sondern dass er auch als Patient über sein zukünftiges Geschick, über die durchzuführende Diagnostik und Therapie zu entscheiden hat (Kuttig 1993, S. 268 f.). Die dazu korrespondierende Haltung der in der Medizin oder, allgemeiner, in helfenden Berufen Tätigen ist die der Achtung und Respektierung der Autonomie bzw. Selbstbestimmung einer jeden anderen Person und erwächst somit zur ethischen Pflicht.

In der ethischen Theorie der Autonomie oder Selbstbestimmung haben die Wertvorstellungen einer Person die höchste Priorität bei moralischen Entscheidungen.

Im Kontext der medizinischen Ethik bedeutet dies, dass die Verantwortung des Arztes darin liegt, die Selbstbestimmung des Patienten hinsichtlich der Entscheidungsfindung im Prozess der medizinischen Vorgehensweise gerade auch dann zu respektieren und zu achten, wenn die Wertepräferenzen eines Patienten direkt mit den medizinischen Wertvorstellungen in Konflikt geraten. Ein klassisches Beispiel ist die Transfusionsproblematik bei Mitgliedern der Zeugen Jehovas.

Die generelle philosophische Idee der persönlichen Autonomie in der Moralphilosophie bringt Folgendes zum Ausdruck: die Herausbildung des eigenen Selbst durch Wissen und Verständnis, ohne kontrollierende Beeinflussung oder Nötigung durch andere Personen oder aber eigene Begrenzungen. Die Theorie der Autonomie ist daher in der philosophischen Literatur eng verknüpft mit dem philosophischen Problem der Freiheit, der Selbstverantwortung und der Bildung einer moralischen Position. Daraus abgeleitet, nennen wir eine Entscheidung autonom, wenn diese aus den eigenen Wertvorstellungen einer Person erwächst und auf adäquater Information und adäquatem Verstehen basiert, frei von äußerer oder innerer Nötigung. Die korrespondierende Haltung dazu ist die Achtung und Respektierung des anderen, d. h. der Autonomie und Selbstbestimmung einer jeden anderen Person (Richter 1992).

Demgegenüber war aber, beginnend bei Hippokrates, bis in die jüngste Gegenwart hinein das Verhältnis des Arztes zu seinen Patienten bestimmt durch das Prinzip der Fürsorge oder Benefizienz. Der medizinische Betrieb war ausschließlich ausgerichtet auf das jeweils vom Arzt als Experten definierte Wohl des Patienten. Dieses Prinzip der Wohltätigkeit und Fürsorge kommt in seiner praktischen Anwendung im Bereich der medizinischen Ethik als Paternalismus zur Geltung. Eine paternalistische Haltung bringt den Grundgedanken zum Ausdruck, dass der Arzt bessere und genauere Kenntnis davon hat, was für den individuellen Patienten in einer medizinischen Situation gut ist, als dieser selbst. Oder aber diese Haltung ist geleitet von der Vorstellung, dass eine Handlung die medizinisch richtige ist und damit das Gute darstellt, unabhängig vom individuellen Wertesystem des Patienten. Nach Joel Feinberg lässt sich der Paternalismus in zwei Formen einteilen, in einen „starken" und in einen „schwachen" Paternalismus. Wo immer man auf die Situation trifft, dass eine Person nicht in der Lage ist, in selbstständiger und kompetenter Weise ihre Interessen wahrzunehmen und zu vertreten, lässt sich die stellvertretende Interessenwahrnehmung oder, wie es im angloamerikanischen Sprachraum heißt, *best interest standard* als schwacher Paternalismus definieren und auch moralisch rechtfertigen. Der starke Paternalismus besteht im Gegensatz dazu gerade in der Tatsache, dass die kompetente Selbstbestimmung einer anderen Person übergangen und / oder ignoriert wird. Starker Paternalismus ist somit ein Eingriff in die Freiheitsrechte von Individuen und moralisch nicht zu rechtfertigen. Ist diese Unterscheidung Feinbergs auf die Personen bezogen, die Adressaten paternalistischer Handlungen sind, so ist die Differenzierung des Paternalismus in einen „milden" und „harten" von Patzig auf die Handlungen selbst bezogen (Richter 1992).

Wie nicht anders zu erwarten, ist diese paternalistische Haltung noch keineswegs vollständig einer die Autonomie des Patienten in den Mittelpunkt stellenden Medizin gewichen. Nach wie vor lässt sich eine Lücke zwischen Anspruch und Wirklichkeit konstatieren. Ein Grund dafür ist die für das Arzt-Patient-Verhältnis konstitutive Asymmetrie – eine Asymmetrie sowohl hinsichtlich der fachlichen Kompetenz, der unterschiedlichen Grade der Involviertheit, der Betroffenheit wie auch der Macht (Kuttig 1993, S. 269).

Die Autonomiekompetenz, als Kompetenz des Betreffenden zur Selbstbestimmung, kommt als weiteres Problem hinzu (Beauchamp a. Childress 1994). Die Verbindung von Freiheit und praktischer Vernunft im Autonomiebegriff macht nämlich plausibel, dass eine Person nicht zu jeder Zeit und bei jeder Gelegenheit als autonom anzusehen ist. Sie legt ferner nahe, dass Autonomie, wenn sie überhaupt ein Attribut von Personen und nicht nur von Handlungen ist, jedenfalls kein Attribut ist, das einer Person entweder zukommt oder nicht zukommt, dass es hier vielmehr Grade, ein Mehr oder Weniger von Autonomie und Vernunft gibt. Für die medizinethische Diskussion im engeren Sinne bedeutet dies eine Stärkung der These, Krankheit könne eine Minderung von Autonomie nach sich ziehen. Dies bedeutet jedoch keine Bestätigung der These, Krankheit gehe generell mit einem für die Arzt-Patient-Beziehung relevanten Verlust an Autonomie einher und damit der Rechtfertigung eines starken Paternalismus. Es gilt daher im therapeutischen Gespräch, entsprechend der ersten These, die Autonomie des Patienten zu steigern, und zwar in dem Maße, wie es für diesen individuellen Gesprächsteilnehmer in dem jeweiligen Moment zuträglich und gewünscht ist.

Das Prinzip der Autonomie kann im therapeutischen Gespräch (Patient-Arzt-Gespräch) aber nur dann realisiert werden, wenn die individuelle Wirklichkeit des Patienten in einer gemeinsam konstruierten sozialen Wirklichkeit wahrgenommen wird.

Patient-Arzt-Gespräch und Wirklichkeit

Im Folgenden möchte ich dieses wissenschaftstheoretische Konzept der individuellen Wirklichkeit und seine Bedeutung für das Patient-Arzt-Gespräch (Klient-Therapeut-Gespräch) näher erläutern.

In dieser von Thure von Uexküll und Wolfgang Wesiack (1988) entwickelten Theorie werden als Grundprobleme der Medizin die

Beziehung zwischen Organismus und Umgebung, Patient und Objektwelt sowie die Beziehungen zwischen physikalischen, physiologischen, psychologischen und sozialen Vorgängen aufgezeigt. Es geht den beiden Autoren darum, den psychophysischen Parallelismus zu überwinden, als welcher sich die zwei gegenwärtigen Theorien der Humanmedizin, die physikalisch-chemische auf den Körper und die psychologische auf das Erleben und Verhalten des Menschen bezogen, gegenüberstehen. Als eine Alternative zum Maschinenmodell der modernen Medizin entwickeln sie, ausgehend von dem kybernetischen System einer Zelle, über den Funktionskreis der Biologie das Modell des Situationskreises. Die adäquate Methode, lebende Systeme zu beschreiben, ist nach von Uexküll und Wesiack nicht die Kausalanalyse, sondern die Semiotik als Lehre der Zeichenprozesse, die in der weiteren Ausarbeitung durch die Systemtheorie ergänzt wird, die es erlaubt, die verschiedenen Integrationsebenen eines Lebewesens – von der molekularen Ebene über die zelluläre Ebene, die Organebene, die Organfunktionsebene und die Körperebene bis hin zur Ebene der individuellen Wirklichkeit und der sozialen Ebene – miteinander in Beziehung zu setzen. Dabei ist es wichtig, dass das neue Modell jeden Organismus als lebendes System betrachtet, d. h. als ein Gebilde, das sich autopoietisch selbst erzeugt und selbst erhält, indem es aus seiner Umgebung die benötigten Stoffe und Energien auswählt und sich einverleibt. Die Theorie des Situationskreises nimmt dabei Rückgriff auf die Erkenntnistheorie des Konstruktivismus und auf die Philosophie Charles Sanders Peirce'. Auf Letztere insofern, da in dem Modell des Situationskreises erstmalig sprach- und zeichentheoretische Überlegungen in eine Theorie der Medizin integriert werden. Ähnlich wie Wittgenstein hat sich auch Peirce um eine Analyse der Umgangssprache und um eine Erhellung semantischer Probleme bemüht. Dabei hat Peirce die Probleme des Sinnverstehens in Begriffen der sozialen Interrelation von Verhaltensregelungen und möglicher Erfahrung zu interpretieren versucht. Für Peirce stellt sich das Problem des Erkennens eines Objekts durch ein Subjekt nicht als dyadisches (Subjekt-Objekt-), sondern als triadisches (Subjekt-Zeichen-Objekt-)Geschehen dar. In Abwandlung des Funktionskreises entwickelten von Uexküll und Wesiack den so genannten Situationskreis, der das von Peirce beschriebene triadische Geschehen übernimmt und modifiziert. Als Grundproblem der Medizin werden dabei die Beziehungen zwischen Organismus und Umgebung, Patient und Objektwelt sowie die Beziehung zwischen physikalischen, physiologischen, biochemischen, psychologischen und sozialen Vorgängen aufgezeigt und die Notwendigkeit herausgestellt, die Patient-Arzt-Beziehung (Klient-Therapeut-Beziehung) auf einer kognitiven, affektiven und ethischen Ebene zu analysieren. Ausschlaggebend ist dabei die systemtheoretische Einsicht, dass „das, was wir Wirklichkeit nennen, ... niemals eine objektive, sondern immer eine vom beobachteten Subjekt interpretierte Wirklichkeit [ist]“ (von Uexküll u. Wesiack 1988, S. 92). Grundlegend dafür sind Viktor von Weizsäcker mit seiner Gestaltkreistheorie und der Biologe Jakob von Uexküll mit dem Modell des Funktionskreises. Im Funktionskreisgeschehen prägt das Subjekt (Lebewesen) seiner Umgebung (Objekt) durch Merken ein Merkmal auf und definiert bzw. erschafft damit ein Objekt. Dadurch wird ein Verhalten in Gang gesetzt, das dem Objekt ein Wirkmal aufprägt, welches das Merkmal auslöscht oder verändert. Merken entspricht dabei als Bedeutungserstellung der Strukturierung der spezifischen Umgebung als Problem, das durch Wirken als Bedeutungsverwertung gelöst werden muss. Dieses Geschehen entspricht einem negativen Feed-back-Mechanismus. In diesem Modell wird gezeigt, wie Subjekt und Objekt (Umgebung) zueinander passen und zusammen ein größeres System bilden, welches sich nicht mehr mit dem linearen Ursache-Wirkungs-Modell beschreiben lässt, sondern mittels der Semiotik und Systemtheorie als kreisförmiges und zirkuläres Geschehen ein hermeneutisches Modell darstellt.

Im Situationskreisgeschehen kommuniziert das menschliche Individuum (Subjekt) mit seiner Umwelt (Objekt) ebenfalls über die Funktionen des Merkens und des Wirkens, unterscheidet sich dabei aber von der animalischen Welt durch die größere Variations- und Bandbreite des Zeichengebrauchs. Mittels seiner spielerischen Phantasie kann der Mensch den Zeichen eine Bedeutung unterstellen, die Bedeutungen erproben und ihnen letztlich neue oder veränderte Bedeutungen zuerteilen. Die Bedeutungserteilung und -erprobung ist dabei allerdings beeinflusst von Programmen, die das Subjekt im Laufe seiner individuellen Lebensgeschichte in seiner Kultur erworben hat, d. h., mit dem Situationskreis ist ein Modell entstanden, nach dem jede Situation, die wir als Erwachsene erleben, eine historische Tiefendimension besitzt, die gefüllt ist mit

Erfahrung von Beziehungen. Im Geschehen des Situationskreises wird so neutrale Umgebung in eine individuelle Wirklichkeit des Menschen transformiert, die als einzigartige äußere Hülle oder als zweite Haut anzusehen ist und sich ständig autopoietisch selbst erzeugt und erhält. Das Modell des Situationskreises gibt dabei allerdings nicht nur Antwort auf die Frage, wie wir uns unsere Beziehungen zwischen Individuum und Umgebung vorstellen können. Zusätzlich, mithilfe der Systemtheorie, eröffnet uns dieses Modell auch die Möglichkeit, das Ineinandergreifen somatischer, psychischer und sozialer Faktoren als Zeichen verschiedener Integrationsebenen zu verstehen. Dabei werden Vorgänge einer Integrationsebene übersetzt in Zeichen einer anderen, denen jeweils Bedeutungen zugeordnet werden, die allerdings nicht immer eindeutig sein mögen.

Diese individuelle Wirklichkeit eines Patienten wird nur in der gemeinsam konstruierten Wirklichkeit einer verbalen / nonverbalen Interaktion (Gespräch) erfahrbar. Dabei ist es essenziell, dass der Arzt / Therapeut den Patient / Klient als Interpret seiner Umgebung in seiner nur ihm gehörigen individuellen Wirklichkeit erkennt, erlebt und versteht.

Die Determinanten einer gemeinsam konstruierten sozialen Wirklichkeit sind der Arzt, der Patient und ein Thema bzw. ein Zeichen, welches mit Krankheit / Leiden angegeben ist. Die Krankheit oder das Symptom als gemeinsames Thema von Patient und Arzt bildet das Kommunikationsmedium für deren Interaktion. Sie begründet für beide eine Problemsituation und stellt ihnen die Aufgabe, eine gemeinsame Wirklichkeit aufzubauen.

Diese gemeinsame Wirklichkeit kann im Rahmen des Patient-Arzt-Gesprächs als therapeutisch-diagnostischer Zirkel bezeichnet werden. Hierbei ist es wichtig, darauf hinzuweisen, dass sich die individuellen Wirklichkeiten der am Gespräch Beteiligten und die gemeinsam konstruierte Wirklichkeit in permanenter Bewegung befinden, sie werden von den Gesprächsteilnehmern ständig neu geschaffen, erhalten und verändert, sodass auch von der gemeinsamen sozialen Wirklichkeit als autopoietischem Prozess gesprochen werden kann. Es ist ein hermeneutischer Zirkel, der aufgrund der fortlaufenden Wirklichkeitskonstruktion immer wieder neue Problemsituationen mit Bedeutungserteilung und Bedeutungsverwertung ermöglicht, die als Diagnostik und Therapie interpretiert werden können. In diesem beiderseitig konstruierten Prozess können somit Diagnostik und Therapie nicht mehr in der Weise getrennt werden, wie dies in der objektivistisch-biotechnischen Medizin durch den Satz „Vor die Therapie haben die Götter die Diagnose gestellt" zum Ausdruck kommt. In der gemeinsam konstruierten Wirklichkeit eines Gesprächs beziehen sich Diagnostik und Therapie ständig wechselseitig in einem Kreisprozess aufeinander. Dabei ist jeder Beteiligte sein eigener Experte hinsichtlich seiner selbst und seiner Probleme (Anderson u. Goolishian 1992). Der Austausch von und die Teilnahme am Expertenwissen des anderen ermöglicht die Wahrung, Wiederherstellung oder Schaffung von Autonomie, wodurch ein solcher beziehungsorientierter Prozess zu einem therapeutischen Gespräch werden kann. Als Ergebnis ist daher festzustellen, dass es nicht einen Besitz von Autonomie gibt, sondern dass es lediglich verschiedene Grade von Autonomie geben kann, die sich aber in Beziehungen verändern können. Daraus folgt zum einen, dass Autonomie einen relationalen Charakter hat, und zum anderen, dass sich Autonomie autopoietisch ständig selbst erzeugt und erhält. So lässt sich als Ziel eines therapeutischen Gesprächs die Ermöglichung von mehr Autonomie bzw. die Unterstützung der Autopoiese von Autonomie ansehen.

Folgerungen

Im Rahmen dieses Konzeptes sind Gesundheit und Krankheit nicht Angelegenheit des Organismus bzw. des Individuums allein. Gesundheit und Krankheit entstehen auf der biologischen, psychischen und sozialen Integrationsebene aus der Interaktion zwischen dem Individuum und seiner Umgebung. Auf jeder dieser Ebenen setzen die Leistungen des Organismus und die Rollen des Individuums Gegenleistungen und Gegenrollen der Umgebung voraus.

Diese Definitionen lassen uns verstehen, wie es möglich ist, dass Kranke und chronisch Behinderte bei entsprechenden Gegenleistungen der Umgebung trotz ihrer krankheitsbedingten Einschränkungen Autonomie und Gesundheit erleben können.

Für das Problem der Ethik in der Medizin folgt daraus die Forderung, die Gegenleistungen und Gegenrollen zu definieren, die erforderlich sind, um die Gesundheits- und Autonomieerzeugung eines Patienten zu unterstützen. Diese Zusammenhänge werden noch deutlicher, wenn wir uns klarmachen, dass Gesundheit und Krankheit keine Gegensätze in dem Sinne sind, dass Gesundheit Krankheit und Krankheit Gesundheit ausschließt. Sie bezeichnen lediglich die Endpunkte auf einem Kontinuum, auf dem sich jeder Mensch während seines Lebens bewegt, und sind in je eigener Art mit mehr oder weniger Autonomie verknüpft.

Literatur

Anderson, H. u. H. Goolishian (1992): Der Klient ist Experte: Ein therapeutischer Ansatz des Nicht-Wissens. *Zeitschrift für systemische Therapie* 10 (3): 176–189.

Beauchamp, T. L. (1996): The role of principles in practical ethics. In: L. W. Sumner, L.W. a. J. Boyle (eds.): Philosophical perspectives on bioethics. Toronto (University of Toronto Press), pp. 79–95.

Beauchamp, T. L. a. J. F. Childress (1994): Principles of biomedical ethics. Oxford (Oxford University Press).

Childress, J. F. (1997): Ethical theories, principles, and casuistics in bioethics: An interpretation and defense of principalism. In: J. F. Childress: Practical reasoning in bioethics. Bloomington (Indiana University Press), pp. 25–43.

Horster, D. (1995): „Der Apfel fällt nicht weit vom Stamm". Moral und Recht in der postchristlichen Moderne. Frankfurt a. M. (Suhrkamp).

Kuttig, L. (1993): Autonomie zwischen ethischem Anspruch und medizinischer Wirklichkeit. In: L. H. Eckensberger u. U. Gähde (Hrsg.): Ethische Norm und empirische Hypothese. Frankfurt (Suhrkamp), S. 268–283.

Richter, G. (1992): Autonomie und Paternalismus – zur Verantwortung des medizinischen Handelns. *Zeitschrift Ethik in der Medizin* 4: 27–36.

Tugendhat, E. (1993): Vorlesungen über Ethik. Frankfurt a. M. (Suhrkamp).

Uexküll, T. von (1992): Was ist und was will „Integrierte Psychosomatische Medizin"? In: R. Adler, W. Bertram, A. Haag, J. M. Hemnann, K. Köhle u. T. von Uexküll (Hrsg.): Integrierte Psychosomatische Medizin in Praxis und Klinik. Stuttgart (Schattauer), S. 17–34.

Uexküll, T. von u. W. Wesiack (1988): Theorie der Humanmedizin. Grundlagen ärztlichen Denkens und Handelns. München (Urban & Schwarzenberg).

Übersetzungen und Quellen

Folgende Aufsätze wurden von Nina Ahlbrecht, Marburg, aus dem Englischen übersetzt:

– *Julians Erlösung. Eine therapeutische oder eine poetische Geschichte?* (Gerry Lane u. Gianfranco Cecchin)

– *Ein Satz in fünf Zeilen. Über das Erzeugen von Bedeutung in der Perspektive von Beziehung, Vorurteil und Verhexung* (Tom Andersen)

– *Die soziale Poesie beziehungsengagierter Forschung. Forschung als Gespräch* (Sheila McNamee)

Folgende Aufsätze wurden von Ingo A. Wolf, Marburg, aus dem Englischen übersetzt:

– *Kollaborative Sprachsysteme und Beziehungen. Ein postmoderner Ansatz für Therapie und Beratungspraxis* (Harlene Anderson)

– *Die poetische Dimension: therapeutische Möglichkeiten* (Kenneth J. Gergen)

– *Kollaboratives Interviewen von Frauen, die geprügelt wurden: „Wenn sie mir zugehört hätten, wäre ich gegangen; ich glaube, ich wäre nicht geblieben“* (Susan B. Levin)

Folgender Aufsatz wurde von Sylvia Frittgen, Gießen, aus dem Englischen übersetzt:

– *Wittgenstein und die Wurzeln der sozialen Poesie in spontanen Körperreaktionen: Der dritte Bereich* (John Shotter).

Alle aus dem Englischen übersetzten Aufsätze wurden von Klaus G. Deissler redaktionell überarbeitet.

Bei dem Aufsatz *Mehr desselben? – Nur anders! – Reflexive Konsultation. Ein Vorschlag zur Transformation herkömmlicher Formen der Supervision* (Klaus G. Deissler u. Roswitha Schug) handelt es sich um eine vollständig überarbeitete Version des Aufsatzes derselben Autoren von 1997: *Reflexive Konsultation – ein Vorschlag zur Erweiterung herkömmlicher Formen der Supervision. Zeitschrift für Systemische Therapie* 15: 36–45.

Der Aufsatz *Psychotherapieforschung als sozialer Diskurs. Einladung zur qualitativen Erforschung therapeutischer Zusammenarbeit* (Klaus G. Deissler u. Walter Zitterbarth) stellt eine überarbeitete Version des Aufsatzes derselben Autoren von 1996 dar: *Zeitschrift für Systemische Therapie* 14: 88–97.

Über die Autorinnen und Autoren

Tom Andersen, Prof. Dr. med., studierte an der Universität in Oslo und machte 1961 seine medizinische Doktorprüfung. Danach war er in Nordnorwegen als Landarzt und Psychiater tätig. Jetzt ist Tom Andersen Professor für Sozialpsychiatrie an der Universität von Tromsø. Er wurde weltbekannt durch sein Buch *The reflecting Team* (dt.: *Das reflektierende Team*). Er engagiert sich derzeit insbesondere für dialogorientierte Formen der Behandlung so genannter Psychosen und für therapeutische Dialoge, die die negativen Implikationen psychiatrischer Fachsprachen vermeiden. Er ist Lehrtherapeut und Supervisor an verschiedenen Einrichtungen, u. a. am Marburger Institut (ViIST)[1].

Harlene Anderson, Ph.D., ist international dafür bekannt, dass sie an der Spitze der Entwicklung und Schulung der klinischen Theorie steht. Sie ist Mitbegründerin und Mitglied des Lehrtherapeutenteams des Houston Galveston Institute, des Taos Instituts und des Marburger Instituts (ViIST). Harlene Anderson hat das Buch veröffentlicht: *Das therapeutische Gespräch. Der gleichberechtigte Dialog als Perspektive der Veränderung*. Ihre Arbeit wurde in zahlreichen Zeitschriften und Büchern publiziert. Harlene Anderson ist Mitherausgeberin der *Journal for Systemic Therapies.* Außerdem gehört sie der Redaktion folgender Zeitschriften an: *Family Process, Journal of Marital and Familytherapy, Familysystems and Health, Human Systems: The Journal for Systemic Consultation and Management* und der *Zeitschrift für Systemische Therapie.* 1998 wurde ihr von der Texas Association for Marriage and Family Therapy der „Livetime Achievement Award" verliehen.

1 ViIST = Verband internationaler Institute für Systemische Therapie, Sitz Marburg

Gianfranco Cecchin, Dr. med., Psychiater, war Mitgründer des Mailänder Teamsund gehörte ihm bis zu dessen Auflösung an; das Mailänder Team entwickelte die Standards der klassischen „systemischen Familientherapie" und machte sie in Form des „Mailänder Modells" bekannt. In seinen späteren Veröffentlichungen hat er sich insbesondere der Revision und Weiterentwicklung der systemischen Therapeutenhaltungen gewidmet; er zählt heute eher zu denjenigen, die sich den kollaborativen und dialogischen Formen der systemischen Therapie widmen. Bis heute leitet er zusammen mit Luigi Boscolo das *Centro Milanese di Terapia della Famiglia*, das sich neben Forschungsprojekten auch die Ausbildung von jungen Therapeuten zur Aufgabe gemacht hat. Er ist außerdem Lehrtherapeut am Marburger Institut (ViIST).

Klaus G. Deissler, Dr. phil., gehört zu denjenigen, die sich bereits Ende der Siebzigerjahre in Deutschland für die systemische Therapie engagiert haben. Seitdem widmet er sich als Herausgeber und Mitarbeiter verschiedener Zeitschriften und als Autor eigener Veröffentlichungen der Weiterentwicklung der systemischen Therapie und Beratungsformen, insbesondere im kollaborations-, dialogorientierten und sozialkonstruktionistischen Diskurs. Er war Mitinitiator und Mitbegründer von einigen der derzeit einflussreichsten familien- und systemtherapeutischen Organisationen der Bundesrepublik. Derzeit ist er als Psychotherapeut in eigener Praxis, Lehrtherapeut und Supervisor des ViIST / SG[2], Organisationsberater und Autor in Marburg tätig. Gastprofessor an der Medizinischen Hochschule Havanna.

Alfred Drees, Prof. Dr. med., nach Lehre und Tätigkeiten als Elektriker, Bergarbeiter und Bühnenbeleuchter 1960–1965 Medizinstudium. 1966/1967 Landeskrankenhaus Heppenheim. 1967/1968 Rote-Kreuz-Arzt im Biafra-Konflikt in Nigeria. 1968–1975 Assistent der Psychiatrischen Klinik um 1975–1980 Oberarzt der Psychosomatischen Klinik der Medizinische Hochschule Hannover. 1980 Psychoanalytiker und Lehrbeauftragter für Psychosomatik an der Medizinischen Hochschule Hannover. 1980–1982 Chefarzt im Rhön-Klinikum Bad Neustadt a. d. Saale. 1982–1995 Chefarzt der Psychiatrischen und Psychosomatischen Klinik Duisburg-Rheinhausen.

2 SG = Systemische Gesellschaft, Sitz Berlin

1995 Bundesverdienstkreuz für die Entwicklung von gemeindepsychiatrischen Strukturen sowie von Behandlungsformen für Folteropfer. Seit 1996 private Praxis und Ausbildungsleiter des Zentrums für Poetische Gesprächsführung in Krefeld. Drees ist Autor von mehr als 130 wissenschaftlichen Veröffentlichungen.

Ulrike Froschauer, Dr. phil., Studium der Soziologie und Pädagogik, derzeit Universitätsassistentin am Institut für Soziologie der Universität Wien, Forschungsaufenthalt an der Universität Kalifornien, San Francisco. Forschungsschwerpunkte und Publikationen im Bereich interpretativer Sozialforschung, Erstellung von Organisationsanalysen, Evaluation von Beratungsprozessen, Geschlechter- und Umweltsoziologie.

Kenneth J. Gergen, Prof. Ph.D., ist Mustin-Professor der Psychologie am Swarthmore College und Mitbegründer des Taos Instituts und Lehrtherapeut am Marburger Institut (ViIST). Seine bedeutendsten Bücher sind *Towards Transformation in Social Knowledge* (Sage Publications), *The Saturated Self* (dt.: Das übersättigte Selbst; Carl-Auer-Systeme) und *Realities and Relationships* (Harvard University Press). Gergen ist auch Mitherausgeber der Zeitschriften *American Psychologist* und *Theory and Psychology*. Er ist einer der prominentesten Vertreter sozialkonstruktionistischer Diskurse.

Thomas Keller, Psychotherapeut und Psychiater. Chefarzt an den Rheinischen Kliniken Langenfeld. Seit 1973 klinische Praxis, seit Anfang der Achtzigerjahre zunehmend mit systemischer Orientierung. Vorstandsmitglied und Lehrtherapeut beim Verband internationaler Institute für Systemische Therapie, Marburg (ViIST). Vorsitz des Langenfelder Instituts für Systemische Praxis und Forschung e.V. Interessenschwerpunkte: systemische Therapie, insbesondere bei psychiatrischen Störungen; systemische Praxis in einer sozialen Psychiatrie; systemische Beratung und Supervision in Institutionen und Organisationen; Ethik und Qualität des Dialogs in Therapie und Beratung.

Gerry Lane, M.S.W.,[3] hat eine private Praxis in Atlanta (Georgia). Er wurde bekannt durch seine kybernetischen und systemischen Pio-

3 Master of Social Work.

nierarbeiten in der Erforschung und der klinischen Behandlung von Gewalt in Partnerschaften. In den letzten Jahren hat er viel Zeit darauf verwandt, die systemische Orientierung in psychiatrischen und anderen institutionellen Settings zu nutzen.

Sue Levin, Ph.D., ist lehrendes Mitglied und Leiterin des Houston Galveston Institute in Houston (Texas). Ihre klinische und therapeutische Arbeit reflektiert einen postmodernen, kollaborativen Ansatz für Therapie, Forschung und Training. Sie verbrachte viele Jahre damit, mit Menschen, die Gewalt in familiären Beziehungen erfahren haben, zu arbeiten und von ihnen zu lernen.

Sheila McNamee, Prof. Ph.D., war langjährige Vorsitzende des Fachbereichs Kommunikation an der Universität Durham (New Hampshire). Sie ist Mitbegründerin des Taos Instituts und Lehrtherapeutin am Marburger Institut (ViIST). Zusammen mit Kenneth Gergen ist sie Mitherausgeberin von *Therapy as Social Constructionism* (Sage Publications, 1992) und Ko-Autorin von *Relational Responsibility Reasons for Sustainable Dialogue* (Sage Publications, 1999).

Ihre Arbeiten wurden in einer Reihe von internationalen Journalen publiziert. Sie unterrichtet und konsultiert sozialkonstruktionistische Therapie und Praxis in Organisationen und in therapeutischem Kontext.

Gerd Richter, Prof. Dr. med., ist seit 1996 Oberarzt am Zentrum für innere Medizin der Philipps-Universität in Marburg. Er ist Lehrbeauftragter für Medizinische Ethik und Vorsitzender der Ethik-Komission des Fachbereichs Humanmedizin. Von 1976 bis 1984 Studium der Medizin, Theologie und Philosophie an der Georg-August-Universität in Göttingen. Er war wissenschaftlicher Assistent am Max-Planck-Institut Göttingen sowie am Zentrum für innere Medizin der Philipps-Universität in Marburg. Von 1994 bis 1995 war er Research Fellow und Gastprofessor am Center for Biomedical Ethics der University of Virginia. Er hat in den Bereichen der gastrointestinalen Endokrinologie, Ultraschalldiagnostik und Ernährungsmedizin sowie im Bereich der Klinischen Ethik – Therapiebegrenzung und palliative Therapie, Patientenverfügungen, Gentherapie und Ethik, Patientenautonomie, Onkologie und Ethik- und der philosophischen Grundlagen der Bioethik veröffentlicht.

Roswitha Schug, Dipl.-Psych., Dipl.-Päd., ist Schulpsychologin (Psychologische Oberrätin) am Schulpsychologischen Dienst in Darmstadt; sie widmet sich in diesem Bereich u. a. Fragen der Organisationsberatung. Sie ist Lehrtherapeutin/Supervisorin (ViIST/ SG), gehört derzeit dem Vorstand des ViIST und der SG an und ist Redaktionsmitglied der *Zeitschrift für Systemische Therapie*.

John Shotter, Prof. Ph.D., ist derzeit Vorsitzdender des Fachbereichs Kommunikation an der Universität Durham (New Hampshire). Er widmet sich insbesondere der Konstruktion der sozialen Wirklichkeit durch Sprache und hat in diesem Bereich zahlreiche Aufsätze und Bücher veröffentlicht. Shotter gehört zu den Gründungsvätern und den innovativsten und einflussreichsten Mitgliedern sozialkonstruktionistischer Diskurse. Zur Zeit arbeitet er an einem Buch über Wittgenstein, aus dem u. a. die praktische Relevanz Wittgenstein'scher Ideen auch für Therapeuten deutlich wird.

Walter Zitterbarth, Dr. phil., nach Lehr- und Forschungstätigkeiten an verschiedenen Universitäten in den Fächern Philosophie und Psychologie heute freiberufliche Tätigkeit in den Bereichen Psychotherapie, Supervision, Mediation und Erwachsenenbildung. Er ist Lehrbeauftragter für Medizinische Ethik am Fachbereich Humanwissenschaften der Philipps-Universität in Marburg, Lehrtherapeut beim Verband Internationaler Institute für Systemische Therapie, Marburg (ViIST) und Mitarbeiter der *Zeitschrift für Systemische Therapie*. Interessenschwerpunkte: sozialer Konstruktionismus, Hermeneutik, Sprachphilosophie, Ethik in Therapie und Beratung, qualitative Psychotherapieforschung. Veröffentlichungen auf dem Gebiet der philosophischen Grundlagen von Psychologie und Sozialwissenschaften.

Über die Autoren

© Portraitstudio Gabriele Kircher, Marburg

Klaus G. Deissler, Dr. phil., widmet sich als Herausgeber und Mitarbeiter verschiedener Zeitschriften und als Autor eigener Veröffentlichungen der Weiterentwicklung der systemischen Therapie und Beratungsformen. Er war Mitinitiator und Mitbegründer von einigen der derzeit einflussreichsten familien- und systemtherapeutischen Organisationen der Bundesrepublik. Derzeit ist er als Psychotherapeut in eigener Praxis, Lehrtherapeut und Supervisor des ViIST / SG, Organisationsberater und Autor in Marburg tätig. Daneben nimmt er eine Gastprofessur an der Medizinischen Hochschule in Havanna wahr.

Sheila McNamee, Prof. Ph. D., war langjährige Vorsitzende des Fachbereichs Kommunikation an der Universität Durham (New Hampshire). Sie ist Mitbegründerin des Taos Institutes und Lehrtherapeutin am Marburger Institut (ViIST). Ihre Arbeiten wurden international publiziert. Sie unterrichtet sozialkonstruktionistische Therapie und Praxis in Organisationen und therapeutischem Kontext und ist als Beraterin tätig.

Fritz B. Simon/Christel Rech-Simon

Zirkuläres Fragen

Systemische Therapie in Fallbeispielen: Ein Lernbuch

296 Seiten, Festband, 3. Aufl. 2000
ISBN 3-89670-107-X

In diesem Buch werden die wichtigsten therapeutischen Fragetechniken am Beispiel konkreter Fälle und Interviews illustriert und erklärt. Es beginnt bei der Klärung des Kontextes der Therapie, geht über ihre Zielbestimmung hin zu den Mechanismen der Problementstehung und denen einer möglichen Lösung. Den Schluß bilden die sogenannten Abschlußinterventionen, die aus Kommentaren oder der Verschreibung von Aufgaben wie beispielsweise Rituale bestehen können.

Carl-Auer-Systeme Verlag

Zirkuläres Fragen
Systemische Therapie in Fallbeispielen: Ein Lernbuch

Das übersättigte Selbst
Identitätsprobleme im heutigen Leben

Kenneth J. Gergen

Das übersättigte Selbst

Identitätsprobleme im heutigen Leben

422 Seiten, 30 Abb., Kt, 1996
ISBN 3-931574-30-X

Dieses Buch untersucht den Prozess der sozialen Sättigung, beschreibt die tiefgehenden Veränderungen in unserem Verhältnis von Identität des Selbst und den Auswirkungen auf das kulturelle und intelektuelle Leben. Es zeigt Wege in eine positive Zukunft auf. Packend und provozierend zugleich!